Original illisible

NF Z 43-120-10

"VALABLE POUR TOUT OU PARTIE DU DOCUMENT REPRODUIT".

VOYAGE A PIED

EN

NOUVELLE-CALÉDONIE

OUVRAGES DU MÊME AUTEUR

L'Indo-Chine française (Cochinchine, Tonkin, Cambodge) avec une carte de la Cochinchine et du Cambodge, une carte de l'Annam et du Tonkin, et des illustrations d'après nature............ Prix.	7 fr.	50
Cochinchine française et Royaume de Cambodge, avec l'itinéraire de France en Cochinchine, un vol. in-18, 2ᵉ édition, 1877... Prix.	4	»
La Colonisation française en Nouvelle-Calédonie et Dépendances, comprenant les itinéraires de France à Nouméa, six cartes teintées, des plans et tableaux autographiés, une vue photographique du chef-lieu et quatre illustrations de Benett, in-4°.. Prix.	20	»
Guide-Agenda de France en Australie, en Nouvelle-Calédonie et aux Hébrides, par la voie de Marseille et la Réunion, avec deux cartes... Prix.	3	50
Guide-Agenda de France en Nouvelle-Calédonie et à Taïti, par les transports de Bordeaux et de Brest, voie des deux Caps, avec deux cartes.................................... Prix.	3	50
Exposé chronologique des relations du Cambodge avec le Siam, l'Annam et la France, avec carte............ Prix.	2	50

CARTES

Nouvelle-Calédonie.. Prix.	5	»
Nouméa. — Presqu'île Ducos. — Ile Nou............. Prix.	2	»
Cochinchine et Cambodge................................ Prix.	1	50

Nota. — Ces ouvrages, conformes aux programmes posés dans les Congrès nationaux de géographie, sont adoptés par le Conseil supérieur de l'Instruction publique, les Ministères, la Chambre de Commerce et les Ecoles commerciales de Paris, les Bibliothèques scolaires, la Société Franklin, etc.
Ils ont obtenu des récompenses aux expositions de Paris, Sydney, Melbourne, Amsterdam et aux Congrès géographiques de Bordeaux et de Douai.

Planche I.

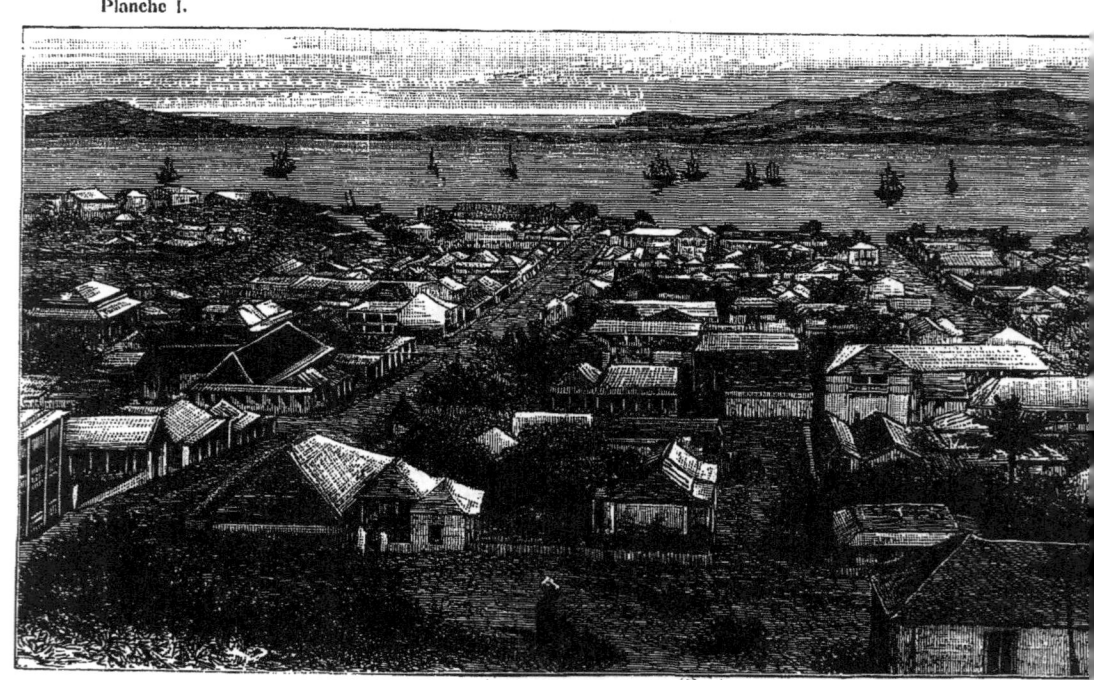

Panorama de Nouméa.

CH. LEMIRE. — NOUVELLE-CALÉDONIE. — Challamel aîné, Éditeur.

VOYAGE A PIED

EN

NOUVELLE - CALÉDONIE

ET

DESCRIPTION DES NOUVELLES-HÉBRIDES

PAR

Ch. LEMIRE

CHEVALIER DE LA LÉGION D'HONNEUR, OFFICIER D'ACADÉMIE
MEMBRE CORRESPONDANT DE LA SOCIÉTÉ DE GÉOGRAPHIE COMMERCIALE DE PARIS, DE LA SOCIÉTÉ
DE GÉOGRAPHIE DE ROCHEFORT, DE L'ACADÉMIE DE TOULOUSE, ETC. ETC.

OUVRAGE ORNÉ DE DEUX CARTES ET DE QUATORZE ILLUSTRATIONS

D'après les photographies de M. AL. HUGHAN, photographe du gouvernement à Nouméa

PAR

MM. LE RIVEREND & DOCHY

PARIS

CHALLAMEL AINÉ, ÉDITEUR

LIBRAIRIE ALGÉRIENNE, MARITIME ET COLONIALE

5, RUE JACOB ET RUE FURSTENBERG, 2

1884

INTRODUCTION

Les transformations de l'Océanie. — Ligne nationale de navigation. — Le mouvement colonial en France et à l'étranger. — Action des sociétés de géographie. — Entreprises urgentes. — L'Australasie. — La Nouvelle-Calédonie. — Les récidivistes. — Les Nouvelles-Hébrides. — Nos possessions océaniennes et le canal de Panama. — Objet de l'ouvrage.

Les transformations de l'Océanie. — Un coup d'œil sur un planisphère suffit pour se rendre compte des destinées de l'Océanie et de la part qui revient à la France dans les transformations actuelles de cette partie du monde.

Considérons, en effet, la situation de la Nouvelle-Calédonie et de ses dépendances, y compris l'archipel des Hébrides. Nous voyons que ces territoires, voisins de l'Australie, sont placés d'une part entre les deux Amériques, et d'autre part entre l'Asie et l'extrémité de l'Afrique.

Dans peu d'années, notre « pourfendeur de grands continents » aura abrégé de 2,000 lieues la route du Pacifique par Panama, c'est-à-dire le voyage de Brest, Rochefort, Bordeaux, le Havre, Dunkerque à Taïti, à Nouméa, aux Hébrides, à Sydney, Melbourne et autres ports australiens.

En ce qui concerne l'Afrique, les grandes nations européennes cherchent toutes à prendre pied dans ce vaste continent. Les établissements européens se trouveront dès lors d'autant plus rapprochés de l'Océanie que les grandes lignes nationales de navigation à vapeur, les réseaux télégraphiques terrestres et sous-marins, les correspondances postales rapides et la diffusion de la presse auront supprimé les distances.

Ligne nationale de navigation. — Aussi l'inauguration récente de la ligne directe de paquebots-poste français de Marseille vers la Réunion l'Australie et la Nouvelle-Calédonie n'est-elle pas seulement un fait d'une grande importance commerciale, mais d'un intérêt *national*.

Le mouvement colonial en France et à l'étranger. — Ce qu'il y a de remarquable dans l'essor que reprend dans notre pays l'idée de colonisation lointaine, dans cet heureux renouveau des grandes entreprises, qu'il faut saluer comme l'aurore d'une ère nouvelle de prospérité matérielle et de grandeur morale, c'est que la préoccupation, l'impression, l'agitation qui se produisent dans tous les esprits clairvoyants se manifestent plus vivement, plus hautement parmi tous nos voisins que parmi nos nationaux, longtemps endormis dans une fausse sécurité pendant que nos rivaux agissaient vigoureusement.

Si nos concurrents jaloux se préoccupent à ce point de ce nouvel état de choses, comment pourrions-nous y rester indifférents ? Après nous avoir supplantés sur bien des points du globe où nous avions les premiers montré glorieusement notre pavillon, comme aux Indes, au Canada, à la Louisiane, après nous avoir devancés sur d'autres points où nous appelaient cependant nos intérêts spéciaux, s'ils témoignent une inquiète jalousie et s'ils cherchent à susciter des entraves à nos légitimes projets, comment pourrions-nous hésiter à aller résolument de l'avant ?

Prévost-Paradol s'écriait naguère : « Avant un siècle, le monde sera anglo-saxon. » M. Thiers disait : « Si nous voulons sauvegarder notre état social, il faut coloniser. » M. Renan ajoute que « toute nation qui ne colonise pas est vouée à la guerre intestine ou extérieure », « à moins, reprend M. Foncin, qu'elle ne se laisse étouffer chez elle par les nations voisines toujours grandissantes. »

La population augmente, en effet, dans les États de l'Europe, tandis qu'elle diminue en France. Le remède, c'est de « faire des Français », comme le disait un illustre homme d'État; c'est de peupler de Français ces territoires qui sont le prolongement de notre pays au delà des mers, car partout où flotte notre pavillon, là est encore la France.

Action des sociétés géographiques. — En travaillant à la propagation des idées de colonisation, en en répandant le goût parmi la jeune génération, en l'éclairant sur les voies et moyens propres à assurer le succès, les sociétés de géographie, si nombreuses maintenant en France, qu'elles forment une grande famille, une grande « amitié » patriotique, travaillent donc au salut de notre chère patrie.

C'est grâce à ces sociétés de propagande colonisatrice, unies entre elles sous des dénominations diverses, mais tendant au même but, qu'ont été renouées les traditions coloniales de notre race. Depuis la perte de nos grandes possessions du XVIIIe siècle, nous avons été si absorbés par nos affaires politiques à l'intérieur que nous sommes, pour notre malheur, restés indifférents à tout ce qui se passait au dehors; mais nous n'avons pas perdu cet amour des lointaines entreprises et surtout cette facilité d'assimilation inhérente à notre caractère social qui fait que les populations de nos colonies s'attachent à nous et nous aiment. Nos rivaux nous rendent d'ailleurs cette justice.

Entreprises urgentes. — Mais, en face des projets pour l'avenir qu'il nous faut évidemment assurer, en Afrique, au Congo, à Madagascar, à Obok, il y a le présent : l'action urgente, indispensable, est en Indo-Chine, au Sénégal, en Océanie. C'est là que doivent sans désemparer se localiser nos efforts les plus ardents et les plus persévérants.

Nous avons fait connaître notre situation en Indo-Chine, nous allons l'exposer également en ce qui concerne la Nouvelle-Calédonie et les Hébrides.

L'Australasie. — Ces territoires sont à quatre jours de vapeur de l'Australie, du « continent sans pareil », du « chef-d'œuvre de la colonisation moderne ».

L'Australasie est un vaste ensemble de colonies qui en soixante-dix ans a vu sa population passer de 1,200 habitants à 2,800,000.

En 1823, on a vendu sur le marché de Londres 2,200 francs les douze premières balles de laine australienne. Aujourd'hui il y a 66 millions de moutons produisant pour 400 millions de francs de laine. Or la France achète par an 300 millions de laine brute et exporte pour la même valeur en laines manufacturées.

L'État a besoin pour nos troupes de 80 millions de rations de viande conservée. Or l'Australie possède 8 millions de bœufs, contre 12 millions seulement en France. L'Australie peut fournir à l'exportation 200 tonnes de viande par jour, c'est-à-dire un million de tonnes par an pouvant nourrir 20 millions d'hommes.

Le commerce australien est de deux milliards 400 millions. Le nôtre est cinq fois moindre et devrait atteindre 37 milliards pour rivaliser avec celui de ce jeune peuple. Autrement dit, le commerce australien est de 1,200 francs par habitant, et le nôtre de 200 francs.

Les transactions franco-australiennes n'étaient que de 2,400,000 francs à l'exportation de France et de 9,500,000 francs à l'importation en provenance d'Australie. C'est que tout ce commerce se faisait sous pavillon britannique, par l'intermédiaire forcé des courtiers de Londres, Anvers et Hambourg.

On voit, en ce qui touche notre consommation de laines, de viandes conservées, de blé, de vin de coupage, etc., quelles transformations avantageuses nos échanges vont subir.

La Nouvelle-Calédonie. — Quant à la Nouvelle-Calédonie, on s'occupe de la relier à nous par le télégraphe. Le service maritime des voiliers de Bordeaux se transforme en service à vapeur. Le Havre, Nantes, Dunkerque demandent une ligne nouvelle de navigation.

Les mines de toute espèce et surtout de nickel, le « métal français », sont aussi variées que fécondes.

Les Récidivistes. — La transportation ou relégation des récidivistes au nombre de 5,000 par an va suivre celle des 10,000 condamnés aux travaux forcés, amenés en Calédonie depuis 1863 et dont le nombre s'augmente annuellement de 7 à 800 hommes. La relégation des récidivistes va nécessairement entraîner l'occupation de l'archipel des Nouvelles-Hébrides.

Ce sont des questions d'État et des questions sociales, en même temps que des questions coloniales.

Nos possessions océaniennes. — Les Nouvelles-Hébrides.
— Enfin, le canal de Panama va nous rapprocher de toutes nos possessions océaniennes, des deux archipels de Taïti, notre nouvelle colonie, dont l'intégrité est à sauvegarder malgré les Allemands et les Anglais ; des Gambier, des Tuamotou, des Toubouaï, des Marquises, lieu de relégation ; de ces îles si nombreuses et si belles qu'un géographe allemand, Carl Ritter, les appelait « la voie lactée des eaux » ; des Nouvelles-Hébrides, notre « trouée de Belfort » vers Panama, dépendance naturelle de la Calédonie et dont le sol appartient en partie à une compagnie française fondée à Nouméa ; de la Calédonie enfin que son premier gouverneur appelait « la clef de l'Océanie ».

Sur la route de Panama ces possessions se succèdent, en effet, sur l'azur des eaux comme les étoiles sur l'azur du firmament.

Objet de l'ouvrage. — Puisqu'ainsi nous avons, nous Français, notre part toute faite dans cette « Méditerranée océanienne » bordée par les deux Amériques, l'Asie et l'Afrique, il s'agit de faire bien connaître notre situation et d'en tirer parti : c'est le but de ce nouvel ouvrage.

Déjà en 1878 nous avons publié, par ordre du ministère de la Marine et des Colonies, un important ouvrage ayant pour titre : *la Colonisation française en Nouvelle-Calédonie et dépendances* (1).

Cet ouvrage a été couronné à Paris, Bordeaux, Sydney et Melbourne. La principale des cartes qui l'accompagnent a été reproduite par le ministère de la Marine et des Colonies en annexe des comptes rendus que ce Département distribue aux chambres annuellement au sujet de la situation de l'administration pénitentiaire en Nouvelle-Calédonie.

Depuis lors, la colonie a subi de terribles événements : insurrection, crises minière et financière, etc. Elle est victorieusement sortie de ces épreuves et a pris un nouvel essor. Le pays se transforme rapidement. En exposant sa situation actuelle et les conditions nouvelles de son avenir, nous espérons mériter l'attention de tous ceux qui s'intéressent au développement de nos relations commerciales et coloniales.

De nombreuses gravures, exécutées d'après nature par un artiste de talent, permettront au lecteur de se rendre compte *de visu* des hommes et des choses et de nous suivre pas à pas et sans fatigue dans ce voyage à pied aux antipodes.

Ch. LEMIRE.

---

(1) Ce volume contient les itinéraires de France en Calédonie, avec cartes, plans, autographies, photographie et illustrations de Benet.
Challamel, éditeur, 5, rue Jacob, Paris.

VOYAGE A PIED EN NOUVELLE-CALÉDONIE

CHAPITRE PREMIER

Situation de la Nouvelle-Calédonie. — Étendue. — Découverte. — Explorations. — Occupation. — Aspect du pays. — Climat et saisons. — Les récifs et la navigation côtière. — Influences physiques et morales de la vie coloniale. — La vie dans la brousse.

Situation. — L'Océanie, à laquelle les géographes modernes donnent avec raison le nom de *Monde maritime*, n'est autre que l'ensemble des terres baignées par le Grand-Océan, appelé aussi Océan Pacifique.

Les limites sont : au nord, le parallèle du 34° degré ; à l'est, les deux Amériques ; au sud, jusqu'aux découvertes des intrépides navigateurs du pôle austral ; à l'ouest, l'Asie et l'Océan Indien.

La superficie de toutes les terres de cet océan est un peu plus considérable que celle de l'Europe.

Le chiffre de la population est fixé, approximativement, à 18 millions d'âmes par Soulier (de Sauve), 1849 ; à 20 millions d'âmes par Balbi, 1840 ; à 23 millions d'âmes par Malte-Brun, 1837 ; à 30 millions d'âmes par Cortambert, 1856. Ce qui revient à dire qu'il n'est pas connu.

Les indigènes se composent de Malais, d'hommes de race jaune, de Polynésiens et de nègres.

Le mahométisme domine dans la Malaisie, et le fétichisme dans les autres parties de l'Océanie.

L'influence des missionnaires catholiques ou protestants et

celle des gouvernements européens qui ont des établissements dans l'Océanie, tendent de plus en plus à répandre la civilisation européenne sur les populations indigènes, qui vivaient, pour la plupart, dans la plus profonde misère morale.

L'Océanie produit de l'or, du fer, de l'étain, des diamants, du charbon de terre, du nickel, du cobalt, du chrome, du cuivre, etc. etc.

Toutes les cultures des autres parties du monde paraissent possibles en Océanie, suivant la position géographique et l'étendue des îles.

Les grands animaux de l'Asie se trouvent dans la Malaisie. La plupart des animaux des autres continents, quoique n'ayant pas été trouvés en Océanie, peuvent s'y acclimater. Le plus curieux des phénomènes est celui que présentent les myriades de polypes, de *ces faiseurs de mondes,* comme dit Michelet, travaillant incessamment à former des récifs qui, sortant des eaux, deviennent des îles.

Divisions. — Les géographes ont établi quatre grandes divisions théoriques dans l'Océanie, savoir :

Micronésie (au nord). — Cette division comprend, ainsi que l'indique son nom, une multitude de petites îles, dont les principales sont: 1° archipel Magellan; 2° archipel d'Anson; 3° îles Palas ou Pelew ; 4° îles Mariannes ou des Larrons; 5° îles Carolines ; 6° îles Marshall et Gilbert.

Polynésie (à l'est). — Cette division comprend, suivant son nom, un très grand nombre d'îles de diverses dimensions, dont les principales sont : 1° îles Sandwich ou Hawaï; 2° îles Marquises ; 3° archipel Tuamotu; 4° îles de la Société, 5° archipel de Cook ; 6° îles Samoa ou des Navigateurs ; 7° îles Tonga ou des Amis ; 8° Nouvelle-Zélande.

Mélanésie (au sud). — Les indigènes de cette division sont de race noire, d'où le nom de Mélanésie. Les îles principales sont: 1° Nouvelle-Guinée ou Papouasie; 2° Nouvelle-Bretagne ; 3° Nouvelle-Irlande ; 4° archipel Salomon ; 5° archipel de la Louisiane; 6° archipel de Lapérouse (Santa-Cruz);

7° archipel du Saint-Esprit (grandes Cyclades, *Nouvelles-Hébrides*); 8° les îles Vitis ou Fidjis ; 9° *Nouvelle-Calédonie*; 10° île de Diémen ou Tasmanie ; 11° Australie, autrefois appelée Nouvelle-Hollande.

Malaisie (à l'ouest). — Les indigènes de cette division sont de race malaise, d'où le nom de Malaisie. Elle est aussi appelée Grand Archipel d'Asie ou Archipel Indien. Les îles principales sont : 1° îles Philippines; 2° îles des Moluques ; 3° îles Célèbes ; 4° îles de la Sonde (Sumatra-Java); 5° île Bornéo.

Ces divisions ne sont plus logiques ni admissibles aujourd'hui et devront être remaniées.

Sporades. — Les géographes ont désigné sous le nom générique de Sporades de l'Océanie (les Sporades sont les îles de la Méditerranée dispersées le long de la côte sud-ouest de l'Asie-Mineure) les petites îles du Grand-Océan ne se rattachant à aucun groupe. Telles sont, au sud de l'équateur, les îles de Pâques (la plus orientale de l'Océanie), Rapa, Pitcairn, Peuryhn, etc. Elles prennent le nom de Sporades australes. Au nord de l'équateur, ces îles ainsi dispersées prennent le nom de Sporales boréales.

Nouvelle-Calédonie. — **Étendue.** — « La Nouvelle-Calédonie s'étend du sud-est au nord-ouest, entre 20° 10' et 22° 26' de latitude méridionale, et entre les méridiens de 161° et 164° 25' à l'est du méridien de Paris. Elle est grande quatre fois comme la Corse. Elle a 13 lieues de large et 175 lieues de long à vol d'oiseau.

Découverte. — Cette île, la plus considérable de l'Océan Pacifique, si l'on en excepte la Nouvelle-Zélande, fut découverte le 4 septembre 1774, par le célèbre navigateur Cook. La première terre aperçue fut le massif de montagnes qui domine le cap Colnett, pointe remarquable, qui reçut le nom du volontaire qui la signala.

Voyage de Cook. — Après avoir croisé quelques jours devant l'île et reconnu l'*île d'un seul arbre* (île Pin), île plate, remarquable par un sapin gigantesque, qui existe encore aujourd'hui, les deux bâtiments de l'expédition, *Adventure* et *Résolution*, traversèrent la chaîne du grand récif et vinrent mouiller près de l'îlot de sable Poudioué, au nord de Balade. Des relations fréquentes et amicales s'étaient déjà établies avec les indigènes, dont les nombreuses pirogues étaient venues faire des échanges le long du bord, et la bonne harmonie ne cessa de régner pendant cette relâche de Cook, qui ne dura que quelques jours; aussi le naturaliste Forster fait-il le portrait un peu flatté des naturels. En mémoire de la visite de Cook, un groupe de cocotiers, qui existe encore, fut planté près du village de Bouayaoup.

« Après avoir renouvelé son eau et fait quelques observations astronomiques, Cook appareilla de Balade le 13 septembre, sortit du récif et voulut d'abord tourner l'île par le nord; la chaîne du grand récif extérieur, qui s'étendait toujours à perte de vue dans le nord-nord-ouest, le détourna de ce projet; il vira de bord et longea la côte dans le sud-est. Arrivé par le travers du grand massif de Kuebüni, auquel il donna le nom de cap de la Reine Charlotte, il prolongea de nouveau le grand récif et vint passer quelques jours au mouillage d'Amère, qu'il nomma Botany-Island. Il poursuivit ensuite sa route au sud-est jusqu'à l'île Kunié, qu'il reconnut le 23 septembre et qu'il nomma île des Pins, à cause de la grande quantité d'arbres de cette espèce qu'il y aperçut, et termina là son exploration de la Nouvelle-Calédonie.

Voyage de La Pérouse. — « L'attention du gouvernement français fut éveillée par les relations des voyages de Cook et de ses importantes découvertes, et, en 1788, les corvettes *la Boussole* et *l'Astrolabe* furent envoyées dans le Pacifique, sous le commandement de La Pérouse. Les instructions qui devaient diriger cette campagne furent rédigées par le roi Louis XVI avec un soin minutieux, et prescrivaient une reconnaissance complète de la Nouvelle-Calédonie et des ressources qu'elle pouvait offrir. Les dernières nouvelles de cette expédition, qui se termina si malheureusement à Vanikoro, datent de Botany-Bay, et il n'existe en Nouvelle-Calédonie aucune trace, aucun souvenir de son passage. Il est naturel de croire que la première apparition d'un navire européen a pu seule faire époque dans la tradition indigène, si obscure déjà chez un peuple alors complètement sauvage, et que les successeurs de Cook n'ont plus excité qu'une attention passagère et des souvenirs de courte durée.

Voyage de d'Entrecasteaux. — « Le 29 septembre 1791, *la Recherche* et *l'Espérance* partirent de Brest, sous le commandement du contre-amiral Bruny d'Entrecasteaux, pour aller à la recherche de La Pérouse, et arrivèrent en vue de l'île des Pins le 16 juin 1792; ils longèrent les récifs qui bordent la côte ouest de la Nouvelle-Calédonie sur une longueur de plus de 300 milles, tandis que Beautems-Baupré, l'hydrographe de l'expédition, dressait sous voiles la carte de l'île. D'Entrecasteaux découvrit plusieurs îlots au nord de la Nouvelle-Calédonie et détermina la position du récif qui porte son nom. Il ne pénétra pas dans le récif; mais il eut connaissance du port de Saint-Vincent, auquel il donna le nom de havre Trompeur, n'ayant pu découvrir la passe. Après avoir visité les archipels situés à l'ouest et au nord de la Nouvelle-Guinée et l'archipel des Amis, sans avoir trouvé de traces de La Pérouse, d'Entrecasteaux revint en Nouvelle-Calédonie, et mouilla le 18 avril 1793, à Balade, au premier mouillage de Cook, où il passa trois semaines.

« Ce fut pendant cette relâche que mourut le capitaine Huon de Kermadec, qui fut enterré sur l'îlot Poudioué, nuitamment et sans bruit, de crainte que son corps ne fût enlevé par les naturels, dont les instincts hostiles et les goûts anthropophages étaient alors évidents. Les navires quittèrent Balade le 9 mai 1793, allèrent reconnaître les récifs que Cook avait découverts au nord-ouest de la Nouvelle-Calédonie, poursuivirent ensuite leur route dans le nord, et passèrent, le 19 mai 1793, devant Vanikoro, où l'on eût peut-être pu retrouver quelques malheureux survivants du naufrage de La Pérouse.

Voyage du *Vigilant.* — « L'extrémité du grand récif extérieur fut découverte, en 1791, par le capitaine Hunter, du navire hollandais *le Vigilant* (*Waakzaamheyd*), qui se trouva dangereusement engagé dans la grande baie formée par les récifs du sud et ceux de l'île des Pins.

Port de Saint-Vincent. — « Le premier qui entra dans le port de Saint-Vincent fut le capitaine Kent, du *Buffalo*, qui l'a exploré et décrit d'une manière assez complète, en 1793 (ou 1805). Les nombreuses découpures de la côte et les îles qu'il signale dans le sud-est de Saint-Vincent lui avaient fait pressentir les baies de Dumbéa et de Nouméa, mais il ne les a point visitées.

Voyage de Dumont d'Urville. — « Le commandant Dumont d'Urville est le premier qui, en 1827, ait déterminé la position de l'extrémité septentrionale des immenses récifs qui prolongent la Nouvelle-Calédonie. Le 28 novembre 1792, le capitaine Henri Bond, commandant le *Royal-Admiral*, et alors en route pour chercher le grand passage par l'est pour la Chine, faillit se perdre sur les récifs qui avoisinent l'île Huon, et ne dut son salut qu'à la méfiance que lui inspira l'état tranquille de la mer et la cessation complète de la grande houle de l'Océan sous le vent des récifs. Le commandant d'Urville rapporte qu'il a passé à 4 milles de l'extrémité nord du récif le 22 juin 1827, et qu'il forme en ce point une baie de 6 milles de profondeur et de 13 milles d'ouverture. Les petites îles Huon, dont la principale a 1350 mètres de long et moins de 100 mètres de large, sont les seules parties de ce récif qui s'élèvent au-dessus de l'eau. A 2 milles à l'ouest de cette île, le récif court presque directement au nord l'espace de 9 milles, et se termine par une pointe étroite, sur laquelle se trouvent plusieurs roches peu élevées au-dessus de l'eau. L'une d'elles, de 6 à 8 mètres d'élévation, est plus remarquable que les autres, et le récif ne s'étend pas à plus de 1 mille au nord de cette dernière. Les oiseaux et les tortues vertes y sont en grand nombre.

Canal Woodin. — « Le canal Woodin, qui sépare l'île Ouen de la grande terre, a été découvert, le 1ᵉʳ décembre 1847, par un capitaine sandalier, qui lui a donné son nom. C'est en cherchant un passage direct de l'île Amère à la côte ouest, pour éviter le long trajet que l'on faisait alors en doublant l'extrémité sud du grand récif, que le capitaine Woodin a trouvé cette route intérieure, actuellement la seule suivie.

Passage de la Havannah. — « Le passage de la Havannah n'a été reconnu qu'en 1852, par le bâtiment de guerre anglais de ce nom, qui a fait quelques bons travaux hydrographiques dans cette partie de l'île. »

Premiers habitants français. — En 1843, une corvette française, le *Bucéphale*, porta des missionnaires en Nouvelle-Calédonie.

La corvette le *Rhin* visita la Nouvelle-Calédonie en 1845, et la corvette la *Seine* s'y perdit en 1846.

La corvette française l'*Alcmène* faisait, en 1851, l'hydrographie de la partie nord de la Nouvelle-Calédonie, lorsque deux embarcations montées par quinze hommes et commandées par deux jeunes officiers furent assaillies à l'improviste et par trahison par les naturels. Les deux officiers et douze matelots furent pris et tués. On avait éventré et vidé les cadavres. Des morceaux de chair humaine avaient été envoyées aux tribus voisines et aux alliés des sauvages.

Occupation. — L'hydrographie du nord de l'île était achevée. On s'occupait en France de préparer une loi sur le système pénitentiaire et sur la transformation du régime des bagnes en transportation. On cherchait une contrée salubre où les criminels pussent être conduits et établis sur des terres qu'ils seraient chargés de mettre en culture. Le massacre de l'*Alcmène* criait vengeance. On résolut donc, malgré les graves préoccupations de la guerre d'Orient, d'occuper la Nouvelle-Calédonie.

Le 24 septembre 1853, l'amiral Febvrier Despointes prit possession de la grande île à Balade au nom de la France.

Il se rendit ensuite à l'île des Pins sur la corvette à vapeur le *Phoque*. Des négociations étaient entamées par le commandant d'un bâtiment de guerre anglais pour l'occupation de l'île ; mais les missionnaires qui s'étaient établis dans l'île en 1848 s'étaient ingéniés à retarder ces négociations en agissant à la fois auprès de l'état-major du navire anglais et auprès du chef canaque. Ils firent prévenir secrètement l'amiral français, préparèrent le chef à bien recevoir ses ouvertures, et lorsque, le jour suivant, l'amiral anglais débarqua, le pavillon français flottait depuis quelques heures, depuis le lever de l'aurore, sur cette île magnifique. C'était le 29 septembre 1853. On voit qu'il s'en est fallu de bien peu que notre domaine ne nous échappât ou ne fût morcelé. La destinée des peuples et des pays dépend souvent de circonstances fortuites et futiles.

Nouméa. — « Enfin, au mois de janvier 1854, quatre mois après la prise de possession de la Nouvelle-Calédonie par le gouvernement français, le capitaine de vaisseau de Montravel, commandant la *Constantine*, en visitant les divers points de l'île, découvrit la bonne et sûre rade de Nouméa qui fut choisie pour l'établissement du chef-lieu de la colonie. Ce point est par 21° 16' de latitude sud et 164° 6' de longitude orientale.

« Cette rade est vaste et d'un accès facile. »

Phares. — A 2 milles en dedans du grand récif s'élève le phare de l'île Amédée. Il est visible à 20 milles en mer. La tour en fer est peinte en blanc et a 50 mètres de haut.

Pour permettre aux navires de franchir ce passage la nuit, on va construire un nouveau phare sur l'île Tiendu, à l'entrée de la passe de la Dombéa. Ce phare coûtera 120,000 fr.

Le port est formé par une presqu'île accidentée (1) qui pré-

---

¹ Voir le plan d'ensemble de la presqu'île de Nouméa, l'île Nou et la presqu'île Ducos, dans l'ouvrage cité : *la Colonisation en Nouvelle-Calédonie*.

senté dans ses découpures plusieurs anses pouvant recevoir des navires de fort tonnage, et par l'île Nou (ou Dubouzet), qui court parallèlement à la côte, dont elle est séparée par un canal d'une longueur de 3 milles et d'une largeur moyenne d'un mille. Ce canal, qui a deux issues, l'une au sud, l'autre au nord-ouest, offre partout un mouillage à l'abri de tous les vents. Il est divisé en deux parties par un banc qui le coupe à son point le plus étroit, sans toutefois interrompre la communication de l'une à l'autre pour les navires calant moins de 5 mètres 4 centimètres. La partie sud est le port et le mouillage ordinaire des bâtiments.

« Les nombreux baleiniers et sandaliers qui ont passé en Nouvelle-Calédonie avant l'apparition du *Bucéphale*, qui amena les premiers missionnaires maristes dans l'île, en 1843, n'ayant laissé ni relations de voyages, ni cartes, il n'y a lieu de mentionner leur passage qu'au point de vue de son influence sur la conduite des indigènes vis-à-vis des équipages blancs, qui s'attirèrent souvent de justes représailles. Cette mauvaise influence a disparu depuis l'établissement d'une administration régulière et sévère, et les populations se rendent utiles sous bien des points de vue. »

La colonie avait été d'abord considérée comme une annexe des établissements français de l'Océanie, dont le centre était Taïti, mais notre possession fut déclarée colonie distincte en 1860. Un capitaine de vaisseau en fut nommé gouverneur et chef de la division navale. En même temps s'y établissaient des Français, des Anglais et des Allemands. Le gouvernement de la France y attirait des émigrants et des colons par des promesses de concessions de terres et de secours en outils d'agriculture et en vivres.

Iles Bélep. — « Dans le prolongement nord-ouest et à 25 milles de la Nouvelle-Calédonie se trouve une chaîne d'îles et d'îlots élevés, qui se termine par le groupe des îles Bélep, dont l'une, l'île Art, offre un bon mouillage dans sa partie ouest. »

Récif et îlots du nord. — En juillet 1876, le commandant Chambeyron, sur le navire *le Curieux*, fit l'exploration du grand récif du nord. Au delà du grand passage, il ne trouva que quatre îlots nommés : Huon, Surprise, Leleizour et Fabre, où les oiseaux de mer sont si nombreux qu'il faut les écarter avec des bâtons. La biche de mer y est de qualité supérieure. La faune et la flore, décrites dans une note du R. P. Montrouzier, en sont des plus chétives. C'est sur l'île Fabre que se perdirent deux navires anglais: le *Plato*, en 1873, et le *Maitland*, en 1874, sans que leurs équipages aient songé à venir demander secours en Nouvelle-Calédonie.

Dans la même direction et à 500 milles, se trouve un groupe d'îlots, les *Chesterfield*, que nous occupons depuis 1878 et d'où l'on a déjà exporté environ 5,000 tonnes de guano.

Ile des Pins. — L'île des Pins est située à 30 milles au sud-est et dans le prolongement de la grande île. C'est un vaste plateau aride entouré d'une lisière de terrains bas boisés propres à la culture, et dominé, dans sa partie sud, par un piton conique régulier de 226 mètres d'élévation, bien visible de 30 milles, de beau temps. Elle n'offre que deux mouillages fort mauvais, à Vao et à Gadji.

Groupe des Loyalty. — « Enfin, dans le nord-est de la Nouvelle-Calédonie et presque parallèlement à elle, s'étend l'archipel des Loyalty, composé de trois îles principales, Maré, Lifou et Ouvéa, des îles Pléiades, Beaupré, et de quelques îles très petites situées entre Maré et Lifou, et séparé de la grande terre par un canal de 16 à 20 lieues de large. Il fut, dit-on, découvert par le capitaine Butler, à bord du *Walpole*, en 1800, ou, d'après une autre version, à bord du *Britannia*, en 1803. Mais c'est à Dumont d'Urville qu'on doit la première exploration de ces îles. »

Elles forment une chaîne parallèle à celle de la Nouvelle-Calédonie, dont on les croit contemporaines. Elles semblent, dit M. Chambeyron, dues à un même soulèvement, bien qu'il y ait entre elles une différence absolue d'aspect, attendu que la chaîne du sud-ouest (celle de Calédonie) supporte une île énorme d'origine plutonienne et sédimentaire, très élevée et très accidentée, tandis que les roches plutoniennes manquent dans la chaîne du nord-est (celle des Loyalty). Darwin et Dana, bien que n'ayant pas eu connaissance des grands récifs calédoniens, admettent que, dans cette partie de l'Océanie, les phénomènes de soulèvement et d'affaissement ont pu se produire simultanément dans des parties très voisines les unes des autres.

Aspect et constitution du sol. — « Le sol de la Nouvelle-Calédonie est essentiellement montagneux et de formation très ancienne. La nature y a éprouvé de violentes convulsions, dont on retrouve des traces à chaque pas. Quoique plusieurs de ces massifs paraissent dus à des mouvements volcaniques, on n'y a point encore découvert de cratères de volcans éteints, et l'on ne peut attribuer, jusqu'à ce jour, qu'au volcan Mathew, situé à 80 lieues dans l'est de la Nouvelle-Calédonie, les secousses de tremblement de terre qui ont été ressenties dans toute l'île en 1869 et en 1876.

« Avant que l'île eût été traversée d'une côte à l'autre, diverses hypothèses ont été faites sur l'existence d'une ou de plusieurs chaînes parallèles ; nous avons fait plusieurs voyages dans l'intérieur de l'île, et voici le résultat de nos observations à ce sujet. Dans ce que nous appellerons la partie sud de l'île, c'est-à-dire au sud-est d'une ligne tracée du mont d'Or à Unia, la côte est bordée de montagnes élevées, tourmentées, diminuant graduellement de hauteur à mesure qu'elles se prolongent dans le sud. La chaîne de la côte ouest se termine à l'entrée de la baie du Sud; celle de la côte est, entre Kuebüni et le port Boisé.

« La partie la plus bouleversée de la Nouvelle-Calédonie se trouve comprise entre la ligne qui joint Unia au mont d'Or et celle qui irait de la vallée de Thio à la baie d'Uaraï. Dans tout cet espace, les massifs des montagnes semblent jetés dans le plus grand désordre ; ils ne se relient point les uns aux autres, et se composent généralement de deux ou trois sommets très élevés, projetant d'énormes contreforts dans toutes les directions, et dont les pentes de 30 à 35 degrés, et souvent même tout à fait inaccessibles, encaissent tantôt de simples filets d'eau, tantôt des torrents considérables.

« Toute la côte est bordée, dans cette partie, de falaises escarpées et de pentes abruptes, excepté dans quelques baies, dont nous donnerons plus loin la description. Le sol ferrugineux existe sur le bord de la mer jusqu'à la vallée de Thio, quoique d'une teinte moins rouge que dans le sud. Dans l'intérieur, il disparaît en partie pour faire place aux roches de trachite et de diorite dont sont presque exclusivement composées les montagnes. Aussi la végétation est-elle partout rabougrie, et nulle en beaucoup d'endroits sur ce rivage.

Le sommet principal de ce chaos est le pic Humboldt, situé à 11 milles au sud de l'île Toupéti et élevé de 1,640 mètres au-dessus du niveau de la mer. Il est entouré au sud-est et à l'ouest de nombreux pitons de 1,500 mètres à 1,600 mètres de hauteur, et c'est à moins de 300 mètres au-dessous de son sommet que commence la Tontouta, qui vient se jeter à la mer dans la partie est du port Saint-Vincent. Dès son origine, eu égard surtout à sa situation singulière, le torrent est beaucoup trop abondant dans la saison sèche pour être attribué seulement à l'écoulement des eaux de pluie.

« Les montagnes dominant la baie du Prony, qui s'ouvre sur la côte ouest, sont garnies de grandes forêts, dont les principales essences sont le chêne-gomme, le kaori, le pin colonnaire et le tamanou.

« Le littoral de cette côte, depuis le mont d'Or jusqu'au delà d'Uaraï est moins accidenté que celui de la côte est. Les contreforts des montagnes ne viennent plus que rarement jusqu'à la mer et sont remplacés par des collines très accessibles. Les plaines y sont vastes et très fertiles, et c'est dans cette partie que se trouvent les grands établissements agricoles.

« La partie nord de l'île diffère de la partie sud sous le rapport du sol ; les terres ferrugineuses disparaissent ; le quartz et le silex remplacent, dans la charpente de l'île, les diorites, qui dominent dans le sud ; les montagnes sont moins abruptes, moins tourmentées. Des roches basaltiques de formes bizarres, des falaises percées de magnifiques grottes, rompent la monotonie de la côte dans le petit port de Yenguène, sur la côte est. Au nord de l'île seulement existent deux chaînes de montagnes bien distinctes et séparées par la vallée du Diahot, la rivière la plus considérable de l'île, qui se jette à la mer vis-à-vis de Balabio.

« La chaîne du nord-est suit le rivage de la mer et ne présente que des vallées insignifiantes. L'île de Balabio semble être son prolongement. La chaîne du sud-ouest est plus étroite et borne au nord plusieurs plaines assez étendues. Cette chaîne se prolonge de 12 à 15 milles plus loin que celle de la rive droite, jusqu'à l'île de Paaba ; toutes deux se terminent par des mornes dont la hauteur diminue graduellement et régulièrement.

Climat. — « La salubrité du climat de la Nouvelle-Calédonie est désormais incontestable ; les travaux de force qui y sont exécutés dans les conditions les plus pénibles n'y ont pas encore occasionné de maladies, et la mortalité est notablement moindre qu'en France. La température, grâce aux fraîches brises qui règnent presque toute l'année, n'y atteint jamais des limites très élevées. Dans la saison d'hivernage, ou saison chaude, en janvier, février et mars, elle atteint jusqu'à 33 degrés au-dessus de zéro, et ne descend guère au-dessous de 16 pendant la nuit en juillet et août. Elle n'est pas exposée à des changements brusques comme à Taïti.

« Lorsqu'on entreprit à Nouméa, et plus tard à Canala, les premiers travaux de terrassement dans des terrains bas et fangeux, on craignit de voir se déclarer des fièvres paludéennes. Il n'en fut heureusement rien, parce que ces terrains ne sont rien moins que des marécages. On n'y trouve point les plantes qui remplissent ordinairement les marais, et quoique les eaux y paraissent stagnantes et semblent privées de tout écoulement, nous sommes convaincu qu'elles se renouvellent constamment par les crevasses du sous-sol, qui est partout de corail à une plus ou moins grande profondeur. Dans les plaines du littoral d'Yaté et d'Unia, où les alluvions ont bien moins d'épaisseur que sur la côte ouest, ce sous-sol perce par place en maints endroits, et l'on voit loin de la mer surgir des têtes de corail au milieu de marais dans lesquels les indigènes cultivent le taro avec succès.

« Ces divers faits nous ont amené à des remarques qui, selon nous, mériteraient une étude spéciale de la part des hommes compétents. Dans les îles intertropicales où les coraux sont *vivants*, telles que la Nouvelle-Calédonie, Taïti, la majeure partie de la Polynésie, les Seychelles, nous avons remarqué l'absence ou l'innocuité des fièvres et autres maladies ordinaires dans ces climats, tandis que, dans des parages entourés de coraux *morts*, tels que la Vera-Cruz, les Antilles et les Nouvelles-Hébrides (près de la Nouvelle-Calédonie), ces maladies présentaient, au contraire, un caractère très grave. N'y aurait-il pas, dans le premier cas, un mouvement et un écoulement permanent des eaux qui s'opposerait à la formation des marais proprement dits, écoulement qui ne trouverait plus d'issue dans le second cas? Nous ne résoudrons la question dans aucun sens, et nous nous contenterons de la présenter aux hommes spéciaux.

Saisons. — « Dans les pays situés en dehors des tropiques, la division de l'année en quatre saisons se fait parfaitement. Dans les régions avoisinant l'équateur, ces variations sont moins sensibles, mais n'en existent pas moins.

« En Nouvelle-Calédonie, on peut reconnaître un été austral, correspondant à l'hiver dans l'hémisphère nord. Il comprend les mois de décembre, janvier et février ; puis deux époques de transition entre l'hiver et l'été, et réciproquement. L'une d'elles, qui forme le printemps austral, est parfaitement caractérisée par sa sécheresse. Elle comprend septembre, octobre et novembre. L'autre, à laquelle nous donnerons le nom d'automne, est caractérisée seulement par une augmentation de pluie très sensible. Elle comprend mars, avril et mai, enfin, un hiver caractérisé par l'abaissement de la température, et comprenant les mois de juin, juillet et août.

« En prenant la température pour base dans le classement des saisons, nous n'avons plus ni automne ni printemps, mais uniquement la saison froide et la saison chaude. Cette saison chaude, en Nouvelle-Calédonie, n'a, en réalité, qu'une durée de trois mois, comprenant novembre, décembre et janvier, contrairement à presque tous les pays tropicaux, où la saison chaude dure six mois complets.

« Si nous considérons l'humidité seulement, l'année se divise en deux saisons très inégales. La saison sèche, bien que la sécheresse soit toute relative, comprend septembre, octobre et novembre, et se prolonge même plus ou moins au commencement de décembre. La saison humide comprend les neuf autres mois de l'année ; mais cette division en saison sèche et pluvieuse variant beaucoup, ne peut pas être considérée comme règle.

Vents. — « Les vents alizés de sud-est et d'est-sud-est règnent le plus généralement en Nouvelle-Calédonie ; seulement, si ce fait est constant pour la partie nord de l'île, il offre de nombreuses exceptions dans la partie sud. La force et la direction du vent présentent souvent de singulières anomalies dans cette dernière, et l'on ne peut donner de règles fixes à ce sujet. Pendant toute l'année, mais principalement au commencement de la belle saison, on est exposé à des séries de brises de nord-ouest et d'ouest aux environs de Nouméa, qui sont parfois très fraîches, accompagnées d'orage et de pluie torrentielle, pendant que la côte est jouit d'un jolie brise de sud-est. Quelquefois ces bourrasques arrivent subitement, mais elles ne conservent leur violence que pendant les deux ou trois premières heures, et passent au sud-ouest et au sud. Dès que le vent hâle le sud-ouest, le temps devient très clair. Elles succèdent généralement à des brises de nord-est ou à un temps calme et lourd, et n'ont guère lieu que lorsque le baromètre est entre 754 et 757 millimètres. Elles sont quelquefois tellement locales qu'en 1861, deux bâtiments mouillés, l'un à Uitoé et l'autre à Nouméa, avaient simultanément, le premier une forte brise d'est-sud-est, et le second grand frais d'ouest-nord-ouest. Elles ne peuvent être classées parmi les coups de vent giratoires, n'ayant aucun mouvement de translation et étant toujours circonscrites dans l'espace de quelques dizaines de milles.

« Les brises de terre, assez fréquentes sur la côte ouest, que l'on pourrait presque appeler la partie sous le vent de l'île, sont rares sur la côte est, généralement balayée, jour et nuit, par la brise du large. Elles ne s'étendent jamais jusqu'au grand récif extérieur et n'existent que dans les vallées de quelque importance, à Yaté, Unia, Canala. Elles cessent généralement vers huit heures du matin.

« La partie nord de la Nouvelle-Calédonie étant plus étroite et plus basse que le reste de l'île, et se trouvant en même temps par une latitude sous laquelle les vents alizés sont établis plus régulièrement, exerce sur eux une influence beaucoup moindre. La brise y est généralement plus fraîche et plus continue ; on y est cependant exposé, particulièrement en septembre et octobre, à des orages très violents de la partie de l'ouest, précédés par un temps lourd, brumeux, très chargé, et un calme plat.

Ouragans. — « Pendant tout l'hivernage, mais principalement en janvier et février, on est exposé à des ouragans qui sévissent parfois avec violence et pendant lesquels nous avons vu deux fois le baromètre tomber à 711 millimètres. Ils sont précédés par un temps couvert, incertain, une chaleur accablante, et leur passage n'est indiqué quelquefois que peu d'heures à l'avance par la baisse du baromètre. En général, cependant, après quelques jours de temps à grains, à rafales accompagnées de pluies abondantes, avec un ciel uniformément gris, ou surtout traversé par plusieurs couches de nuages cuivrés, le baromètre se maintenant à 750 ou 749 millimètres, on doit se tenir en garde contre les ouragans. Leur diamètre est généralement peu étendu, car ceux qui traversent le milieu de l'île ne se font nullement ressentir aux extrémités au même moment. Leur mouvement de rotation s'effectue de droite à gauche, comme l'indique la loi des tempêtes pour l'hémisphère sud, et le mouvement de translation dans le sud varie du sud-sud-ouest au sud-est. Toutes les parties de l'île sont exposées à ces phénomènes, qui n'ont, du reste, rien de précis dans l'époque de leur passage pendant l'hivernage. On prétend cependant que l'île des Pins en a toujours été exempte.

Pression atmosphérique. — « Les oscillations du baromètre sont plus sensibles peut-être en Nouvelle-Calédonie qu'elles ne le sont généralement dans les pays intertropicaux, et présentent cette particularité qu'après un ouragan ou un très mauvais temps occasionnant une baisse notable, la colonne barométrique restera plusieurs jours avant de reprendre son niveau normal, malgré la sérénité de l'atmosphère. Pendant les ouragans observés jusqu'à ce jour, le baromètre est descendu entre 734 et 710 millimètres. Lorsque la brise du sud-est est régulièrement établie, le baromètre se maintient environ à 759 millimètres. Lorsqu'il monte à 767 ou 768 millimètres, le temps se mettra à grains et soufflera grand frais du sud-est jusqu'à ce que le mercure commence à descendre. Si, au contraire, les vents de sud-est ou d'est-sud-est fraîchissent avec un temps couvert, le baromètre descend; il faut s'attendre à de grandes brises de nord-est, et, si la baisse est rapide, à un coup de vent du nord-est à l'ouest-nord-ouest et à l'ouest. Dans ce dernier cas, nous avons vu, en octobre, le mercure tomber à 741 millimètres.

« Pendant les mois de mai et juin, les brises sont encore fraîches et irrégulières, les grains assez fréquents. En juillet et août, le temps est généralement beau, sec, et les vents alizés, bien établis. Les mois de septembre et octobre sont les plus beaux de l'année : brise régulière et modérée, températurure égale et très douce, pluies très rares. Vers la mi-novembre, les fortes brises et les grains reparaissent par intervalles, et, dans l'opinion des personnes fixées depuis longtemps dans l'île, le jour de Noël peut être considéré comme le commencement de la saison d'hivernage ou été austral.

Courants et marées. — « La mer marnant en général de 1 mètre 20 centimètres en Nouvelle-Calédonie, et l'île étant défendue dans presque tout son pourtour par une chaîne de récifs à fleur d'eau qui ne laissent que des passes étroites de loin en loin, l'espace compris entre ces récifs et la terre n'est sujet qu'aux courants périodiques des marées, tantôt assez lents, tantôt très rapides, comme dans le canal de la Havannah et le détroit Devarenne. Leur cours est régulier, leur direction connue. Il n'en est pas encore de même de ceux que l'on rencontre dans le voisinage extérieur du grand récif.

Courants de la Havannah. — « C'est dans le sud-est de la Nouvelle-Calédonie, à la sortie des deux passages de la Havannah et de la Sarcelle, que l'on rencontre les courants les plus forts et les plus irréguliers.

« L'établissement du port a été déterminé avec soin sur les deux côtes. Il se trouve être à peu près le même dans la baie du Sud et au port Boisé ; mais, sur la côte est, à Yaté, le premier port où l'abri des récifs a permis de faire des observations sûres, la mer est pleine près de trois heures avant de l'être dans la Havannah. Pendant la moitié du flot et la moitié du jusant, il existe donc deux courants contraires se rencontrant presque à angle droit devant la Havannah et la passe de la Sarcelle. A l'époque des nouvelles et des pleines lunes, le flot et le jusant ont une vitesse de quatre à cinq milles à l'heure dans ces deux passes, et de près de deux milles au large. Il en résulte, à la sortie du récif, des remous de courants extrêmement violents, qui se déplacent continuellement et rendent la mer tellement dure et clapoteuse que la chaîne des récifs paraît non interrompue de la grande terre à l'île des Pins. A moins d'une forte brise, les bâtiments à voiles ne ressentent plus l'action du gouvernail dès qu'ils entrent dans ces remous, et les goëlettes sont obligées de condamner leurs panneaux. En général, il est prudent d'attendre, avant de franchir la passe, que le phénomène ait perdu de son intensité. Lorsque l'aviso à vapeur le *Coëtlogon* fit son premier voyage de Nouméa à la côte est, sous vapeur et en calme, il trouva du cap N'doua à l'entrée du port de Goro, la mer unie comme une glace ; il conserva toute sa vitesse et donna à raison de 11 nœuds dans le mascaret (nom sous lequel ces remous sont connus en Nouvelle-Calédonie). Le premier effet qu'il en ressentit fut un coup de tangage qui submergea sa tente de l'avant, élevée de plus de 7 mètres au-dessus de l'eau et ébranla le bâtiment comme s'il eût donné sur une roche.

« Dès que l'on peut, en sortant par la Havannah, tourner la pointe des récifs qui la terminent à gauche, on rentre immédiatement dans une eau dormante et calme, et, continuant la route au nord, on ne rencontre plus que le flot ou le jusant, toujours modérés, de la côte est. Il n'en est pas de même si l'on continue la route à l'est-nord-est ou à l'est. Les courants y prennent toutes les vitesses et toutes les directions possibles. Il nous est arrivé plusieurs fois d'attaquer le canal de la Havannah à la tombée de la nuit et au commencement du jusant ; par suite, de ne pouvoir entrer avant le lendemain et d'attendre toute la nuit au large. Mettant en panne à 2 milles de l'entrée à 9 heures 30 minutes et même 10 heures du soir, nous nous sommes trouvés, à 5 heures 30 minutes du matin, une fois à 25 milles au nord-est de la Havannah, une fois au nord de l'île des Pins, et, un jour de nouvelle lune, en vue et près de Maré ! Il serait très imprudent, d'une nuit obscure et par une mer calme, de chercher à se rapprocher jusqu'à ce qu'on entende le mugissement monotone de la mer sur les grands récifs extérieurs. Dans presque toutes les circonstances on les entend de plusieurs milles ; mais il arrive parfois, quoique très exceptionnellement, qu'ils ne déferlent pas. Telle a été la cause de l'échouage de la *Bonite* sur les récifs du nord de Kié, après quarante et un passages, dont près de moitié de nuit, effectués sans accident par son capitaine. »

Navigation côtière. — En résumé, la navigation, côtière dans les eaux de la Nouvelle-Calédonie, tout en exigeant une prudence constante, s'effectue dans des conditions exceptionnellement favorables, dues à la nature elle-même. La ceinture de récifs dont l'île est entourée forme comme un canal parallèle à la côte, qui abrite les bâtiments de la houle du large et permet à de petites embarcations de naviguer d'un point à l'autre de l'île sans grand danger. Dans un pays où la création des transports par terre ne fait que commener, ces avantages sont inappréciables et devraient tendre au développement du cabotage. Mais il est en partie entre les mains d'armateurs ou de capitaines anglais. Aussi le gouvernement cherche-t-il, en protégeant nos nationaux, à ramener ce trafic sous le pavillon français.

L'école de pilotins fondée par le gouverneur actuel, M. Pallu de la Barrière, en 1883, fournira les plus précieux éléments pour l'armement des caboteurs battant pavillon national.

Influences physiques et morales de la vie coloniale. — Les détails concernant la température, les prévisions du temps, les saisons, sont généralement les points sur lesquels on cherche à s'éclairer avant de quitter l'Europe pour aller résider dans un lointain pays. Il est essentiel de savoir d'avance à quelles nouvelles influences le corps sera soumis et comment il les supportera ; car, ainsi qu'on l'a dit, « changer de climat, c'est naître à une vie nouvelle. »

Ces influences ne sont pas seulement physiques ; elles atteignent le moral : la vue continuelle des mêmes visages, la répétition des mêmes habitudes, la mise en présence d'intérêts identiques ou des mêmes compétitions légitimes, le frottement des mêmes caractères, dont les qualités sont injustement oubliées et les aspérités vivement ressenties, coups d'épingles qui se transforment en coups de poignards, telles sont les causes premières qui introduisent dans les esprits de la passion et de l'aigreur, et rendent bientôt les rapports ordinaires de la vie intolérables. Une occupation continuelle est une sauvegarde contre ces tristes écueils.

« Qui peut, a dit Vauban, entreprendre quelque chose de plus grand et de plus utile qu'une colonie ? » Or, si l'on regarde comme un temps d'exil le séjour aux colonies, il est difficile de fournir son contingent à l'œuvre de colonisation. On n'a pas même la satisfaction de se dire, en partant, qu'on a travaillé au bien commun, qu'on a apporté sa pierre au nouvel édifice et qu'on laisse après soi quelque trace de l'intelligence et de l'activité européennes. Ceux qui se sont placés à ce point de vue général, qui se sont considérés comme membres de la grande communauté civilisatrice, qui ont fait ouvrir les yeux à l'indigène sur le progrès accompli dans son pays, qui lui ont fait comprendre ses véritables intérêts en devenant sujet français, ceux-là sont méritants. Leurs actes peuvent rester obscurs ; leur gloire et leur bonheur seront dans la prospérité de la colonie à laquelle ils auront consacré une partie de leur existence. Car, ainsi que le dit le docteur Forget, « ce n'est jamais impunément que l'homme rompt par l'émigration ces rapports mystérieux qui lient son organisation aux conditions du climat sous lequel il est né. »

Relations avec la France. — Il y a des âmes sensibles et faibles qui songent constamment à la France, à leur famille. Cette pensée les absorbe et les porte à la mélancolie. On ne saurait croire avec quelle fébrile impatience sont attendus les courriers qui apportent chaque quinzaine les lettres de France. C'est cet échange de correspondances qui entretient, ainsi qu'on l'a toujours remarqué, « la santé morale d'une armée en campagne ». « Les natures impressionnables et aimantes, dit le docteur Fonssagrives, trouvent dans leur éloignement de la famille une source de tristesse, d'inquiétude et de découragement qui s'alimente des lettres elles-mêmes, ponts fragiles jetés par-dessus les mers, entre le foyer domestique et la terre d'exil. » De là à la nostalgie il n'y a qu'un pas, et la maladie est incurable sur place.

La vie dans la brousse. — Comment les colons vivent-ils dans l'intérieur du pays? C'est intéressant à savoir au moment d'aller partager cette existence active, en recevant dans les habitations une libérale hospitalité.

De même que les Australiens disent constamment *bush-life*, *life in the bush*, nous disons de même : la vie dans la *brousse*. En Australie, on appelle *bush* les forêts de gommiers qui couvrent le territoire. En Calédonie, c'est la forêt de niaoulis, au tronc blanc, à l'aspect grêle et uniforme. Mais que ce soit forêts, montagnes, vallées ou plaines, tout ce qui est situé en dehors des centres de population s'appelle *la brousse*, comme on dit, en France, *la campagne*, les champs.

Pour se rendre aux habitations dans la brousse, il ne faut pas compter sur les routes ; on suit des sentiers bordés d'interminables rangées de niaoulis monotones. Pas d'animaux, presque pas d'oiseaux, si ce n'est quelques pigeons *notous*. Quelques indigènes çà et là, et à quelque distance les toits pointus de leurs cases ; quelques colons voyageant dans leur *buggy*, léger véhicule fait pour la brousse, de forme américaine, haut sur roues, résistant à tous les chocs, facile à réparer. Les voyagesse font le plus souvent à cheval, comme en Australie. Les cavaliers australiens dans la brousse emportent, dans une couverture ficelée sur la selle : deux chemises de jour, une chemise de nuit, une paire de pantalons, des pantoufles et les objets de toilette ordinaires. Toujours pratiques, gentlemen ! On fait ainsi 100 kilomètres par jour. On ne va qu'au pas ou au petit galop, à la méthode des Australiens, qui trouvent le trot fatigant.

Dans les habitations de la brousse, on trouve des chevaux à louer, ou le plus souvent à emprunter, sellés et bridés. Le prêt des chevaux fait ainsi la navette et l'on se rend de réciproques services. Les chevaux ne sont pas ferrés et paissent en liberté. Pour les ramener, on va vers eux en secouant du maïs dans un tamis ; ils viennent immédiatement et se laissent prendre.

Les habitations sont généralement situées sur les bords d'un ruisseau ou d'une rivière. Elles sont en bois ou en remplissage de pierres, ou le plus souvent en torchis et même en peaux de niaoulis. Le toit est en paillotte. Autour de l'habitation, le *paddock* (encore un anglicisme) ou enclos pour les chevaux, les vaches laitières, etc. Bien des paddocks sont traversés par un sentier, de sorte que le cavalier trouve devant lui des barrières qu'il lui faut ouvrir et fermer à son passage. Ces barrières, qu'on appelle aussi *fence*, sont en bois ou en brins de niaoulis, ou en fils de fer de 5 millimètres. La garde du bétail et le recensement annuel ou *muster* se font par des hommes à cheval (*stockmen*) armés de longs fouets à court manche. A côté de la maison, l'indispensable potager et quelques plantations : maïs, patates, etc. Toutes les habitations sont munies d'une *verandah*, ou appentis extérieur ombragé par des lianes, où l'on vit en plein air. La cuisine est toujours séparée des habitations. Celles-ci contiennent toutes un lit à offrir au voyageur de passage, et l'hospitalité se pratique en Calédonie envers tous largement et cordialement. Nous l'avons éprouvé maintes fois par nous-même, et nous avons vu donner la nourriture et l'abri, tant à la table du maître que dans les hangars, à tout passant. Cette générosité fait honneur aux colons.

Le matin, on se lève de bonne heure, et l'on a pris le thé avant le lever du soleil. Vers onze heures, on déjeune ; on dîne à six heures et l'on se couche peu après huit heures. Presque partout du pain, des légumes, de la viande, des conserves ; souvent de la viande fraîche autre que celle de porc ; du thé, du gin. L'éclairage se fait au pétrole généralement, ou encore à la bougie, ou enfin à l'huile de coco. Dans la plupart des stations françaises on trouve des livres, mais en petit nombre, mal choisis, mal soignés, peut-être peu lus, encore moins de journaux. Chaque station anglaise a sa petite bibliothèque et l'on y reçoit les publications hebdomadaires d'Australie si fécondes en renseignements de tout genre.

CHAPITRE II

Voyages dans l'intérieur. — Distances à parcourir. — Époque du voyage. — Préparatifs. — Routes. — Ponts. — Bacs. — Bagages et vivres. — Guides et porteurs. — Obstacles à surmonter.

Voyages dans l'intérieur. — Le double service de bateaux à vapeur réguliers qui existe aujourd'hui entre Nouméa et la côte, a facilité les voyages dans l'intérieur.

Autrefois, aller de Nouméa à Canala entraînait bien des difficultés. A moins de braver tous les inconvénients du voyage par terre, il fallait attendre pendant un mois le passage du navire à son retour ou encore remonter jusqu'au nord. Aussi, un ancien gouverneur disait-il que la colonie finissait à Bourail dans l'ouest et à Canala dans l'est.

Aujourd'hui les choses ont complètement changé. A-t-on dans l'intérieur une propriété à visiter, une mine à explorer, un commerce à surveiller, une industrie à exploiter ? on fait rapidement le voyage aller et retour en 8 ou 10 jours. Il en est de même pour venir de l'intérieur à Nouméa, le service des deux vapeurs étant installé de façon à parcourir la côte en sens inverse.

Celui qui ne connaît de la Nouvelle-Calédonie que les environs de Nouméa ou les côtes brûlées du littoral sud-est ne peut se faire une idée de la richesse de la végétation qu'offrent les vallées de l'intérieur. Ce spectacle est d'autant plus frappant et agréable qu'il se produit par un brusque changement de décor. Il semble que les yeux se reposent avec plus de plaisir sur cette luxuriante végétation lorsqu'ils ont été fatigués par les spectacle des montagnes dénudées qui avoisinent Nouméa.

Si l'on veut se rendre bien compte de la situation du pays, de ses ressources, de sa beauté, de sa fertilité, de son avenir, il faut aller chez les colons. Là on verra ce que la main de l'homme a ajouté à la nature. Avec les caféeries, les bananiers, les plantations diverses, on trouvera des orangeries d'une grande fécondité. On a commencé à expédier à Sydney les fruits tropicaux de la Calédonie. Le développement de la navigation à vapeur autour du pays et des routes muletières en cours d'exécution vont augmenter les relations des localités de l'intérieur avec le chef-lieu. Une visite de l'île, pour être complète, doit donc se faire soit à cheval, soit plutôt à pied. C'est dans ces conditions que nous entreprenons le voyage.

Parcours à effectuer. — Notre parcours sera de 1,120 kilomètres, plus 264 kilomètres, aller et retour, pour visiter les localités en dehors du circuit, soit 1,384 kilomètres, c'est-à-dire plus d'une fois et demi la route de Paris à Marseille. Il faudra marcher la plupart du temps sans route, malgré la pluie, les inondations, l'abandon des guides et des porteurs, et le manque de ponts et de bacs. Il faudra passer à gué ou à la nage plus de trois cents cours d'eau, dont une vingtaine seulement seront franchis en pirogue; traverser de nombreux marais, plusieurs torrents, des montagnes, des forêts; deux cents villages ou stations, et entrer en relations avec la plupart des chefs canaques. Ce parcours exige plus de temps que n'en met un courrier d'Europe pour venir de France à Nouméa, soit par les Indes, soit par l'Amérique.

Choix de l'époque du voyage. — Un voyage comme celui-là doit, à mon avis, s'entreprendre dans les conditions suivantes : choisir pour départ le commencement d'août, afin de profiter de la sécheresse, ordinairement plus longue à cette époque de l'année. En outre, il faut prévoir et éviter les coups de vent accompagnés de pluie qui se produisent vers le 20 décembre, périodiquement, et surtout dans le courant de février et de mars. En août, les nuits sont encore fraîches ; le thermomètre descend jusqu'à 15 degrés. C'est en mars et avril que les pluies sont le plus fréquentes, et les mois les plus chauds sont ceux de décembre, janvier et février.

Préparatifs. — Il est essentiel de faire prévenir les chefs canaques de tribu en tribu. C'est le plus sûr moyen de trouver des guides et des porteurs, et autant que possible des pirogues sur les plus grandes rivières. On dispose d'avance des étapes dans les villages et l'on s'entend avec les guides et porteurs.

Bacs et ponts. — L'administration aurait pu depuis longtemps installer des bacs sur les rivières. Ces bacs consisteraient en une pirogue simple, ou mieux dans une pirogue double, dont le pont serait muni d'un tablier mobile pour l'embarquement des chevaux. A Java les bacs sont formés de pirogues doubles semblables à celles des Calédoniens. Elles supportent une plate-forme et circulent entre deux câbles amarrés aux deux rives. On a renoncé aux ponceaux faits de troncs d'arbres recouverts de terre. Ils ne durent pas et deviennent un danger pour les cavaliers. Comme on trouve de la pierre partout, on va maintenant ne faire que des ponts en maçonnerie. A Java, les ponts, sur les ravins, se composent de deux longs bambous suspendus parallèlement, attachés sur les deux bords. Des lianes en tombent perpendiculairement en s'enchevêtrant dans un tablier mobile et léger en lianes. Mais en Calédonie, il faut s'habituer à se mettre franchement à l'eau, et le climat nous le permet.

Routes. — L'importance donnée à la question des chemins n'est point exagérée ; tout le monde est bien persuadé que si, à l'origine de l'occupation, le gouvernement avait fait tracer un simple chemin le long de la côte, au milieu de la zone des terres à concéder, la recherche des terrains eût été plus facile et la colonisation par suite eût été plus rapide.

Qu'il s'agisse, par exemple, d'aller chercher des terres du côté de Kôné ou de Yenguène, on s'effraye des difficultés de la route et il n'en faut pas davantage pour arrêter dans ses projets un colon qui ne dispose pas de grands moyens d'action ; il attend que d'autres plus au courrant des choses du pays, ou possédant plus de ressources lui aient frayé la voie, et quand, plus tard, il se présentera, il choisira son lot dans les terres que les premiers venus auront laissées de côté, si toutefois il s'en trouve.

« Les chemins, après avoir facilité les recherches des colons en quête de terres, seraient encore plus utiles aux colons établis, qui sont trop souvent réduits à n'avoir d'autres voies de transport que la mer. Or on connaît tous les inconvénients d'une pareille situation ; sans compter que certains produits, le bétail notamment, ne s'accommodent nullement des transports maritimes. Combien de têtes de bétail, qui ont été égarées ou tuées sur les sentiers de la colonie, auraient été conservées à leurs possesseurs si des chemins avaient été ouverts, si quelques coups de pioche avaient été donnés dans les passages difficiles.

« L'ouverture de ces chemins n'entraînerait que de faibles dépenses pour la colonie et n'exigerait pas un temps bien long. Il suffirait pour le moment qu'ils fussent praticables aux cavaliers et au bétail.

L'établissement de routes par la main-d'œuvre pénitentiaire et indigène est plus facile ici que dans tout autre pays. Dans les forêts croissent peu de plantes épineuses, qui les rendraient impénétrables comme les fourrés de bambous de l'Indo-Chine. Nous n'y avons rencontré, le jour comme la nuit, aucun animal dangereux, ni serpents, ni bêtes fauves. Le gibier est peu abondant. Il n'est composé que de roussettes, de pigeons variés, de perruches et de canards ; les cailles sont très rares.

Dans les rivières d'eau douce, d'énormes mulets, de grosses anguilles, des crevettes. Pas d'amphibies, pas de reptiles, pas d'insectes venimeux. Je me suis baigné dans presque toutes les rivières. La marche dans les marais ne nous a causé ni plaies, ni maladies.

Nous n'avons rien eu à craindre des indigènes. Ils nous ont

aidés à franchir les rivières et les rochers. Ils ont, en général, été très serviables ; mais on obtient d'eux bien peu de renseignements topographiques. Ils disent que c'est près ou loin, selon leur intérêt, coupent au plus court par les montagnes ou les marais, sans s'inquiéter de choisir le plus beau chemin. Ils refusent souvent de passer d'une tribu dans une autre. Ils ne voyagent que plusieurs ensemble. Leurs usages de politesse sont dictés par la défiance. Ils tournent le dos à un supérieur et s'assoient devant lui.

Il faut s'adresser à un seul et non à un groupe à la fois. Ils portent les bagages à dos avec des liens de lianes, ou à deux hommes au moyen d'un bâton fixé au colis et placé sur leur épaule. Le Canaque se lève et se met en route tard, par crainte de la rosée. Les chefs indigènes sont moins sensibles aux cadeaux que par le passé; il est bon toutefois de leur donner du tabac ainsi qu'aux porteurs. Ceux-ci demandent toujours à être payés. Pour cela, il faut emporter beaucoup de pièces de dix sous. Ils connaissent maintenant les pièces de cinq francs. Les Canaques réquisitionnés sont satisfaits avec dix sous par jour, du riz et du tabac, excepté dans la région des mines, où ils exigent deux francs par jour au moins.

Les transports se font jusqu'à Koné à dos de cheval ou d'âne, et, en quelques endroits, par charrettes à bœufs. Notre âne eut bientôt les jarrets enflés et retarda beaucoup notre marche. Il passait parfaitement les rivières, mais refusait d'entrer dans les marais. Il vaut mieux faire porter à dos de Canaques. Ils passent dans tous les endroits difficiles sans connaître d'obstacles. Les porteurs ou guides doivent se munir de leur hache pour ouvrir le chemin dans les brousses, et de sagaies pour prendre du poisson à l'occasion.

Nous allons donc nous *mettre en route, ce qui est un euphémisme ou une métaphore* ; car, au delà de nos 80 premiers kilomètres, nous ne rencontrerons plus que de petits tronçons de routes en construction, puis des sentiers sauvages, par monts et par vaux. La première route qui s'offre à nous, celle de Nouméa à Païta, longue de 30 kilomètres, a été commencée en 1861 ; elle fut finie en 1882, soit en 20 ans, c'est-à-dire à raison d'un kilomètre et un tiers de route muletière par an. Tous les tronçons de route réunis peuvent s'évaluer à 250 kilom., et il en faudrait 1,200. Sans routes, pas de colonisation. Les routes appellent les colons, qui s'installent à proximité des moyens de transport et d'écoulement de leurs produits. Dans l'intérieur, les légumes, le laitage, le beurre, les fruits, les œufs se perdent faute de ressources pour les faire parvenir à un marché voisin. Les bois, les minerais ne se peuvent transporter que par mer. Les ponts et les bacs manquent sur la plupart des rivières.

Un pays ne se peuple qu'autant que les voies de communication en permettent l'accès. Négliger cette vérité pratique, c'est renouveler l'histoire de l'actrice qui ne débute pas parce qu'elle n'est pas connue, et qui n'est pas connue parce qu'elle ne débute pas.

En 1882, M. Pallu de la Barrière, nommé gouverneur de la Nouvelle-Calédonie, me faisait l'honneur de me dire que dans sa pensée « la compression devait maintenant faire place à la colonisation, dans toute la mesure du possible. » C'était l'avenir même de la colonie que visait ce programme. Le gouverneur eut l'énergie de l'appliquer dès la fin de novembre 1882. S'inspirant de l'esprit et de la lettre de la loi de 1854, il ramena enfin l'élément pénitentiaire à son rôle d'auxiliaire de la colonisation libre. Il fit sortir de l'île Nou et des divers pénitenciers, véritables bagnes coloniaux, un millier de condamnés, qu'il envoya sur les routes. Les chefs et agents du service des routes étaient en même temps chargés de suivre et de diriger sur place cette main-d'œuvre nombreuse, et un millier de condamnés étaient également affectés aux grands travaux de Nouméa.

Dans ces conditions, la colonie peut espérer qu'avant 5 ans son réseau de voies muletières sera très avancé. En parcourant, dit M. Pallu, ces routes, instruments de leur fortune agrandie, les colons se reporteront alors au service rendu par la main-d'œuvre pénitentiaire.

Au lieu d'entamer sur les points les plus divers et les plus éloignés des tronçons de route qu'on abandonnait ensuite, avec une grande perte de temps, de bras et d'argent, il y aura unité dans le plan d'ensemble.

Au lieu de bacs sur les rivières à courant très rapide, comme la Tontouta et la Ouengui, si voisines de Nouméa, on va construire des ponts en pierre. La pierre se trouve, en effet, partout, et le corail des rivages donne la chaux.

Comme en Australie en 1813, l'inauguration des routes sera l'inauguration de la bonne et sage colonisation d'un pays si bien doué pour prospérer.

Obstacles des deux routes. — Pour se rendre de Nouméa au Nord de l'île, il y a, par la côte Ouest comme par la côte Est, des obstacles à franchir :

Sur la côte Ouest, les marais et la montagne de Kaféate ou de Kôné, et d'autres passages difficiles, qui ont été un peu améliorés depuis un an ;

Sur la côte Est, les rochers fameux qui interceptaient le passage entre le cap Colnett et Hienguène, qui ont au moins trois kilomètres de longueur.

Les rochers de Ouatième, au moyen de quelques travaux à la mine, livrent sur leur propre flanc un chemin assez étroit, qui n'est pas entretenu.

Le caractère de la côte Ouest, c'est d'être coupée par des rivières étroites, mais dont la profondeur et le courant irrésistible augmentent à chaque pluie.

La côte Est, au contraire, présente une série continue de rivières dont le parcours est généralement peu étendu, mais d'un lit très large. La mer y pénètre, les vents généraux en refoulent le courant, une barre empêche l'écoulement des eaux; de là, des débordements fréquents, plus dangereux pour les cultivateurs que pour les voyageurs.

Mais dans ces rivières il faut se défier des requins. Cette

peur est d'autant plus justifiée qu'un Canaque a été dévoré par l'un de ces animaux en plein port de Nouméa. Quant à être tués et mangés par les Canaques, comme au temps du cannibalisme, il n'y a plus à craindre, Dieu merci, qu'un pareil acte se renouvelle. Les obstacles du parcours et la dissémination des habitants rendent le voyage difficile. Ces obstacles disparaîtront à mesure que le pays se peuplera et que les terres seront occupées.

CHAPITRE III

Les environs de Nouméa. — L'anse Vata. — Le Port Despointes. — Les Portes de fer. — Montravel. — Le Cimetière. — Le col de Toughoué et le Pont du Diable. — La Dombéa. — Feux de brousse. — Païta. — École indigène. — La roche Tarpéienne. — Le Kagou. — La Faune indigène.

Les environs de Nouméa. — Deux chemins conduisent de Nouméa au bord d'une baie bien fermée qui est le vrai port du cabotage. Cette baie est abritée par la Grande-Terre et par le groupe des îles Sainte-Marie, dont elle a pris le nom en échange du nom kanaque « N'guéa », mot trop dur à l'oreille et au gosier pour être conservé. Les deux chemins se bifurquent devant la caserne des troupes. L'un traverse la montagne coupée, puis s'enfonce à droite, à travers bois, entre une colline verdoyante hérissée d'un banian et d'une carrière de pierres, d'une part, et l'ouvroir des grandes filles métis, d'autre part. Ce chemin a 2 kilomètres; mais il est plat et ombragé. L'autre n'a qu'un kilomètre; mais sa pente est plus raide. Il laisse la caserne à gauche et gagne la riante vallée Despointes, ainsi appelée du nom de l'amiral qui prit possession du pays, et il oblique à gauche entre les niaoulis.

On gravit la crête qui sépare cette vallée de la baie Sainte-Marie, et l'on arrive à une petite porte que gardent d'un côté un énorme niaouli surmonté d'un pavillon blanc et bleu, et de l'autre un mât supportant une girouette. On dirait un Suisse et sa hallebarde. De ce point le panorama qui se déroule autour de vous vaut celui tant vanté de

Plantation de bananiers et de manioc.
CH. LEMIRE. — NOUVELLE-CALÉDONIE. — Challamel aîné, Éditeur.

la baie de Naples. En avant, la masse imposante des deux monts Dore baigne ses pieds dans les flots bleus et sa tête dans une atmosphère ensoleillée. Ses flancs ravinés sont éventrés par les chercheurs d'or et de nickel ou par des cascades ruisselantes de lumière. Des ondées fréquentes entretiennent dans une perpétuelle verdure la plaine peuplée de moutons et égayent le paysage par l'apparition fréquente de l'arc-en-ciel plongeant dans la mer son prisme éclatant.

La côte s'infléchit jusqu'au pic Ia, qui dresse sa tête embrumée au-dessus du canal Woodin. Les terres rouges de l'île Ouen vont se fondre dans la haute mer. Le soleil éclaire de reflets mobiles les ravines boisées des montagnes, les crêtes dénudées, les pentes herbacées et la falaise abrupte de l'île Sainte-Marie. Un promontoire de rochers battus par les vagues surplombe une mer furieuse. Par temps calme, ses flots transparents laissent voir au fond un verger d'arbustes neigeux et de bouquets de corail. La plage de l'île est bordée d'une nappe de sable blanc sur lequel est assise la maisonnette des gardiens de troupeaux. De fiers taureaux, des vaches en robe blanche, des chèvres bondissantes paissent sur les coteaux.

La chaîne des montagnes est coupée par les larges embouchures des rivières des Pirogues, de Plum et de la Coulée. Au pied des monts, la cathédrale et les blanches constructions des établissements de Saint-Louis sont éclairées par le soleil couchant. Une auréole de nuages mordorés entoure le sommet du Chapeau-d'Évêque, pic pointu et isolé qui garde, comme une sentinelle avancée, les abords des plaines luxuriantes et des riants villages de la Conception et de Saint-Louis.

Plus près de nous, les maisonnettes, perchées sur les collines de la baie Uémo, s'alignent en étages successifs. Une batterie d'artillerie flanque l'une des pointes de cette presqu'île découpée comme une dentelle.

Des langues de terre s'avancent dans la mer, formant avec le groupe des Sainte-Marie, des caps, des canaux, des anses, des baies très échancrées. Ce mélange alternatif des golfes et des collines, de la verdure et des flots, au coucher du soleil ou au lever de la lune, produit des jeux de lumière d'un effet saisissant et qui se prolongent en une incessante mobilité jusqu'à la ligne des crêtes.

Dans la vallée, le « faubourg des Colons » allonge ses lignes de maisons et ses jardins, éparpillés sur les flancs des collines et se rapprochant en longs chapelets blancs jusqu'à l'entrée de la baie Sainte-Marie. Çà et là des îlots aux formes bizarres, l'Ile-au-Charbon, semblable à un lion couché secouant au soleil sa crinière mouillée par la vague ; le Porc-Épic, dont le dos est hérissé de grands pins colonnaires, invitent les barques à les accoster avec l'attrait d'ne terre à découvrir, à explorer. Des canots d'amateurs, des goëlettes de caboteurs, les trois-mâts du long-cours, les vapeurs de guerre, les vaisseaux à voiles animent toute cette côte souriante, montrent leur pavillon, leur blanche voilure et disparaissent derrière le gros massif du Ouentoro, surmonté d'un bouquet de bois de fer comme d'un plumet vert sombre.

Si l'on fait volte-face, l'horizon n'a plus pour bornes, à gauche, que les montagnes d'écume soulevées par les vagues en se brisant sur les bancs de sable des îlots verts et contre le rempart des récifs qui enveloppent l'île d'une ceinture argentée.

Devant soi s'inclinent vers la mer les vallées de l'anse Vata et du port Despointes. Sur leurs collines s'égrènent des habitations diversement colorées : la villa Calédonienne au toit rouge, le Consulat anglais rappelant l'oiseau bleu et le prince charmant de Perrault, la rotonde de l'Observatoire du transit de Vénus, le moulin des salines divisées en carrés éblouissants de cristaux, la tour de Marlborough, refuge d'innombrables volées de pigeons, la villa aux trois Dômes du port Despointes, le plantureux jardin de la troupe, et les guinguettes perdues dans le feuillage, où l'on danse au son de l'accordéon ou du biniou.

L'anse Vata est le Lonchamps de Nouméa. C'est la promenade la plus fréquentée. La route est sillonnée d'équipages, de victorias, de paniers aussi légers qu'élégants, emportant de jolis et frais minois souriant sous l'éventail ou sous l'ombrelle et à demi plongés dans des flots de sainte mousseline ; une fricassée de roses dans de la dentelle. D'élégants cavaliers escortent les voitures ou caracolent jusqu'à l'Hippodrome ou à la plage.

D'un côté est établi un restaurant à la mode ou les rafraîchissements sont servis sous les banians ou les ombrages plus touffus du bois, ou sous les orangers ou les manguiers.

De l'autre est le pavillon de bains du gouverneur sur la lisière d'un grand parc bordé d'algaves. Les feuilles de ces plantes sont illustrées de dessins et recouvertes de tant de noms de soldats en promenade, qu'elles pourraient servir de liste de recrutement au régiment. D'autres villas s'étendent le long de la plage de sable fin et sont abritées de bois noirs et de banians à la sombre ramure et aux racines pendantes.

Mais si les bains sont attrayants, les requins sont nombreux dans ces parages, ce qui rappelle la morale de la fable de La Fontaine :

Fi du plaisir que la crainte vient corrompre.

Du sommet de Sainte-Marie le panorama de Nouméa se déroule sur la droite entre deux collines. Le coup d'œil embrasse la tour du Sémaphore, la loge maçonnique, le donjon du Cap-Horn, les écoles, la ville, la rade fermée au loin par les établissements pénitentiaires de la presqu'île Ducos et de l'île Nou. Le port est magnifique avec ses rangées de bâtiments de guerre et de commerce, ses canonnières, ses embarcations à la voile et à l'aviron. C'est réellement une vue splendide.

Dirigeons maintenant notre promenade vers le rivage de la

baie Sainte-Marie, en longeant une propriété dont les bâtiments sont entourés de parterres fleuris. La terrasse est bordée d'arbustes d'ornement et de plantations diverses. Elle domine une grande plaine où les orangers et les bananiers s'entremêlent dans les quinconces de cocotiers. Dans les parterres, c'est un fouillis de plantes tropicales et européennes. La flore calédonienne y règne naturellement en maîtresse préférée. Les palmiers déploient leur vert panache au-dessus de leurs troncs lisses qui semblent être les colonnes de ce domaine végétal. Le sol est tapissé des larges feuilles basses des bananiers, les feuilles hautes se déroulent en cornes d'abondance ou en éventail à demi fermé. Les grenadiers ornés de nœuds de pourpre, les jasmins si chargés de fleurs que chaque rameau ferait un diadème virginal, les rosiers, les lauriers blancs et roses, les hibiscus inclinent leurs fleurs vers les calladiums mouchetés de sang, les coléus veloutés et de nuances si variées, les fougères, les touffes de citronelle.

Les fleurs et les arbustes entourent les groupes d'orangers, de papayers, de manguiers, de dattiers, de figuiers, de pêchers, de corossoliers, de jambosas, sous la protection desquels les caféiers, les framboisiers, les groseilliers du Cap se font une place à l'ombre. Plus loin, ce sont des rangées de dracœnas s'épanouissant en larges plumets ; des crotons aux feuilles striées de rouge et de violet ; des pandanus s'élevant en spirales gris-perle ; des mûriers à baies rouges ou noires, un fouillis, un chatoiement de feuilles, de grappes, de thyrses, de couleurs les plus variées.

Des balsamines panachées, des glaïeuls, des giroflées, des héliotropes, des passe-roses, des géraniums de toutes sortes, des flox égayent de leurs brillantes couleurs les massifs de bananiers, de cotonniers, de cannes à sucre. Le bryophyllum à clochetons si gracieux, la verveine, la capucine, les lycopodes, les roses sauvages, les œillets d'Inde, les chrysanthèmes bordent les champs d'ananas ou marient leur feuillage aux pommiers-cannelles, à la vigne, aux gracieux panaches des sagoutiers, des pignons d'Inde, des bancouliers, des tamanous, des pins, des poivriers, des mandariniers et des pamplémoussiers.

Les niaoulis (arbres spéciaux à la Nouvelle-Calédonie), les gaïacs, les bois de fer, les faux acajous, des bois de rose et des gommiers forment le principal élément des massifs et bosquets.

Les allées, les terrasses, les pelouses, les bosquets offrent partout la vue de la mer. Cette majestueuse perspective revient sans cesse embellir les charmes du paysage. C'est le fond du tableau qui a pour cadre la double bordure des montagnes et du ciel. Le long des chemins, les cocotiers, les cycas alternent avec les orangers et les pêchers ; les passe-roses, les jasmins, les yuccas y mélangent leurs fleurs et leurs parfums.

Au bas de l'avenue bordée de vétiver et d'aloès, sur un tertre artificiel, se dresse un kiosque octogonal rustiquement meublé et tout enveloppé de lianes à fleurs de pervenche, dérobant la toilette du bain aux regards indiscrets. A ses pieds dort un bassin carré creusé dans la pierre sur 100 mètres de superficie. Les arbres filiformes, les citronniers, les mimosas, les bryophyllum et les algaves, les goyaviers, les lianes poussent dans les interstices des rochers, maintiennent les parois et donnent leur ombre aux poissons, dont les dos argentés frétillent au soleil. Au milieu d'eux surgit, d'un mouvement lent, une grande tortue des îles Cherterfield, qui vient respirer bruyamment à la surface et battre vainement les parois du bassin avec ses puissantes nageoires.

Une jetée bordée de palmiers et d'aloès conduit à un autre bassin sur la mer même, et fermé par des palétuviers et des blocs de corail de façon à garantir les baigneurs des requins et à servir aussi de vivier.

A droite et à gauche du bassin artificiel s'étendent les potagers. Du côté de la mer, ils sont protégés par des haies vives très épaisses, appuyées sur des arbres enchevêtrés dans des lianes fleuries, et adossés à un coteau garni d'un bois touffu.

Toutes les eaux de la montagne viennent aboutir à la mare

de la prairie, et après l'avoir remplie, se déversent en cascade sur les rochers de la citerne, et de là par les récipients successifs jusqu'aux potagers, et enfin à la mer. Les grenouilles qui habitent la mare font un incesssant ramage, beaucoup plus bruyant que le coassement de leurs congénères en France. Bien qu'elles soient de plus petite taille que celle-ci, on les appelle, à cause de leur cri, des grenouilles-bœufs.

Des flamboyants étendent sur les passants leur frais ombrage ; leurs grappes de fleurs d'un rouge feu flamboient sur le bleu du ciel. Lorsque la cime des yuccas s'élève en un chapeau chinois garni de blanches clochettes que lutine la brise matinale sonnant les noces des papillons et des fleurs, le blanc de crème de ces jolies fleurs se mêlant à la pourpre des flamboyants et au bleu des lianes voisines et du ciel forment un assemblage tricolore rappelant la patrie absente. Les algaves lancent à une hauteur de 8 mètres leur stipe droit que la brise secoue comme des grelots.

Dans ces modestes mais utiles parages « les potirons étalent entre des feuilles poilues leur ventre jaune et poli de mandarin chinois. De longues files de choux pommés méditent sur leurs fins derrières, comme une rangée de crânes chauves de docteurs allemands ». Le manioc étend ses sombres feuilles étoilées près des tiges frêles de l'asperge. Les petits pois, les haricots, les ignames s'appuient sur leurs perches inclinées par le vent, comme des gardes nationaux en débandade. La pomme de terre y supplante la patate douce. Les modestes carottes, des radis hâtifs, des oignons, l'ail qui fit si vaillant le roi béarnais, les petites et les grosses fraises parfumées s'entremêlent dans un charmant laisser-aller que relèvent çà et là des bordures de citronelle, d'aya-pana, d'ananas et de bananiers.

Un bois fait suite aux potagers. Sur le bord des sentiers silencieux et ombreux sont disséminés des hibiscus de Chine à fleur rouge ou mauve, des bégonias, des balisiers jaunes striés de rouge, des arums ou taros sauvages, des fougères, des lis étoilés, des aralias au feuillage gaufré et découpé en étoile. La vanille enlace de ses feuilles vernissées et lancéolées le tronc des arbres. Les caféiers étalent sur leurs rameaux des files de baies rouges sucrées et parfumées. Comme de blanches étoiles piquées dans une brune chevelure, on voit les têtes des grands jasmins sauvages parsemées d'éclatantes corolles. Au-dessus de nous se balancent des guirlandes de plantes grimpantes se rattachant d'arbre en arbre à d'autres plantes et s'entrelaçant de la façon la plus gracieuse. Les petits oiseaux à lunettes s'y balancent en gazouillant à côté de leurs nids. Ces arceaux sont traversés par les rayons du soleil dont les couleurs changent de tons suivant la nature des feuilles.

En contournant le bois, par la vallée de l'ouvroir ou par la route de la Glacière, on gagne la route de la vallée des Colons qui conduit, d'une part, à la ravissante baie Uémo, et, d'autre part, à la route des Portes-de-Fer, ainsi nommée, d'une percée pratiquée dans une montagne ferrugineuse. On prend la route de Montravel après avoir fait le tour de la ville et l'on se dirige vers Païta.

Sur la droite, on voit le tracé de la conduite d'eau qui amène à Nouméa, de 11 kilomètres 500 mètres, l'eau de la rivière de Yahoué.

Col de Tonghoué. — Après les collines arides de la presqu'île de Nouméa, on est heureux de trouver au col de Tonghoué un site pittoresque, une belle forêt, que l'on traverse à un coude bordé d'un précipice. On le franchit par le pont du Diable et sur la crête du col on jouit d'une belle vue de la baie de Nouméa jusqu'au phare de l'îlot Amédée et des premiers spécimens de la végétation tropicale.

On a découvert en cet endroit un gisement de houille. Les essais n'ont pu se faire jusqu'ici que sur des échantillons de surface, de sorte que le résultat n'a pas été très favorable. Nous en reparlerons à propos des gisements existant à Ouaraï.

On laisse derrière soi le mont Kogi et le Chapeau-d'Évêque

(en canaque, *Kokoanémangui*), et l'on atteint, au dix-huitième kilomètre, un beau et large pont sur la première rivière que l'on rencontre en quittant Nouméa, la Dumbéa, sur les rives de laquelle est établie une caserne de gendarmerie.

La Dumbéa. — C'est un district important comprenant environ 6,000 hectares de terre, cultivés par une trentaine de propriétaires européens. Aussi y trouve-t-on un bureau de télégraphe et de poste, un bureau d'état civil, un hôtel, un atelier de ponts et chaussées. Une malle-poste dessert la Dumbéa tous les jours. Dans le voisinage de Koé, on aperçoit la première usine à sucre fondée dans la colonie. Un embranchement de route dessert sur la gauche les propriétés agricoles jusqu'à Nakutakouin.

Feux de brousse. — Au vingt-deuxième kilomètre de la route, le feu dévorait les grandes herbes sèches. Les feux de brousse, qui avaient, l'avant-veille, causé la mort d'une femme et la destruction d'une ferme, sont allumés sans que leurs progrès soient surveillés par les Canaques, qui sont cependant très habiles à l'éteindre. Au vingt-quatrième kilomètre, la route domine une étroite vallée bordée de pitons boisés d'un bel effet. De grands arbres permettent de s'y abriter un instant contre les ardeurs du soleil.

Païta. — Païta est un petit centre fondé en 1858 par le caboteur anglais James Paddon, qui amena sur ce point dix-huit familles européennes. Le nom de Païta est une corruption du nom de l'ancien chef d'une tribu canaque établie à cet endroit. Ce chef, ayant vu des Anglais se battre à coups de poing, les entendant répéter le mot *fight*, prit pour lui-même ce nom, qui devint, par corruption canaque, *fighte*, *faightq*, par analogie avec le port péruvien Payta. Ce nom fut donné au village en 1859 par l'arpenteur allemand Erlickt, agent de Paddon.

De même, Combala, chef de Nakutakuin, près de la Dumbéa, ayant vu quelqu'un, en se lavant avec du savon, faire mousser l'eau, prit le nom de *Wash*.

Plus tard, sur la demande des colons, les missionnaires Maristes construisirent une usine à sucre, qui chôme aujourd'hui.

Il y a à Païta une brigade de gendarmerie à cheval, un camp de transportés, un conducteur des ponts et chaussées, un bureau de télégraphe et de poste, une mairie, une école pour les jeunes indigènes.

École indigène. — Il serait très utile à tous égards de fonder des écoles indigènes sur tous les points du territoire où existent des villages nombreux qui ne sont pas chrétiens, et d'engager fortement les chefs à y envoyer les enfants de leur tribu. Cette idée féconde avait été appliquée déjà par le gouverneur M. Guillain, qui avait créé à la fois une école primaire et une école professionnelle pour quarante indigènes. L'œuvre entreprise en 1863 tomba trois ans après, faute d'une direction convenable, et surtout faute d'un crédit de 1,000 fr. par an, ce qui est triste à constater. Tous ceux qui ont eu des relations avec les indigènes de la côte Est peuvent apprécier encore les résultats qu'avait produits l'école ouverte pendant quelque temps à Canala avec des sous-officiers d'infanterie de marine comme instructeurs.

Une cloche suspendue entre deux branches de niaouli indique que la chaumière voisine est l'église du bourg. C'est ce que l'on voyait à Melbourne en 1838. Un presbytère a été construit, mais l'église n'a pas été achevée.

Par eau, Païta est desservi par le port Laguerre, mais surtout par le *wharf*, qu'une route de 7 kilomètres relie à Païta. Cette localité est arrosée par le Caricouié, ruisseau qui serpente autour du bourg.

Nous nous sommes remis en route au matin, avec deux condamnés pour guides et un âne bâté pour porter nos bagages.

Cocétolocoa. — Nous sommes arrivés à midi au camp de Cocétolocoa. La pluie continuant toujours, nous avons, le lendemain, visité les dépendances du camp et la source qui l'alimente d'eau. La montagne de Cocétolocoa est un énorme bloc de rochers qui se dressent en face du camp et s'élèvent à pic au-dessus d'un large et profond ravin très boisé et peu accessible.

Roche Tarpéienne. — C'est du haut de cette roche Tarpéienne que, selon la légende, les chefs canaques faisaient précipiter les criminels et les femmes adultères.

Nous étions heureux, au sortir des collines arides de Nouméa, de trouver de la verdure et de l'eau claire. Des quantités innombrables de papillons, mais sans variétés d'espèces, voltigeaient autour de nous. Leur chrysalide est pointillée et cerclée d'or en relief, mais elle ne peut se conserver pour les collections.

Dans le voisinage habitent deux tribus indigènes : celle du chef Jacques, près Païta, et celle du chef Eugène, près Naniouni. Tous deux sont très intelligents et parlent français. Ils ont la manie de porter des galons semblables à ceux des officiers. Il paraîtrait plus rationnel de leur donner des insignes distinctifs d'un autre genre, comme ceux, par exemple, que portent en Cochinchine les maires et les chefs de canton.

C'est à Cocétolocoa que nous avons vu les premiers indigènes en costume national, costume si étrange qu'on a dit avec raison que, pour habiller dix Canaques, il suffirait d'une paire de gants. L'un des Canaques avait le plus bizarre aspect du monde, avec une veste de gendarme en grande tenue, sans pantalon.

Le kagou. — C'est là aussi qu'on nous a apporté un *kagou*. Cet oiseau, particulier à la Calédonie, est assez nombreux dans les forêts du Sud-Est ; mais l'espèce tend à se perdre : on en détruit trop. Lorsqu'il est poursuivi, cet oiseau se cache en gloussant et en couvrant sa tête de ses ailes, de sorte qu'on le prend facilement. « Le *rhinochetos jubatus*, dit M. Germain, dans sa lettre au président de la Société d'acclimatation, serait peut-être destiné à une attribution fort utile, s'il pouvait être acclimaté. Il est difficile de l'expédier ; mais en multipliant son envoi, on finirait peut-être par en obtenir le succès. Cet oiseau s'habitue à vivre en liberté dans des enclos peu élevés et dans les jardins potagers, où il reste à l'affût des vers et des insectes. Il est remarquable à ce point de vue, et c'est un défenseur précieux des produits du jardinage. Son alimentation, exclusivement animale, est la grande difficulté dans un long voyage. Il paraît qu'il en est arrivé un en Angleterre et qu'il en existe un vivant au Muséum de Paris. » Maintenant qu'on peut utiliser la voie directe des paquebots français, il serait intéressant d'en envoyer plusieurs couples à Paris.

Faune calédonienne. — La faune indigène est pauvre. Evidemment, il est heureux qu'il n'y ait ni reptile, ni fauve, ni animal nuisible. Il a fallu introduire nos animaux domestiques. Leur acclimatation n'a présenté aucune difficulté. Les bêtes bovines, prises dans la race australienne, dérivée elle-même des races anglaises, se sont multipliées rapidement, et, confiées aux seuls soins de la nature, elles forment aujourd'hui la principale richesse des plus importants possesseurs du sol. Le bœuf abattu se vend, à Nouméa, 1 fr. le kilogramme ; une vache laitière vaut de 300 à 400 francs.

« L'espèce ovine importée n'a pas réussi d'abord sur la Grande-Terre. L'insuccès, dit M. Germain, vétérinaire, est dû à l'action malfaisante d'une graminée (andropogon austro-caledonicum) dont les graines barbelées et piquantes pénètrent la laine, traversent la peau et y déterminent des abcès, dont la conséquence est un état d'épuisement ayant pour terme la mort, ou une déperdition considérable sous le rapport du rendement en viande, à laquelle il faut ajouter la perte plus ou moins complète des toisons. Cette graminée couvrant une grande partie des espaces herbeux du pays, l'élevage du mouton ne pourra réussir que lorsque la plante aura disparu sous l'influence de la dépaissance des bestiaux ou de la mise en culture de ces espaces, ou des feux de brousse. On vient d'introduire des sujets de la bergerie de Rambouillet qui permettront d'améliorer la race actuelle et de tenter des essais plus sérieux.

« L'espèce caprine prospère et fournit à l'alimentation de la viande et du lait. Cependant, sous ce dernier rapport, elle est peu productive, à raison de mauvaises conditions d'entretien. Elle n'échappe pas, d'ailleurs, à l'anémie particulière à laquelle la chèvre est sujette dans les pays chauds. Le mouton vaut de 30 à 40 francs, la chèvre de 15 à 20 francs, le porc sur pied 1 fr. 10 le kilog.

« L'espèce chevaline supporte parfaitement le climat, malgré une nourriture peu réparatrice comme fourrage, ce dernier n'étant pas encore l'objet d'une culture importante. Les éléments de cette espèce ont été aussi demandés à l'Australie, qui offre, sous le rapport du cheval, comme sous celui des autres animaux domestiques, des éléments parfaits au point de vue de toutes les spécialisations d'emploi. En Nouvelle-Calédonie, les chevaux qui reçoivent une alimentation convenable, sont dans le plus parfait état d'entretien et de vigueur, et peuvent se livrer aux travaux les plus pénibles, avec une continuité remarquable. Les moins favorisés sous le rapport de l'alimentation résistent aux travaux, et leur état sanitaire est relativement satisfaisant. Une particularité remarquable, c'est que la morve et le farcin, malgré les conditions de climat et d'entretien qui, en d'autres pays, les produisent fréquemment, n'ont pas encore été observés en Nouvelle-Calédonie. Un cheval de selle se vend de 500 à 900 francs et un cheval de trait 800 à 1,200 francs. Les poneys de Norfolk de 150 à 200 fr.

« L'espèce porcine, importée jadis par Cook, s'est maintenue et fournit aux indigènes de l'intérieur un élément de transactions avec les caboteurs qui exploitent les ressources du pays. Depuis longtemps des porcs vagabonds se sont disséminés dans l'île. Ils ont fait souche et sont aujourd'hui, pour les résidents, un élément de chasse assez productif.

« Les porcs domestiques paraissent de la petite race chinoise si renommée. Comme elle, ils ont le corps près de terre, plus profond et moins arrondi ; la ligne supérieure du cou, presque en arrière du garot est plus tranchante et porte, comme crinière, des poils raides, en brosse irrégulière. La tête est plus allongée, à partir des yeux jusqu'au groin et sa forme générale est plus sèche.

« Tous les oiseaux de basse-cour sont périodiquement décimés par des maladies meurtrières, comme cela est fatal dans les pays chauds et humides; mais leur multiplication rapide répare promptement les pertes produites par la mortalité.

« Nous avons dit que le climat de la Nouvelle-Calédonie était agréable et sain. La constitution montagneuse du pays y produit de belles perspectives; ses herbages, couverts de niaoulis, ont un cachet tout particulier; ses forêts sont constituées par de magnifiques végétaux dont les dimensions et l'enchevêtrement produisent, principalement sur les torrents, les effets les plus pittoresques. Malheureusement la vie animale manque dans tous ces paysages, et son absence leur communique une tristesse qui saisit l'explorateur et succède à l'admiration. Il n'y a pas un seul mammifère sauvage, ni dans les bois, ni dans les herbages, car il ne faut compter ni les rats qui ne se montrent pas, ni les roussettes, grandes chauves-souris, dont l'activité ne se manifeste que la nuit. Les Canaques appellent nibou ce mammifère, qu'ils chassent pour le manger. C'est le pteropus rubricollis. Il est frugivore et inoffensif. On le nomme aussi renard volant.

Pas une seule bête à quatre pattes dont le passage, furtif ou confiant, vienne un moment animer ces beaux paysages! Il y a cependant quelques écureuils à Bouloupari. Peu d'oiseaux, quoiqu'on ait cité cent sept espèces qui toutes habitent les rivages et les forêts. C'est à peine si cinq à six espèces forestières sortent des fourrés. Ce sont généralement de petits insectivores rares comme nombre; ils sont très disséminés et surtout silencieux. Les vastes espaces herbeux ne comptent pas un oiseau des champs. Ceci s'applique à la plus grande partie du pays, car, dans certains points limités, on rencontre un *turnix*, la caille des colons, qui est un oiseau coureur. Dans les espaces découverts la nature végétale est peu variée, le ciel et le soleil sont d'une monotonie attristante, et il règne un silence complet. Dans les forêts, c'est plus triste encore, car le demi-jour rend ce silence plus pénible. Les rares oiseaux qu'on y voit sont des insectivores pour la plupart, fouillant les uns les feuilles mortes, comme nos merles, les autres le feuillage des arbres, mais toujours isolément. C'est bien rarement que l'homme perçoit un son autre que celui de ses pas ou le frôlement du feuillage. Le bruit que fait un oiseau n'est jamais un chant, ce n'est qu'un cri triste comme le milieu où il se produit, et la plupart du temps l'oiseau qui le pousse échappe à la vue. Cependant il faut reconnaître que les forêts des montagnes de l'intérieur sont plus habitées par les oiseaux que celles que nous venons de décrire. On y voit beaucoup de pigeons, dont le notou (*phœnorrhina Goliath*), qui passe pour très difficile à découvrir, le *janthœna hypœnochroa* et plusieurs espèces de pigeons verts à beau plumage, des tourterelles (*chalcophaps*), des perruches de différentes espèces, enfin, dans les forêts du sud, le kagou (*rinochetos jubatus*), le plus remarquable des oiseaux propres à la Nouvelle-Calédonie. Les pigeons et les perruches se livrent à des pérégrinations, suivant l'époque de la maturité des fruits dont ils s'alimentent ; les *janthenas* seuls s'étendent presque aux régions basses du littoral et n'y font qu'une courte apparition. Cette espèce et le notou sont d'une assez facile conservation en cage. Quant aux oiseaux de rivage, ce sont des pluviers, des chevaliers, des hérons, des sternes. Les canards, au nombre de deux ou trois espèces, sont communs sur les rivières et sur les marais disséminés sur les rivages et dans le reste du pays. »

Les végétaux herbacés, principalement au nord, entretiennent un nombre considérable de sauterelles qui pullulent sans empêchement, car aucun oiseau ne vient mettre obstacle à leur multiplication. En sorte que dans cette île, si grandement éloignée de toute terre, on a parfois à redouter la dévastation des cultures par des nuées de ces insectes. On s'est vivement préoccupé de ces désastres. Des sommes importantes sont consacrées chaque année à la destruction des sauterelles au moyen de pièges. Une prime est payée par l'administration pour chaque kilo de sauterelles détruites. En outre, des tentatives d'importation du merle des Moluques ont été faites; mais elles n'ont donné jusqu'à présent que des résultats insignifiants, cet oiseau n'ayant été importé qu'en petit nombre et sa sociabilité lui faisant plutôt rechercher le voisinage de l'homme que les espaces déserts, où se forment les armées dévastatrices. En somme, ce merle est un oiseau des villes, et ce sont des oiseaux des champs qu'il faudrait. J'ai indiqué les différentes espèces d'oiseaux protecteurs de plantations en Cochinchine française : le *sturnopastor temporalis*, l'*acridoteres cristatellus*, qui a fait réussir à Manille les plantations de tabac ordinairement détruites par les insectes avant son importation, — les peintures chinoises nous montrent que cet oiseau est en grande estime; — le *sturnix Burmannia*, les *heterornis sericeus* et *malabaricus*. Ces oiseaux abondent dans la Cochinchine française. Ils égayent, par leur vivacité et leur chant, de vastes solitudes, et donnent aux producteurs de plantes industrielles un secours qui dans bien des localités dispense de l'échenillage.

Le *mag-pie* d'Australie est recommandé comme pouvant aider puissamment à la destruction des sauterelles. Le merle des Moluques, la pintade et le dindon qui ont été introduits, viennent parfaitement à l'état sauvage en Nouvelle-Calédonie et sont les meilleurs destructeurs de l'ennemi de notre agriculture, la sauterelle. Si les merles ne sont pas nombreux, c'est que, jusqu'à présent, ils ont été détruits par les chasseurs.

Mais aujourd'hui l'introduction des oiseaux insectivores devient une question urgente. Il serait à désirer qu'on fît venir des faisans de la Nouvelle-Zélande.

Les *bulimes* auriculiformes atteignent en Calédonie de

grandes dimensions dans les forêts. Ils sont comestibles, mais coriaces.

Comme gibier, le notou et le dago sont de gros pigeons ; la tourterelle verte, la caille des colons et les canards sauvages sont assez abondants. Les cerfs ont été importés d'Europe dans les environs de Nouméa et se développent rapidement. On a aussi introduit des lièvres à Canala.

Parmi les insectes, il n'y a qu'un petit scorpion gris, le cent-pieds et une araignée qui soient nuisibles. Les moustiques sont plus gênants que dangereux, ainsi que les cancrelats. On trouve aux Loyalty un crabe dont les pinces sont assez fortes pour ouvrir une noix de coco. J'en avais enfermé dans ma malle ; ils ont rongé les planches et se sont échappés en une nuit.

Enfin, dans la mer, on a à redouter plusieurs espèces de poissons nuisibles ou voraces, surtout le requin. En janvier dernier, un superbe terre-neuve qui se baignait a été dévoré dans le port même de Nouméa. Les serpents amphibies *hydrophis* sont inoffensifs. Ils sont vivipares ; on les rencontre dans les rochers du rivage. Le lamantin est un animal doux comme le phoque et dont la chair est bonne à manger. Il se nourrit d'herbes marines et n'a ni dents, ni défenses. Le dugong porte au contraire deux défenses à sa mâchoire supérieure.

Telle est sommairement la vie végétale et animale de notre colonie.

CHAPITRE IV

La Tamoa. — Coétempoé. — Saint-Vincent. — Le Niaouli. — Difficultés des transports. — Premiers débuts d'un colon. — Travailleurs blancs, jaunes et noirs. — La Tontouta. — Tomo.

Repartis de Cocétolocoa, à midi, nous avons gravi les zigzags qui coupent à angle aigu les flancs de la montagne, comme les zigzags du chemin de fer de Bathurst en Australie. On pratique en ce moment un passage plus facile débouchant dans les plaines de Saint-Vincent.

Tamoa. — Nous avons ensuite franchi la Tamoa laissant sur la droite l'usine à sucre montée par actions en 1868 et aujourd'hui abandonnée. On passe à proximité d'une blanche habitation qui ressemble à un château crénelé entouré d'un jardin anglais.

Vers la fin du jour, nous arrivons à Coétempoé, au milieu des belles plaines herbeuses et boisées qu'on appelle les plaines de Saint-Vincent.

Coétempoé. — Coétempoé est le siège d'un bureau de télégraphe et poste. Un chemin direct mène de Cocétolocoa à Tomo en longeant le pied du Bangou ; mais le sentier fait une courbe à gauche pour desservir Coétempoé. En outre, ce sentier est plus surveillé, plus fréquenté, plus boisé et plus large que l'autre.

Vitoé. — C'est là qu'est l'embranchement sur Vitoé, où résident des colons et des caboteurs. Dans le voisinage est une tribu canaque dont le chef, Pierre Cherika ou Jéricho, parle bien français et paraît fort intelligent.

Premiers colons. — A peine a-t-on quitté Nouméa et vu

les premières plantations que l'on est frappé de la diversité des nationalités des colons implantés dans la colonie. Sur une centaine de colons inscrits au rôle, il y en a un tiers d'origine étrangère et un cinquième d'origine allemande. Sur onze propriétés dans le district de Caricaté, il y a peu de propriétés françaises. La plupart appartiennent à des colons de race allemande, irlandaise ou chinoise. On comprend que les Anglais, qui ont les premiers exploité l'île, s'y soient fixés. Il faut dire à leur louange qu'en général leurs propriétés sont parfaitement entretenues; que leurs maisons sont très hospitalières, et que tous les colons d'origine étrangère sont Français de cœur, très attachés à la colonie, en parfaite intelligence avec tous. Le moment est venu pour nos compatriotes de profiter des avantages qui leur sont offerts pour s'établir dans le pays et y acquérir des terres et, pour les étrangers, de se prévaloir des dispositions de la loi récente sur la naturalisation.

Niaoulis. — Nulle part, en Nouvelle-Calédonie, le sol n'est couvert de fourrés impénétrables. Les plaines sont souvent peuplées de grands arbres dont l'espèce la plus connue est le niaouli. La feuille mâchée a la saveur du thym; elle calme la soif du voyageur, elle est tonique et sert dans les sauces; elle remplace le thé. Elle sert à faire l'essence de cajeput recherchée pour la parfumerie et pour les maladies de la vessie et les rhumatismes. Elle assainit l'air et les marais où elle tombe. Elle empêche la viande de se corrompre et en éloigne les mouches. Elle est une des causes de la salubrité du pays. L'écorce se détache comme des feuilles de papier superposées; elle sert à faire des toitures, des cloisons, des enveloppes de paquet, des torches, et à une foule d'autres usages. Le bois est dur et se conserve bien.

M. Germain a appelé sur cet arbre l'attention de la Société d'acclimatation. Les montagnes de la Nouvelle-Calédonie, dit-il, sont généralement boisées; mais, en dehors des points où elles sont sillonnées de cours d'eau, leurs inégalités se montrent partout revêtues d'une végétation herbeuse peu variée, d'où s'élèvent des fûtaies d'un arbre unique, le *melaleuca leucodendron*, qui donne au pays, dans une grande partie de son étendue, un aspect particulier. Cet arbre bienfaisant, auquel on attribue l'absence des fièvres paludéennes que pourraient occasionner les marais, ressemble à notre bouleau par son écorce blanche, ses rameaux peu serrés et la petitesse de ses feuilles.

Le *niaouli* (c'est son nom indigène) est, pour la plus grande partie de la Nouvelle-Calédonie, l'habitant ordinaire des étendues du sol que les forêts n'envahissent pas. Il offre une particularité très remarquable : c'est qu'il se complaît aussi bien sur les pentes, où l'humidité paraît faible, que dans des enfoncements où l'état marécageux s'accuse jusqu'à la submersion permanente des racines. Cette particularité bizarre permet de supposer que l'état météorologique du pays n'exclut pas autant qu'on le croit à première vue l'humidité du sol, et que beaucoup de ces terrains, considérés aujourd'hui comme arides, ne demanderaient que peu d'efforts pour donner de bons résultats aux cultivateurs.

Le niaouli étant considéré comme un préservatif des fièvres paludéennes dans les régions marécageuses, son rôle peut être assimilé à celui de l'eucalyptus en Australie et en Algérie. Son parfum est pénétrant et embaume l'espace ; mais ses émanations ne se manifestent que par intervalles, pour une cause encore inconnue. En parcourant les bois de niaoulis, on passe souvent des espaces où l'arome s'accuse à l'odorat par bouffées rappelant l'odeur que répand notre longicorne du saule.

Il y a aux environs de Nouméa plusieurs distilleries d'essence de niaouli, qui est analogue et supérieure à l'essence d'eucalyptus. Les plantes indigènes fournissent également des essences précieuses pour la parfumerie. Depuis l'Exposition de Sydney, les industriels français font venir ces produits de l'Australie alors qu'il y aurait avantage sous tous les rapports à les demander à la Calédonie. L'attention du commerce parisien doit donc se porter sur ce point.

Le niaouli s'indique pour être importé en Algérie, où, s'il réussissait, il offrirait un élément de plus aux constructions et au chauffage, outre l'influence qu'il pourrait avoir pour l'assainissement. Son bois fournit des courbes qui sont, en Nouvelle-Calédonie, une ressource précieuse pour les petites constructions navales. Son écorce, en nombreuses couches épaisses et feutrées, semble être une prévoyance de la nature pour entretenir autour du tronc une humidité constante. De plus, elle offre cet avantage remarquable qu'elle résiste à l'action des flammes.

Les essais qui ont été faits avec l'écorce du niaouli pour fabriquer du papier ne semblent pas avoir produit de bons résultats. La matière avec laquelle les naturels font leurs tissus a été estimée, par un des principaux fabricants de papier de France, comme renfermant les qualités les plus à rechercher dans la fabrication du papier. L'arbre employé par les indigènes pour leurs tissus est un papyrus ressemblant au mûrier.

Partout ailleurs qu'à Nouméa, l'irrigation est facile. Les indigènes eux-mêmes la pratiquent en faisant descendre les sources des montagnes, ou la pluie, ou les ruisseaux, dans des rigoles circulaires concentriques où ils cultivent le taro (*arum esculentum*).

Premiers débuts d'un colon. — Lorsque les moyens de transport manquent, il n'y a pas de marché pour les produits. J'ai vu, dans les potagers de l'intérieur, les légumes pourrir sur place faute de bouches à nourrir. On engraissait des porcs avec des bananes, des papayes, des goyaves, et l'on manque de légumes à Nouméa. Les œufs valent de 3 à 6 francs la douzaine. Chaque ferme dans l'intérieur a cependant des basses-cours de trois à cinq cents volailles, nombre bien supérieur à la consommation du maître, bien que tous les oiseaux de basse-cour soient sujets à des maladies meurtrières.

Il n'y avait jusqu'ici de marché permanent qu'à Nouméa. Des marchés périodiques ont été créés en 1882 à Bourail, Moindou, La Foa et Canala. Ce sont quatre centres très rapprochés dans le milieu de l'île qui pourront échanger des relations d'affaires plus fréquentes.

Le potager est, pour le colon qui débute, la première des nécessités. Les haricots poussent en cinquante jours ; les patates, en trois mois. Les choux continuent à donner des rejetons même après la coupe ; les tomates croissent naturellement ; la salade, les pastèques, les petits pois, les fraises viennent comme en Algérie, dont les produits s'expédient à Paris. Installer un poulailler, un potager, une porcherie, tel doit être le premier soin du colon. Il aura ainsi, s'il est laborieux et soigneux, ses vivres assurés le jour où il cesse de toucher la ration du gouvernement.

Quant à la main-d'œuvre, les prix varient. Les colons payent les travailleurs canaques de 50 c. à 1 fr. 50 c. par jour, selon les localités. Ils les nourrissent avec du riz, des ignames, des taros, ce qui revient à environ 40 c. par jour.

Les Canaques de Maré et Lifou reviennent à 2ʳ94 ⎫ nourriture
Ceux des Hébrides à . . . . 1 54 ⎭ comprise.

En Queensland, un Polynésien coûte environ à son engagiste, pour les trois ans d'engagement, 75 l. st. (1,875 fr.), soit 12 fr. 50 par semaine.

Or un blanc coûterait 31 fr. 25 par semaine, et, pour les cannes, deux noirs valent trois blancs.

Travailleurs noirs. — Les Calédoniens ne veulent quitter leur tribu pour venir travailler à Nouméa que sur une réquisition de l'administration pour les services publics. Le Canaque, né sans besoin, sous un climat doux, sur une terre féconde, est naturellement paresseux ; il est nu, et le froid du matin le saisit ; la solitude l'effraye ; il n'aime pas à travailler ou à voyager ni de très bonne heure, ni seul. Comme les Asiatiques, la colère violente dans le commandement l'étonne et le fait se dérober. Bien qu'il soit menteur selon l'intérêt du moment, il ne veut pas être trompé ; le tromper, c'est se l'aliéner pour toujours. On employait donc, comme domestiques et ouvriers, des Malabars, et surtout des Néo-Hébridais, qui étaient amenés par des navires et loués pour trois ans, moyennant un prix qui varie de 300 à 400 francs par tête à payer à l'introducteur, et de 12 à 20 francs par mois à payer au compte de l'engagé, qui est en outre logé, nourri, habillé, soigné et rapatrié aux frais de l'engagiste.

Recrutement de travailleurs. — L'exécution des clauses du contrat est surveillée par l'administration française. Tout engagé est inscrit au bureau de l'immigration et doit être protégé par lui. Bien que les Anglais se servent sans scrupule de ces noirs dans leurs colonies de Queensland et des Fidjis, ils ont invoqué le « Kidnapping Act de 1872 » pour faire cesser ce commerce, après entente avec la France.

Les introductions d'hommes, femmes et enfants ressemblent un peu au *pressgang*, naguère encore en vigueur en Angleterre même. C'est, à vrai dire, un trafic réglementé comme celui des coolies chinois ; mais les immigrants océaniens ou indiens sont moins vicieux et mieux traités que les Chinois. Beaucoup refusent de quitter leur place à la fin de leur engagement, ou s'en retournent avec de l'argent qu'ils ont le tort de partager ensuite avec leurs compatriotes. Il en est venu deux mille de Tanna seulement.

Mais depuis le mois de juin 1882, toute immigration océanienne est interdite par le ministère de la marine et des colonies. Il fut donc indispensable de provoquer et de faciliter l'immigration libre des Chinois. Toutefois il est à craindre ou qu'ils quittent leur emploi libre et restent à la charge de l'administration sur les trottoirs de Nouméa, ou qu'ils envahissent le pays et en accaparent les ressources. Cependant l'expérience mérite d'être tentée et elle l'est en ce moment. Les quelques Chinois résidant dans la colonie peuvent renseigner leurs compatriotes sur le pays.

Condamnés engagés par les colons. — Il y a d'ailleurs en Calédonie une ressource plus facile et plus à portée de tous les colons. On a transporté ici, depuis le mois de mai 1864, époque où est arrivé le premier convoi, plus de 11,000 condamnés. Ceux des deux sexes qui se conduisent bien sont autorisés à s'engager chez les colons hors de Nouméa.

L'engagiste doit payer mensuellement pour l'engagé 12 fr., lui faire donner les soins médicaux et le loger. C'est ainsi qu'en 1880 les condamnés ont fourni aux habitants de la colonie près de 50,000 journées de travail. Il en a été compté 400,000 pour la marine, les ponts et chaussées, l'imprimerie, l'arsenal, l'artillerie, le génie, la gendarmerie, les subsistances, l'hôpital, et divers. On voit quelle force et quelle impulsion un chiffre semblable de journées devrait donner aux travaux de la colonie.

Les condamnés *libérés* de leur peine exigent un salaire beaucoup trop élevé, surtout pour les cultivateurs. Ils sont payés en moyenne 50 fr. par mois, nourris et logés. Il faut les surveiller constamment. On n'aime pas à les admettre dans l'intérieur des familles. On ne les emploie donc que lorsqu'on ne peut s'en passer; car s'ils conviennent aux industries, aux usines, aux entreprises de travaux, ils ne peuvent satisfaire aux exigences domestiques.

En conséquence, il est indispensable de réparer au plus tôt le trouble causé par la mesure draconienne relative à l'immigration et de revenir au recrutement des Néo-Hébridais si l'on ne veut pas laisser péricliter davantage l'agriculture et l'industrie dans ce pays naissant.

Cette interdiction du recrutement, de l'avis de l'un des hauts fonctionnaires de Calédonie, « vengeait sur la colonie entière les méfaits de quelques individus isolés ». Il jugeait ainsi cette question :

« Cette suppression, dit-il, fatale pour nos colons et si utile pour nos rivaux, assure-t-elle aux Hébridais le droit de rester dans leur île ? non ; mais el le les jette aux mains de maîtres plus durs et plus audacieux, anglais, allemands et américains, nous font supporter la responsabilité de leurs actes et qui se substituent à l'influence que nous avions acquise. »

Voici comment s'opère normalement le recrutement de ces travailleurs pour Nouméa :

Dès qu'un de nos bateaux se présente au mouillage, les naturels s'empressent d'armer leur pirogues et viennent le reconnaître ; aussitôt les échanges commencent, le bateau offre ses marchandises, les indigènes leurs provisions. Si des offres d'engagement se produisent, le commissaire du gouvernement est là pour les recevoir. Cependant, les embarcations se dirigent vers le rivage, où le gros de la population s'est rassemblé ; les recruteurs entrent en pourparlers avec les chefs, étalent les objets d'échange, tels que fusils, poudre, tabac, bougies, étoffes, chapeaux, coffres, etc. etc., et sollicitent des engagements.

Les immigrants sont conduits à bord, où le commissaire du gouvernement, s'il n'a été témoin oculaire de leurs engagements, prend acte de leur consentement libre et volontaire de venir travailler et servir à la Nouvelle-Calédonie.

Pendant la traversée comme au départ, la bonne humeur règne à bord, et souvent, la nuit, on est obligé d'interrompre leurs jeux pour laisser reposer l'équipage. Je ne parle pas des malades et de quelques mécontents dont le consentement a été dicté par les chefs ; mais, quels que soient leurs regrets, leur sort est moins à plaindre que s'ils étaient restés dans les mains des chefs, qui leur auraient fait payer bien cher leur résistance et leur refus d'obéir. Espérons qu'ils trouveront à Nouméa de bons maîtres et qu'ils ne tarderont pas à prendre en affection la Nouvelle-Calédonie.

A peine débarqués, les immigrants reçoivent la visite du médecin et du commissaire d'immigration. On leur donne des vêtements neufs, une couverture, et chacun suit l'engagiste qu'il consent à servir.

Aussitôt, leur éducation commence : les plus jeunes sont initiés aux soins du ménage et travaillent dans l'intérieur des maisons ; dans la plupart des familles, ils sont presque aussi bien traités que les enfants de la maison, dont ils partagent les jeux. Les adultes servent dans les magasins, à bord des bateaux, ou sont dirigés sur les stations des éleveurs, chez les colons et sur les mines.

On a dit que le travail des mines répugnait absolument aux Néo-Hébridais et que ce n'était que par surprise ou par violence qu'on les y soumettait. J'affirme que lors de l'enquête judiciaire sur les faits imputés aux navires *Vénus* et *Aurora*, un magistrat se transporta sur les mines de Thio, de Canala et de Houaïlou ; que là il interrogea plus de quatre-vingts Néo-Hébridais engagés, qu'il leur offrit de les faire rentrer à Nouméa, et que presque tous, sinon tous, répondirent qu'ils étaient satisfaits de leur condition et *refusaient d'en changer*.

J'ai visité, à mon tour, les mines d'Ouegoa et de Houaïlou, et je déclare que les Néo-Hébridais sont généralement employés à des travaux de surface, que la tâche qu'on leur impose est proportionnée à leurs forces et qu'ils paraissent s'en acquitter avec plaisir.

Parvenus au terme de leur engagement, ils peuvent s'en retourner dans leur pays avec un fusil, une malle bien garnie d'effets et de provisions. Y sont-ils plus heureux ? Souvent les habitudes qu'ils ont contractées et le souvenir des bons traitements dont ils furent l'objet nous les ramènent ; quelques-uns même refusent de nous quitter et perpétuent dans les familles les traditions de bonne domesticité. La comparaison qu'ils font entre notre civilisation et la vie sauvage est toute à notre avantage. Il n'aurait pas fallu grand'chose, je crois, pour les déterminer à se fixer résolument parmi nous ; j'ai toujours regretté que l'administration ne se soit pas préoccupée davantage de ce côté de la question.

Quoi qu'il en soit, dans la vie primitive des tribus, bien

des choses leur manquent, dont ils ne savent plus se passer ; étrangers aux passions qui animent les peuplades les unes contre les autres et entretiennent entre elles d'éternelles dissensions, ils regrettent la protection et la sécurité dont ils jouissaient au milieu de nous. Le contact incessant de notre civilisation et de nos mœurs les a policés, sans qu'ils s'en doutent ; ils se rappellent nos usages, notre manière de vivre et jusqu'à notre langue, qui leur était devenue familière ; ils vivent isolés au milieu des leurs, dont ils ne sont plus ni aimés ni compris.

Ce n'est pas un des moindres bienfaits de l'immigration que d'avoir inculqué à ces sauvages la plupart des sentiments et des idées qui nous animent et de les avoir convertis par l'exemple à la morale que nous pratiquons.

Aussi, quand la prise de possession des Nouvelles-Hébrides sera un fait accompli et que les indigènes pourront se transporter librement d'une île à l'autre, les travailleurs viendront d'eux-mêmes et nous n'aurons que l'embarras du choix.

L'immigration n'est pas une œuvre nécessairement abusive et condamnable.

Ceux qui l'exploitent peuvent commettre des abus dont l'institution elle-même n'est pas responsable. L'excès de l'immigration s'appelle la séquestration illégale et la traite ; l'excès de la propriété s'appelle le faux et le vol ; est-ce à dire qu'il faille supprimer la propriété parce qu'il existe des voleurs et des faussaires ?

Le département tolère et protège le recrutement des coolies indiens et chinois au profit de nos anciennes colonies ; les nouvelles ont droit à la même tolérance, à la même protection, car les immigrants océaniens sont aussi bien traités à Nouméa que les immigrants africains et asiatiques dans nos autres possessions.

C'est ici le moment de faire justice d'une accusation qu'on a voulu faire planer sur les colons de la Nouvelle-Calédonie.

On a dit que, dans notre colonie, la mortalité des Néo-Hébridais était grande et que, sans doute, elle avait pour cause les mauvais traitements dont ils y étaient l'objet.

Ceux qui ont émis cette opinion ne savent pas dans quelles conditions le recrutement s'opère ; ils ignorent ou feignent d'ignorer que les chefs de tribus sont bien aises de se débarrasser des hommes malades, chétifs ou mal venus, qu'ils livrent aux recruteurs, bien qu'ils soient quelquefois à peine en état de supporter le voyage.

A leur arrivée à Nouméa, ces malheureux sont reçus et hospitalisés à l'orphelinat et à l'hôpital militaire, où les soins les plus intelligents et les plus dévoués leur sont prodigués.

On éviterait cet état de choses en imposant aux navires recruteurs ou aux comptoirs l'obligation d'entretenir un médecin visiteur.

Comme complément de garantie, ne pourrait-on pas consacrer officiellement l'existence des comptoirs établis dans les îles de l'archipel par la Compagnie calédonienne des Nouvelles-Hébrides, en leur reconnaissant le caractère d'agences d'immigration, en accréditant auprès de ces agences des représentants de l'administration locale, chargés de diriger les opérations du recrutement, et en confiant la surveillance et le contrôle de ces opérations aux bâtiments de la station navale de la Nouvelle-Calédonie.

Il serait souverainement injuste de confondre immigration et traite : ces deux mots expriment deux idées absolument opposées. L'une est un bienfait issu de la liberté et consacré par nos lois, l'autre est un crime que ces mêmes lois punissent, et que nos instincts et notre éducation repoussent et condamnent.

M. Sontag, consul anglais d'Anjouan, a écrit sur les bienfaits de l'immigration en Afrique quelque lignes qui me paraissent s'appliquer admirablement à l'immigration néo-hébridaise :

« Quand on va prendre les Africains sur la côte, c'est une providence qu'on leur offre, car rien ne peut donner une idée de leur misère en Afrique..... C'est un acte d'humanité que de les mener dans des pays où ils reçoivent de bons traitements, et où ils peuvent, au contact de la civilisation, emprunter quelques germes qu'ils déposeront plus tard dans leur pays. »

Les opérations d'immigration, lorsqu'elles se pratiquent conformément aux lois et règlements qui les régissent, sont pour les immigrants une œuvre de civilisation et de philanthropie, et pour nos possessions d'outre-mer une œuvre de salut public. Je retrouve cette pensée dans un discours prononcé par l'honorable M. Béhic, au sein de la commission coloniale de 1849 :

« Quand il s'agit d'une loi qui sera faite pour des colonies où les travailleurs sont libres comme ils le sont en France, et que cette loi renfermera des prévisions relatives à la durée de l'engagement, à la subsistance, au rapatriement, qu'elle portera la même sollicitude jusqu'à accorder une somme équivalente à ce rapatriement, lorsque l'individu voudra s'établir dans la colonie, qui donc pourra voir là quelque chose qui ressemble à l'esclavage ? Qui donc pourra voir là quelque chose qui ressemble à la traite ?... Le défaut de liberté au départ, le défaut de liberté à l'arrivée, voilà la traite, voilà l'esclavage ! *En vérité, aller plus loin, c'est sacrifier à des mots l'avenir, le salut, la ressource suprême des colonies...* »

Il y a dans cette question un intérêt vital pour la colonie et c'est pourquoi nous avons tenu à l'exposer ici dans tout son jour et d'après les autorités les plus irrécusables.

La Tontouta. — La *Tontouta*, qu'un bon gendarme appelait la *Tôt ou tard*, a une largeur de 120 mètres. Le fond est de cailloux et le courant très fort. On la passera bientôt sur un pont en maçonnerie.

Cette rivière prend sa source à moins de 380 mètres du pic

Humboldt. Elle disparaît de son lit pendant plus d'un quart de lieue, et, après avoir traversé la magnifique plaine de *Saint-Vincent*, se jette à la mer dans l'est de ce port.

Il y a dans ce district un bureau de poste et de télégraphe et une gendarmerie ; en outre, il s'y fait un certain mouvement de bateaux sur la Tamoa, à Vitoé et dans toute la baie de Saint-Vincent. Les bateaux arrivent au camp même. La route muletière passe devant le camp de Tomo, qui est arrosé par le *Cobelongo*. Son dépôt de vivres et de matériel est à l'*île Verte*, où l'on vient d'ouvrir un bureau télégraphique.

CHAPITRE V

Bouloupari. — La Ouaméni. — La Foa. — Uaraï ou Teremba. — Gisements de houille. — École de mineurs. — Éclairage au gaz.

La Ouingui. — Dix kilomètres après le camp de Tomo, on rencontre la *Ouingui*, qui a environ 100 mètres de large dans les crues et sur laquelle on va construire un pont en pierres.

Bouloupari. — Il reste 12 kilomètres à faire pour arriver à *Bouloupari*, où l'on trouve une brigade de gendarmerie à cheval, un fortin et un poste militaire, un bureau de télégraphe et de poste et des hôtels pour les voyageurs. On y souffre beaucoup des puces, des moustiques et des mouches. La *Couta* et la *Voya* nous offrent des petits bassins où l'on peut se baigner.

Bouraké. — Bouraké est une localité du littoral à 18 kilomètres de Bouloupari, dont elle était autrefois le port; mais les bateaux légers arrivent maintenant au débarcadère de la Ouaniana, au quai Olry, à 2 kilomètres du port. La route de Bouraké traverse la *Ouaméni* et laisse sur la droite les ruines d'un établissement agricole et sucrier saccagé par les Canaques pendant la révolte.

Nous passons ensuite le ruisseau du *Ouitchambô*, qui découle de la montagne de ce nom. Ce pic, visible de fort loin, est le meilleur point d'orientation dans ces parages. On rencontre la *Ouatchoué*, qui est une belle rivière, au delà de laquelle est un petit ruisseau, où l'on peut faire une halte agréable.

On arrive, après avoir traversé la Ouaménie, à une propriété encaissée dans un cercle de montagnes assez abruptes. Nous y avons trouvé un Arabe, une paillotte, un lit, du bétail, du lait, de la volaille, des fruits, des pastèques, des puces et pas de moustiques. En quittant cette propriété, on franchit une montagne rocheuse bien boisée. Deux ravins dangereux se succèdent à 4 kilomètres l'un de l'autre. C'est la partie la plus mauvaise de la route. On suit sur le flanc de la montagne un sentier rocailleux qui n'a pas la largeur d'un pied. On ne rencontre pas d'eau sur la route, et on arrive, sous l'ardeur du soleil, à une allée ombragée qui débouche sur les bords pittoresques de la *Foa*, avec la petite forêt qui la borde sur la gauche. Là, on trouve des lianes rares, de belles fougères, une sorte de liège entourant des arbres de haute fûtaie, des bancouliers, des banians, des pandanus, des papayers, des orangers, des citronniers, des figuiers canaques, et le faux acajou ou arbre à goudron, d'où suinte un liquide noir qui fait enfler la peau à son contact. L'abattage de cet arbre exige des précautions. L'eau est fournie par la Foa et la *Fomoin*.

Sur la colline qui domine la rive droite de la rivière s'élèvent le fort et le village, dont une partie est habitée par les transportés. Ils cultivent paisiblement du maïs, des légumes, des petits pois et des fraises, et ils ont construit une partie de la route de Uaraï à Canala par la Foa. Les jardins et une basse-cour bien garnie donnent à ce pénitencier l'aspect d'une ferme et font oublier la cour d'assises. L'autre partie est occupée par des colons libres et des Malabars.

La Foa. — La Foa a 50 mètres de large au gué. La marée s'y fait sentir. Le débarcadère pour les vivres et le matériel est à 700 mètres du village.

La Foa est à 17 kilomètres et demi de *Uaraï*, où l'on se rend par une belle route garnie de niaoulis. On passe la *Fonwari* à gué et on laisse sur la droite les fermes modèles de *Fonwari* et de *Tia*, dont l'aspect est celui d'un village propre et coquet. On rencontre ensuite les cases de l'abattoir et la route de Bourail, dont l'amorce est à 1,500 mètres de Uaraï. Puis on aperçoit un clocher, la maison du chef d'arrondissement et un ensemble de bâtiments qui forment l'établissement de Uaraï, appelé plus souvent *Téremba*, situé sur le bord de la mer. Ce nom vient de l'île qui se trouve en face.

Teremba. — C'est un centre créé en 1871 ; il y existe un fort et une garnison, une église en ruines, un bureau de télégraphe et de poste, un médecin de la marine. Il n'y manque que des habitants, aussi Teremba n'est-il que le poste avancé qui commande ces vallées et que le débarcadère des centres du voisinage.

Gisements de houille. — Vers la fin de 1872, des gisements de houille furent découverts près d'Uaraï. Ils sont restés jusqu'ici inexploités. Voici à ce sujet un extrait du rapport intéressant présenté sur les houilles d'Uaraï par M. l'ingénieur des mines Heurteau, envoyé en mission en Nouvelle-Calédonie pendant les années 1872 et 1873 :

« Les terrains carbonifères, dit-il, existent en Nouvelle-Calédonie sur une grande partie de la côte ouest, depuis le mont d'Or jusqu'aux environs de Gomen. On en retrouve des traces jusqu'au nord de l'île, sur la chaîne qui sépare de la mer le versant occidental du bassin du Diahot. Dirigés à peu près uniformément du nord-ouest au sud-est, plongeant généralement vers le nord-est, avec une inclinaison qui varie de 40 à 90 degrés, les conglomérats, les schistes argileux feuilletés, et principalement les grès ferrugineux, arénacés ou compactes qui constituent ces terrains, s'étendent, suivant une bande étroite, au pied des massifs serpentineux qui forment l'arête centrale de l'île. Vers l'ouest, du côté de la mer, la formation carbonifère s'appuie sur le système des roches éruptives... »

Les premières tentatives d'exploitation du charbon en Nouvelle-Calédonie datent de 1850 ; mais le concessionnaire d'alors fut déchu de sa concession en raison de la non-exécution du cahier des charges. D'autres découvertes furent faites à la Dumbéa sur le territoire de Koé, lors du voyage de l'ingénieur Garnier ; mais aucune suite ne fut donnée à l'exploitation par suite de l'irrégularité de dislocation des couches.

Enfin, dernièrement, les trois compagnies *Bruyères*, *Saint-Louis* et *des Trente* ont découvert des affleurements de charbon et prise de possession a été faite.

On a aussi trouvé de l'anthracite à Tongoué, près de Nouméa, en 1875. Malheureusement, les résultats d'expériences faites à bord du *Coëtlogon*, en octobre 1875, ne sont pas satisfaisants. « Le charbon a paru à la commission complètement inacceptable pour le service de la marine, avec des foyers ordinaires. Peut-être que, sur des grilles spéciales et cassé en très petits morceaux, ce charbon aurait un pouvoir calorifique semblable à celui du coke pour le service des machines de terre. » Cet anthracite avait pourtant donné, à l'analyse au laboratoire de l'École de médecine à Paris, 87,60 de carbone fixe et 7,60 de cendres ferrugineuses.

Enfin, voici ce qu'écrivait, en 1854 (il y a vingt-trois ans), le capitaine de vaisseau Tardy de Montravel, commandant *la Constantine*, qui fit en Nouvelle-Calédonie un séjour de neuf mois : « Les versants des montagnes de la baie de Moraré, large golfe au fond de la grande baie de Boulari, sont couverts de belles forêts ; mais ce ne sont pas les plus précieuses richesses de cette baie : elle possède, en effet, de nombreux gisements houillers. Les principaux reconnus par nous ont fourni un charbon dont le commandant du *Prony* a fait faire un essai des plus satisfaisants. Le rapport de cet officier, juge très compétent, accorde à ce charbon, pris dans de très mauvaises conditions, des qualités supérieures qui deviendront plus saillantes encore lorsqu'il aura été extrait dans de bonnes conditions. » Vingt matelots du *Prony* ont extrait, en cinq heures, 22,000 kilogrammes de charbon brûlant bien, fournissant beaucoup de calorique et peu de fumée.

C'est ainsi qu'on a appelé une île et le fond de la baie *île du Charbon* et *anse au Charbon*. Mais il paraît que, dès qu'on fouillait le sol pour l'extraction, on rencontrait l'eau, et l'on a dû, pour ce motif, renoncer à toute entreprise d'exploitation. La consommation du pays est relativement minime et la main-d'œuvre est chère. Maintenant que des hauts-fourneaux sont établis, que les grands paqueqots fréquentent régulièrement notre port, il y a lieu de se préoccuper de l'extraction du combustible.

Pour former les libérés aux travaux des mines on va fonder une école de mineurs qui aura surtout pour champ d'exploitation les gisements houillers.

Enfin la fabrication du gaz d'éclairage pour la ville pourrait se faire sur place. L'exploitation du charbon devient donc de jour en jour une nécessité plus impérieuse.

Planche III.

Notre guide calédonien.

Canaques des Loyalty.

CH. LEMIRE. — NOUVELLE-CALÉDONIE. — Challamel aîné, Éditeur

CHAPITRE VI

L'Insurrection. — Massacres de la Foa. — Attaque de Teremba. — Massacres de Boulouparl. — Panique à Nouméa. — Mort du colonel Gally. — Mort d'Ataï. — Massacres de Poya. — Massacre d'un convoi. — Mort de Naïna. — Fin de la révolte.

L'Insurrection canaque. — C'est à la Foa et à Teremba que commença soudainement, dans la nuit du 25 juin 1878, l'insurrection canaque. Elle ne fut comprimée qu'en mars 1879. Elle coûta la vie à 200 personnes. 1,200 Canaques furent pris et déportés dans les dépendances de la Nouvelle-Calédonie. Un millier furent tués. En voici les préliminaires et le compte rendu officiel.

Le 19 juin, sur une habitation européenne, à 25 kilomètres de Boulouparl, un assassinat fut commis par des Canaques sur la personne d'un Français transporté libéré, d'une femme indigène et de leur enfant ; les assassins étaient, paraît-il, de la tribu de Dogny. La gendarmerie de la Foa, à proximité de ces villages, et la gendarmerie de Boulouparl, à proximité du lieu du crime, mirent en état d'arrestation plusieurs chefs des tribus voisines, jusqu'à ce que les coupables fussent livrés.

Massacres de la Foa. — Les recherches judiciaires continuaient, lorsque, dans la nuit du 24 au 25 juin, la brigade de gendarmerie de la Foa, comprenant quatre gendarmes et un brigadier, fut assassinée par les Canaques révoltés. Ceux-ci massacrèrent en même temps une quarantaine de colons échelonnés depuis Coindé jusqu'à Ouaraï, se livrèrent sur eux à d'abominables atrocités, spécialement sur les femmes et sur les enfants, pillèrent toutes les habitations, les saccagèrent et les brûlèrent ensuite.

Ces nouvelles, apportées à Ouaraï par un réfugié vers 9 heures du matin, furent aussitôt transmises à Nouméa par le télégraphe.

Attaque de Teremba. — Le chef de l'arrondissement était parti immédiatement avec les troupes et l'officier qui les commandait, pour se rendre à la Foa, qui est à 19 kilomètres. Il laissa, pour garder Teremba-Ouaraï, les surveillants militaires et douze hommes.

A 10 heures 15 minutes le gérant du télégraphe de Ouaraï informa son chef que les bandes canaques entouraient le poste situé sur le bord de la mer, qu'ils brûlaient la briqueterie voisine du télégraphe, lequel n'était protégé que par le tir des quelques surveillants militaires.

Le transport de guerre la *Vire*, que commandait Henri Rivière, était parti le matin de Bourail pour Nouméa et ne devait faire que toucher à Téremba, îlot situé en face du poste, à trois quarts d'heure d'embarcation et servant au déchargement des navires. Le Gouverneur, sur les instances du Directeur du Télégraphe, fit donner l'ordre à la *Vire* de rester à Teremba et d'assurer la sécurité du poste ; il était 11 heures. Le chef d'arrondissement revint, de son côté, dans le même but, avec quelques soldats, à midi et demi. De sorte que la tentative de l'ennemi avait échoué et que le poste était en état de résister.

Voyant la gravité de la situation et considérant que la gendarmerie de la Foa échangeait la correspondance avec celle de Bouloupari, dont elle dépendait comme autorité, le chef du service télégraphique adressa une dépêche aux gérants et surveillants du télégraphe de Bouloupari et Païta, leur recommandant de se tenir sur leurs gardes et en permanence, de prévenir Tomo et Coétempoé et les informant de la façon la plus explicite des événements. Le commandant de gendarmerie transmit des ordres encore plus formels, afin qu'on eût à veiller jour et nuit, à prévenir les postes voisins et à prendre toutes mesures de précautions : il est maintenant certain que tout le poste de Bouloupari avait reçu ces avis.

La *Seudre* partait pour Ouaraï avec le commandant militaire Gally-Passebosc et des troupes. Elle avait à débarquer à Bouraké, qui est à 18 kilomètres de Bouloupari, le lieutenant de gendarmerie et des renforts pour chaque brigade. Mais déjà, dès le matin, les tribus révoltées, qui s'étaient réunies pour les massacres de la Foa, s'étaient séparées, les unes pour marcher sur Téremba-Ouaraï, les autres pour revenir sur Bouloupari.

Massacres de Bouloupari. — Le 26 à 3 heures de l'après-midi, le télégraphe de Païta informa, sur un avis venu de Tomo (1), que dans la matinée « les Canaques avaient tout massacré à Bouloupari ». De 5 à 11 heures du soir, cette nouvelle est confirmée par quatre dépêches successives, et la dernière donnait les détails du massacre. Personne ne s'était conformé aux ordres de grande vigilance ; les Canaques du voisinage étaient venus, comme à l'ordinaire, rôder dans les camps, par petits groupes, à l'heure du déjeûner. Les surveillants militaires, sauf le chef de camp, étaient surpris ainsi que les gendarmes dans leurs salles à manger respectives et tués à coup de hache. Les cadavres ont été trouvés à proximité du kiosque qui servait de salle à manger.

Le gérant du télégraphe, M. Riou, refuse deux fois de sortir de son bureau avant d'avoir achevé le télégramme officiel qu'il transmettait. En quittant son appareil, il fut tué devant sa porte. Le surveillant du télégraphe, Clech, courant au secours de son supérieur et voulant franchir la clôture qui sépare son logement de celui du gérant, eut la main abattue d'un coup de hache et fut tué au même moment. Sa femme,

---

(1) Voir, pour la situation des localités, la carte générale de la Nouvelle-Calédonie, publiée dans *la Colonisation française en Nouvelle-Calédonie*. Paris, CHALLAMEL, éditeur, 5, rue Jacob, prix 20 fr., la carte, 5 fr.

surprise dans sa chambre, fut outragée et mutilée. Les sauvages saisirent d'abord une petite fille de six ans qui était auprès de Mme Clech et brisèrent la tête de l'enfant contre un pilier. Ils étendirent par terre sur un matelas la malheureuse femme en lui attachant les membres avec ses draps. Ils lui découpèrent les paupières avec un conteau afin qu'elle fût forcée de voir et de reconnaître ses bourreaux. Cette famille ne possédait ni terres, ni bétail, et avait toujours comblé les Canaques de bienfaits. Ce crime est imputable au jeune Canaque Cham, facteur du télégraphe, élevé à la française. Il fut pris plus tard et fusillé.

Avant de mourir, M. Riou avait eu la présence d'esprit de rétablir la communication directe avec les bureaux télégraphiques au delà de Bouloupari et dont les fils traversaient ce dernier bureau. Il est réellement mort victime de son dévouement professionnel. Le surlendemain 28, les bâtiments furent brulés avec tout ce qu'ils contenaient.

A Gomen, les femmes et les enfants avaient rallié Oégoa par mesure de sécurité.

Les communications télégraphiques, plusieurs fois interrompues et rétablies avec Ouaraï, depuis le 26 juin, cessèrent le 3 juillet, à 9 heures du matin et reprirent entre Nouméa et Bouloupari le 1er juillet, à 8 heures du soir.

On savait que la révolte avait pour chef Ataï, qui habite le village de Komalé ou Ouanaka, sur la nouvelle limite du pénitencier agricole de la Fonwhari ; elle comprenait les tribus situées entre le cours de la Fonwhari, de la Ouenghi, le sommet Do et la mer ; elle fut immédiatement circonscrite dans ce quadrilatère.

Panique à Nouméa. — Néanmoins, en voyant accourir à Nouméa les familles qui fuyaient devant les rebelles, une panique générale s'ensuivit. On interna à l'île Nou environ cent trente Canaques calédoniens employés dans la ville et dont un grand nombre appartenaient aux tribus insurgées ; leur présence était un danger pour la sécurité publique.

En même temps on forma un premier corps d'éclaireurs à cheval et deux corps de volontaires auxiliaires à pied, l'un, composé des fonctionnaires, sous le commandement d'un lieutenant de vaisseau, l'autre, des habitants de Nouméa, sous le commandement du capitaine Blanchard. Ils concourent à la défense de la ville avec les troupes qui occupent toutes les positions avancées.

L'arrondissement de Ouaraï avait été déclaré en état de siège dès le 25 juin, et la circonscription de Bouloupari le 27. Afin de rassurer les habitants du Nord de la colonie, le *Beautemps-Beaupré* avait été envoyé au Diahot et avait débarqué des marins sur ce point.

Aux mouillages de Port-Laguerre, Tomo, Bouraké, des navires de guerre étaient envoyés en station. Des troupes gardaient les circonscriptions de la Dumbéa et de Païta. Canala et Houaïlou recevaient une nouvelle garnison.

M. Servan, chef d'arrondissement de Canala, avait rejoint le commandant militaire à la Foa, avec une centaine de guerriers indigènes de Canala, ayant à leur tête les chefs Kaké et Gélima, et leur chef de guerre Nondo.

Seul avec eux, M. Servan avait traversé de nuit le pays insurgé. Au péril de sa vie, il enleva ces tribus déjà en armes aux excitations de la rébellion et nous les attacha comme auxiliaires.

Mort du colonel Gally. — Après avoir brûlé un grand nombre de villages appartenant aux rebelles, assuré la sécurité du centre de Moindou et du pénitencier de la Fonwhari, le commandant militaire se préparait à marcher contre les Canaques. Il était le 3 juillet à la Foa, à dix heures du matin, et se dirigeait avec sa colonne vers Bouloupari, pensant rencontrer en route M. Boutan et ses quinze cavaliers. On suivait la ligne télégraphique, qu'on trouva coupée de nouveau à environ 2 kilomètres et demi de la rivière de la Foa, dans un endroit où elle avait déjà été réparée la veille. C'était à 200 mètres de la crête du premier des petits mamelons rouges entourés de broussailles et près desquels sont les villages de

Tio et Némoi-Karé dépendant de Naïna, frère de l'ancien chef Mandaï. Les Canaques et un libéré se portèrent en avant et revinrent en disant que les rebelles étaient de l'autre côté de la crête. Le colonel fait quelques pas pour aller reconnaître l'ennemi. Il est au même instant frappé de deux balles. On le descendit de cheval. On tira de droite et de gauche, et on fouilla la brousse sans rien trouver. Le terrain est d'ailleurs très propice à une embuscade. On reprit le chemin du pénitencier de Fonwhari, où l'on arriva à cinq heures, et le colonel, qui avait gardé sa connaissance, rendit le dernier soupir à trois heures du matin, le 4 juillet.

C'était un brave soldat, un cœur ouvert, un officier travailleur et instruit. Un brillant avenir lui était réservé, et son épée aurait été utile à la France dans des luttes plus dignes de son courage et de sa valeur militaire. Il avait servi en Cochinchine, où il était détaché au service topographique, puis dans les affaires indigènes ; il commandait les troupes à la prise des forts de la Plaine-des-joncs. Il fut attaché militaire, dans la campagne d'Abyssinie, auprès de l'armée anglaise. Il servit au Sénégal, et partout la mort l'avait approché sans l'atteindre. Il aimait ses soldats ; il était pour eux plein de sollicitude ; il portait haut cet esprit de corps et de confraternité militaire qui lui faisait allier le sentiment du devoir et de l'honneur au sentiment d'une bienveillance naturelle. Il poussait l'aménité jusqu'à la familiarité et l'on s'attachait à lui dès qu'on l'avait connu, soit comme chef, soit comme ami. Et il a suffi d'une embuscade de sauvages pour détruire cette belle existence toute employée au service de son pays ! Il est tombé en défendant la cause de la colonisation de cette pauvre colonie, à laquelle il avait consacré de longues études.

Depuis la mort du colonel Gally-Passebosc, le commandant Rivière, qui devait, lui aussi, trouver la mort dans une embuscade, au Tonkin, a pris le commandement supérieur des opérations.

Le 29 juin, l'établissement de la Ouaméni avait été incendié par les Canaques, qui avaient tué un Malabar sur l'habitation. Le 30, le poste de Bouloupari a été attaqué par les Canaques; ceux-ci furent repoussés. Le surveillant militaire Collenne s'étant, le soir, écarté du camp avec un condamné, fut tué de deux coups de casse-tête à bec d'oiseau. Le surveillant du télégraphe Crépet, apprenant par un cavalier que Collenne était encore vivant, alla le chercher ainsi que le condamné frappé en même temps; mais les deux victimes moururent de leurs blessures. Le 4 juillet, la communication de Thio avec Canala était rétablie.

Le dimanche 7 juillet, des Canaques vinrent à Bouloupari brûler l'établissement Mostini, dont les jeunes filles avaient été odieusement poursuivies et tuées.

Le 8, le capitaine de Joux, avec 51 hommes, poussa une reconnaissance vers le Ouitchambô. Entouré par des centaines de Canaques, il leur tua du monde et rentra au camp n'ayant perdu qu'un cheval. Tous les chefs de postes et de détachements s'accordent à dire que les éclaireurs à cheval rendent les plus grands services.

Le même jour le commandant Pasquier occupe le pénitencier de la Fonwhari et le commandant supérieur Rivière se rend de la Foa à Bouloupari, par Popidéry, avec une colonne de 120 hommes, sans être inquiété.

Les Canaques rebelles brûlent les villages et les maisons des colons. Nos colonnes et les Canaques auxiliaires détruisent les villages et les approvisionnements des révoltés.

Depuis le commencement de juillet, les tribus de Nekliaï, chef Mavimoin (cap Goulvain et Poya), sont en butte aux attaques des tribus d'Adio (Haute-Poya). Les colons de ces localités se tiennent sur leurs gardes. Ils forment un petit corps monté et armé.

Nos postes se fortifient et se retranchent. Nous gagnons chaque jour du terrain et nous prenons toutes les mesures de sécurité que commande la nature des opérations contre des sauvages.

Mort d'Ataï. — M. Servan est parti de Canala, le 29 août, avec le lieutenant Auzeil, 9 hommes d'infanterie et 300 Canaques. Ils sont arrivés le lendemain à la Foa, où le commandant Rivière se rendit le soir pour organiser l'expédition dont le commandement fut confié par lui à M. Servan. Au petit jour on traversa la rivière de la Foa. Dès que l'on fut sur la rive gauche, la troupe se partagea en trois colonnes : l'une, commandée par M. le Golleur et guidée par le géomètre Gallet, composée d'environ 30 hommes (soldats, marins et condamnés) ; la seconde, commandée par M. Auzeil avec M. Becker, composée de 30 soldats et de 60 Canaques ; la troisième, commandée par M. Servan, et composée de 5 marins, avec 5 condamnés et 60 Canaques. L'objectif était le campement de Fônimoulou près des villages de Naïna. On y avait vu des feux la veille. On savait aussi que la création du poste de la Foa avait eu pour effet de faire abandonner la Fonwhari par les bandes d'Ataï. La colonne le Golleur marchait sur la gauche, la seconde sur la droite, et la troisième au centre. La brume de la rivière couvrait tous nos mouvements. On entra immédiatement sous bois. M. Servan entendit, à 30 pas, le chef révolté Naïna faisant à haute voix des commandements qu'un Canaque traduisait : « Voilà les blancs, disait-il, suivez-moi dans la forêt ». Le chef de guerre Nondo fit signe à la colonne Servan de contourner avec lui le mamelon.

Aussitôt, M. Servan voulant entraîner ses Canaques, conduit ses marins au pas de course sur le plateau et pousse le cri de guerre Canaque. Devant eux se trouvaient plus de 150 rebelles, hommes et femmes. Dès que ceux-ci les aperçoivent, ils tirent quelques coups de feu et fuient dans toutes les directions. Nondo arrive sur la droite, des Canaques alliés à gauche. Ils tuent 8 révoltés et prennent 41 femmes et enfants. La colonne le Golleur prend Ataï, son fils, 2 Canaques et 15 femmes et enfants. Ségon, Canaque de la tribu de Nondo, tue Ataï. La colonne Auzeil avait, par sa présence sur la gauche, décidé du succès en rejetant les Canaques vers le chef Nondo. On était au 30 août.

Le soir, les Canaques seuls firent une battue générale et brûlèrent les campements des rebelles ; mais ceux-ci avaient été dispersés. Avec Ataï et son fils, le sorcier de la tribu de Naïna et dix autres Canaques avaient été tués. Leurs cadavres sont restés en notre pouvoir. Les têtes ont été coupées, envoyées à Nouméa, et de là à l'École de Médecine à Paris.

Massacres de Poya. — Le 12 septembre 1878, à 2 heures du matin, on télégraphie de Bourail que deux colons arrivés à minuit ont vu piller, dans la journée du 11, la station Amic. Le libéré Bollot a vu des incendies et tient d'un Canaque que M. Houdaille et le chef Mavimoin avaient été tués. Un Canaque de Lifou, qui s'est échappé de Porwy, avait vu tuer Kuyl, sa femme et ses deux enfants. Les corps avaient été jetés dans un trou. Deux stockmen avaient reconnu de nombreux cadavres.

L'habitation Houdaille était en effet pillée le 11, à midi. Les révoltés avaient pris 43 fusils, 20 revolvers et des munitions. Le sieur Kress, sa femme et son enfant, 2 Néo-Hébridais, 3 Canaques, le Cafre Moussa avaient été tués.

A la Moinda, à la Poya et à Monéo, les habitations avaient été pillées. Les tribus révoltées sont celles de Porwy, de Nepou, d'Ouha, de Néo, d'Adis, de Monéo et de Grandi.

D'après les renseignements pris sur les lieux, il y a eu treize victimes à la station Houdaille. Le corps de M. Houdaille a été trouvé près de la porte de l'habitation et reconnu. Le chef Mavimoin, deux Canaques de Nékliaï et le Chinois Tiomo avaient été tués et mangés. Les auteurs du massacre et de ces actes d'anthropophagie étaient les Canaques des tribus de Mouéo, Négo et Panemat, que M. Houdaille avait fait appeler pour lui prêter main forte contre ceux de Nekou, Baye et Adio.

Le 22, l'arrondissement de Bourail est mis en état de siège. La communication télégraphique est rétablie entre Houaïlou et le Nord, jusqu'à Gomen inclusivement.

Massacre d'un convoi. — Le ravitaillement de la colonne

Wendling, qui devait se faire le 10 novembre 1878 à la station Houdaille par trois caboteurs partis de Bourail le 9, n'avait pas encore eu lieu le 15. Le colonel se mit donc en route pour Muéo, où se trouvait le *Lamothe-Piquet*. Le gros de la colonne séjournait à la station Français, sur les bords de la rivière de Monio, quand les Canaques auxiliaires vinrent prévenir qu'ils avaient fait fuir des rebelles et qu'un bateau pillé se trouvait dans la Poya. Pendant que ces rebelles étaient poursuivis par les alliés et un groupe de soldats, le colonel fit fouiller les bords de la rivière et trouva cachés dans les broussailles des vivres de toute sorte, des munitions, et six paniers remplis de chair humaine fraîchement cuite et désossée. On commença à craindre pour le sort des bateaux convoyeurs. Le lendemain, à la suite d'une exploration de la Poya, par le commandant du *Lamothe-Piquet*, on acquit la triste certitude que les trois bateaux chargés de ravitailler les troupes de la Poya, avaient été pillés et les équipages, au nombre de onze personnes, massacrés et mangés.

Le 19 août, le *Rance* avait amené de Saïgon un premier contingent de 200 hommes, et un second convoi le 20 novembre. Le *Segond* était arrivé, ainsi que le *Hugon* venant de Yokohama ; enfin la *Victorieuse*, frégate amirale, portant le pavillon de l'amiral Dupetit-Thouars ; puis l'*Allier*, retardé par une épidémie survenue à bord. Nous avions dès lors des forces nombreuses pour écraser les rebelles.

Pacification. — A la fin de décembre, le gouverneur, M. Olry, et le général de Trentinian visitaient les circonscriptions de Bouloupari, Uaraï et Bourail. M. Olry passe en revue et félicite les chefs des tribus de Saint-Vincent, nos alliés et leur adresse des paroles de pacification, qu'il les invite à faire connaître aux tribus encore en état de rébellion. La soumission des révoltés commence de toutes parts. Les bandes qui résistent sont traquées par de nombreuses colonnes.

Mort de Naïna. — Après la mort d'Ataï, Naïna s'était mis à la tête des rebelles. Le 15 janvier 1879, il fut surpris par les alliés de Canla. Il se défendit à coups de fusil et à coups de hache ; mais il fut frappé par la hache de son adversaire. Il eut la tête tranchée et un pilou-pilou sauvage commença autour de son cadavre.

Peu après, le chef des tribus de l'Oua-Tom, le vieux Areki, fut cerné et dut se rendre le 7 février. Jugé par une cour martiale, il fut condamné à la déportation.

Enfin le 7 mars, le directeur de l'Intérieur annonçait à la population que la révolte était complètement réprimée et les colons étaient invités à retourner sur leurs propriétés pour reprendre leurs exploitations. On déportait aux Bélep et à l'île des Pins les 1,200 prisonniers canaques. Leur territoire était confisqué. La paix était désormais assurée.

Fin de la révolte. — Telle fut cette terrible insurrection qui dura de juin 1878 à mars 1879 et coûta la vie à 200 personnes. En 1881, la mère-patrie envoya, bien qu'un peu tard, un secours d'un million pour réparer les ruines et les dommages causés à la colonie pendant la période insurrectionnelle. Aujourd'hui les territoires des tribus révoltées sont colonisés par les blancs et les traces de ces malheureux événements ont disparu. Outre le souvenir de ceux qui sont morts sous les coups des Canaques, le pays conservera toujours la mémoire de ceux qui sont tombés victimes de leur courage et de leur dévouement en combattant les révoltés ou en accomplissant leur devoir professionnel. Les tombes élevées à Bouloupari, à Uaraï et à Bourail, au milieu de la population, rappellent leurs actes héroïques. Depuis lors, des forts ont été construits sur les points principaux du territoire. Les blockaus et les magasins sont à l'abri d'un coup de main et il n'y a plus à craindre dans l'avenir qu'une nouvelle insurrection puisse être tentée. Les Canaques, cernés et affamés dans une zône restreinte, seraient promptement réduits à merci.

CHAPITRE VII

Moindou. — Concessions de terres. — Nouveaux avantages faits aux colons. — Bébés propriétaires fonciers. — 100,000 hectares à 50 centmes. — Bourail. — Les forçats-colons. — La Roche-Percée.

Centre de Moindou. — De Uaraï à *Bourail*, il y a une route muletière. Après avoir laissé sur la droite la route de Uaraï à Canala et passé le *Ouapé*, on rencontre, à 6 kilomètres plus loin, un chemin qui conduit au village de *Moindou*. L'amorce du chemin est un peu au-dessous du *Diarou*. Ce sont des villages d'immigrants installés en 1873 et appelés du nom de la rivière qui les arrose et qui est difficile à traverser pendant la saison des pluies. Un autre sentier que l'on rencontre plus loin y mène également. Une usine à sucre devait être fondée dans cet endroit ; des subsides auraient été accordés par la caisse d'immigration aux concessionnaires qui planteraient des cannes pour l'usine. Mais ce projet n'a pu aboutir. Le morcellement des terres réservées à cette culture en a été la conséquence et a permis de former un centre de 120 habitants.

Moindou est à 6 kilomètres de Uaraï et il a été question de l'y relier par un tramway. Son étendue est d'environ 7,000 hectares. On a déjà alloti plus de 400 lots de 10 hectares, dont plus de 300 sont distribués. Des avances de graines, d'outils, des prêts de charrues, de bœufs, ont été faits aux colons. En 1876-1877, vingt-cinq d'entre eux ont planté du tabac. Il en a été récolté dans le centre 8,000 kilogrammes valant près de

9,000 francs. Le tabac de cette provenance a été reconnu de très bonne qualité. C'est une culture très rémunératrice, très facile et à l'abri des sauterelles. Les immigrants qu'on avait d'abord installés dans la plaine n'avaient trouvé qu'un sol ingrat, garni de niaoulis, privé d'eau, infesté de moustiques. De là bien des récriminations et, en désespoir de cause, l'abandon de bien des concessions. La distribution de terres sur les rives de la Moindou et dans la forêt a rendu le courage aux colons en mettant entre leurs mains de véritables éléments de prospérité. Ils ont eu, en outre, à lutter contre le fléau des sauterelles, et l'administration locale les a soutenus et aidés en cette circonstance.

C'est ici le lieu d'indiquer le mode d'aliénation des terres en Nouvelle-Calédonie, tel qu'il a été déterminé par l'arrêté du 11 mai 1880, complété par celui du 1883. Avant de s'établir comme colon, il est indispensable de consulter cet important document, qui fait désormais loi en matière domaniale.

DE L'ALIÉNATION DES BIENS DOMANIAUX

CHAPITRE IV. — *Des concessions.*

Art. 46. Les biens dépendant du domaine de la colonie peuvent être concédés, soit gratuitement, sois sous certaines conditions à imposer aux concessionnaires, soit à titre onéreux et aux conditions indiquées dans les articles suivants :

§ 1er. — CONCESSIONS A TITRE ONÉREUX

Art. 47. Le prix des terres du Domaine à donner en concession est fixé à *24 francs par hectare.*

Art. 48. Ce prix est *payable en 12 ans* et aux conditions suivantes :

Il est versé 50 centimes par hectare et par an pendant les 3 premières années ; 1 franc pendant les 4e, 5e, et 6e années ; 2 fr. 50 pendant les 7e, 8e et 9e années ; 4 francs pendant les 10e, 11e et 12e années.

Ces versements sont faits par semestre et d'avance.

§ 2. — Des concessions a titre gratuit et conditionnelles

Art. 63. Les biens dépendant du Domaine de la colonie peuvent être concédés *gratuitement* ou sous certaines conditions à imposer aux concessionnaires.

Ces concessions sont faites :
1° Aux immigrants ;
2° Aux militaires et marins congédiés ;
3° Aux enfants nés dans la colonie ;
4° Aux orphelins.

1° *Concessions aux immigrants*.

Art. 64. Tout immigrant, *quelle que soit la nationalité à laquelle il appartient*, qui viendra en Nouvelle-Calédonie libre de tout contrat ou de tout engagement, aura droit à une *concession gratuite* de 3 hectares de terres à culture.

Cette concession sera de cinq hectares pour les familles composées de quatre personnes et au-dessus.

Il sera aussi donné à chaque immigrant un *lot de village*, à mesure qu'il en sera créé, dans les environs de la concession accordée.

Art. 65. Les immigrants qui bénéficieront des dispositions de l'article 64 sont tenus de résider sur leur concession et de la mettre en valeur pendant cinq ans consécutifs.

Il leur sera délivré, au moment de leur installation, un titre provisoire, qui sera transformé en titre définitif à l'expiration des cinq années de résidence, après avis du chef d'arrondissement sur l'état de la concession.

Art. 66. Tout concessionnaire provisoire qui ne remplira pas les conditions imposées à l'article 65, sera déchu de plein droit.

Le retour de la concession au Domaine sera prononcé par le Conseil privé.

Art. 67. Sera considéré comme n'ayant pas rempli l'obligation de résidence, tout concessionnaire provisoire qui, sauf le cas de maladie ou de force majeure, aura transporté son domicile sur un autre point de la colonie que celui où se trouve sa concession.

Art. 68. Lorsque la qualité des terres le permet, il est établi des lotissements de manière à favoriser la formation des centres. Pour obtenir dans ces lotissements des concessions soit à titre onéreux, soit à titre gratuit, soit sous conditions, le concessionnaire est tenu à la résidence dans les conditions prévues à l'article 67 et au paragraphe 1ᵉʳ de l'article 65.

2° *Concessions aux soldats et marins.*

Des avantages spéciaux ont été accordés, par arrêté du 20 mars 1883, aux militaires et marins, dans les conditions suivantes :

Art. 1ᵉʳ. — 1° 20 hectares dont 7 de terre cultivable et 13 de pâturage, pour le colon célibataire, ou 25, comme il est dit à l'article 11, pour le colon marié ;

2° Un lot de village dans le village le plus voisin, s'il en existe à proximité de la concession ;

3° La ration militaire gratuite pendant 3 ans ; une pour le concessionnaire, une pour sa femme, une demie pour chaque enfant ;

4° Une prime de 200 francs en argent ;

5° Fourniture gratuite, jusqu'à concurrence d'une valeur de 1,000 fr., d'outils, de graines, de vêtements, de literie et d'ustensiles ;

6° Prime de 200 fr. à 400 fr. accordée après la construction de l'habitation, suivant l'importance de la construction, constatée par un expert ;

7° Transport gratuit jusqu'à la résidence ;

8° Droit de faire un voyage en France, avec un passage gratuit sur un transport de l'État, après 3 ans de résidence, et si le concessionnaire peut confier la gérance de sa propriété à une personne présentant des garanties ;

9° En cas de décès avant les cinq ans de résidence, la concession revient à la femme, aux orphelins ou aux heritiers, à condition qu'ils se conforment aux obligations imposées. Ils deviennent alors propriétaires définitifs 5 ans après l'installation du concessionnaire décédé ;

10° Dans les limites du possible, l'armée et la marine seront invitées à prêter leur concours pour faciliter les débuts des colons militaires, qui sortent de leurs rangs ;

11° Le colon marié ou qui se mariera aura droit à une augmentation de 5 hectares, dont 2 de bonne terre, ou à une somme de 500 fr. représentative de la valeur d'un trousseau. L'Administration restera maîtresse de déterminer la nature de cet avantage.

Art. 2. Les soldats ou marins qui voudront jouir de ces avantages, auront à satisfaire aux obligations ci-après :

1° La concession est provisoire pendant 5 ans, à l'expiration desquels elle devient définitive, et peut être vendue si le concessionnaire a satisfait pendant ce temps à ses obligations ;

2° Pendant cinq ans résidence obligatoire ainsi que culture de la terre par le concessionnaire, sauf déduction du temps du voyage en France dans le cas prévu au paragraphe 8 de l'article 1er ;

3° Interdiction de faire aucun commerce pendant les 3 ans d'allocation de vivres ;

4° Obligation de clôturer la propriété par des haies vives et de planter un certain nombre de cocotiers ;

5° Après les 5 ans de résidence, les deux tiers des terres cultivables doivent avoir été défrichés et mis en rapport ;

6° Construction d'une habitation ;

7° Faute de remplir ces obligations, le concessionnaire peut être déchu de ses droits, et la concession fait retour au Domaine.

3° Concessions gratuites aux émigrantes patronnées par le Département et aux orphelins sortant des orphelinats entretenus au compte du budget local.

Art. 70. Les jeunes immigrantes patronnées par le Département de la marine et des colonies, les jeunes filles et les garçons élevés dans les orphelinats de la colonie, recevront à titre gratuit, au moment de leur mariage ou de leur majorité, une concession de trois hectares de terre à cultures, sous condition d'exploitation, conformément aux dispositions des articles 64 à 68.

Les orphelines déjà mariées pourront bénéficier des dispositions du présent article.

4° Concession aux enfants de l'intérieur.

Art. 71. Une *concession gratuite de trois hectares* de terres est accordée, en dehors de la presqu'île de Nouméa, *à tout enfant* légitime, reconnu ou légitimé, *né dans la colonie* de parents habitant en dehors de la commune de Nouméa.

Art. 72. Cette concession, sur la demande du père de l'enfant, sera accordée dans les conditions suivantes :

Le titre de propriété sera fait au nom de l'enfant représenté par le père.

Pendant la minorité, le père jouira du terrain, qui devient la propriété conditionnelle de l'enfant à l'époque de sa majorité ou de son mariage.

Si l'enfant meurt, le terrain fait retour au Domaine ; il en est de même si le père abandonne l'enfant reconnu.

Art. 73. A partir de sa majorité ou de son mariage, l'enfant est traité comme immigrant, et il est tenu d'exploiter son terrain, sous peine de le voir faire retour au Domaine.

La propriété devient définitive cinq ans après la majorité ou le mariage.

Cette législation domaniale a paru si avantageuse même

aux étrangers qu'en 1881 le représentant d'un syndicat a demandé au gouvernement colonial la concession de 100,000 hectares, dans les conditions de l'art. 68. C'est-à-dire à raison de 50 centimes par hectare et par an pour les trois premières années. Mais l'Administration ne crut pas pouvoir faire droit à cette demande. On voit que les étrangers s'intéressent plus que nous à nos possessions et mettent leur confiance et leur argent dans leur avenir.

En ce qui concerne les premiers frais d'établissement des colons, c'est le cas de répéter ce qui a été dit dans l'ouvrage sur la Cochinchine : « Il ne faut pas aller faire le commerce à l'étranger comme on jette un coup de filet ou comme on va à l'ennemi pour faire du butin et se retirer en l'emportant. Les capitaux sont le point de départ de toute exploitation durable, industrielle ou agricole. La terre ne suffit pas aux colons : il leur faut une mise de fonds. La terre sans le capital, c'est le travail du serf, c'est la glèbe. » Ajoutons toutefois, à l'éloge du commerce calédonien, que de larges crédits sont ouverts sur la place de Nouméa à tout homme qui veut travailler.

Nous avons marché jusqu'à la nuit, et, parvenus au quinzième kilomètre, nous avons campé pour la première fois.

Notre âne *Lélé* est mis au vert ; un grand feu est allumé, le repas préparé ; puis nos hamacs, garnis d'une blanche moustiquaire, sont tendus entre deux niaoulis, sur un petit mamelon dominant la mer, que la lune éclairait pendant que le feu se reflétait sur le feuillage des arbres. Ce spectacle de la nature n'est-il pas aussi attrayant que la lueur des gaz sur la verdure des arbres aux Champs-Élysées ?

Une route où l'on serait certain de rencontrer des forçats en liberté relative serait, en France, peu fréquentée. Nous étions, au contraire, fort aises de rencontrer des huttes de forçats-cantonniers. Nous avons fait avec ces gens 200 kilomètres, cheminant et dormant sans défiance. Ils nous ont toujours été utiles pour les renseignements à fournir sur l'itinéraire, chacun connaissant bien la section de route qu'il était chargé d'entretenir.

La limite entre les arrondissements de Uaraï et de Bourail est la rivière de Pounjaouno, à 21 kilomètres de Uaraï.

Nous traversons ensuite plusieurs petits bois qui rendent la route variée et agréable ; on passe un ruisseau à gué, et, après un four à chaux, on coupe un mamelon d'où l'on aperçoit de loin l'établissement de *Bourail*. Après avoir rencontré un marais, on entre dans la grande forêt, de plus de 500 hectares, appelée du nom du marquis *de Trazegnies d'Ytre*, qui en est le propriétaire. C'est une forêt remplie de bancouliers.

La noix de bancoul donne une huile appelée *huile de Camari*, excellente pour la fabrication du savon, la peinture et l'éclairage. Elle est siccative et préserve le bois de toute altération. Elle est très purgative. Le tourteau que forme le résidu de la fabrication de l'huile est un bon engrais. C'est une industrie déjà tentée en Nouvelle-Calédonie, mais qu'il faut améliorer pour la rendre profitable. Le dureté et le poids de la noix exigent que la décortication ait lieu sur place. La question ne pourra être résolue que lorsqu'on aura trouvé une machine convenable et une main-d'œuvre peu élevée.

La Néra. — La route forme une large avenue, bordée de lianes, d'arbres superbes, conduisant à la rivière *la Néra*, qui a 50 mètres de large au gué, dont la marée fait varier le fond. Il est fort étonnant qu'il n'y ait pas de bac sur cette rivière, qui barre l'accès d'un grand centre, ce bac pouvant être surveillé de près. Quant aux habitants, ils paraissent n'en éprouver aucune gêne. Je dus passer la Néra au gué, avec de l'eau jusqu'à la ceinture et j'arrivai en ce piteux état à Bourail. Il fallait en prendre son parti ; car l'incident n'est que trop fréquent lorsqu'on voyage en Nouvelle-Calédonie.

La Néra a pour affluent l'*Ari*, formé de deux ruisseaux : le *Pouéo* et le *Douincheur*. Cette rivière déborde souvent et l'eau a même atteint une fois le toit d'un magasin aux vivres assez éloigné de la rive.

Bourail. — Bourail est un centre plus important que Uaraï. Il a été fondé en 1869. On y compte 600 condamnés et 200 libérés. C'est la résidence d'un commandant de troupes, d'un médecin, d'un commissaire de la marine, faisant les fonctions d'officier de l'état civil. Il y a 2 écoles, un bureau de télégraphe et de poste, des casernes, une église, une prison cellulaire, un hôtel, des ateliers de construction, de nombreuses rues bordées de maisons couvertes en paille.

Le plus beau bâtiment de la localité se nomme le Couvent : c'est là qu'habitent les femmes condamnées, au nombre de quarante. Elles sont dirigées par les religieuses de Saint-Joseph de Cluny, qui ont bien des misères à supporter de la part de ces créatures.

La vallée de Bourail est magnifique et la plus fertile de tout le pays. La terre y est très riche. C'est là que sont groupées les industries diverses. Quant aux concessionnaires, leurs villages sont disséminés dans les belles vallées qui environnent le centre de Bourail.

Ces concessionnaires épousent des femmes condamnées. On ne compte encore que 250 ménages et 300 enfants. C'est un chiffre bien restreint par rapport au nombre total des condamnés. Les concessions, au nombre d'environ 350, sont fort bien tenues, et les maisons, construites uniformément, ont bonne apparence. Il y a aussi un camp d'Arabes.

On a installé à Bourail, depuis plusieurs années, un pénitencier agricole avec un directeur, qui donne en outre des conseils aux concessionnaires groupés autour de la ferme. Ce pénitencier est alimenté, comme main-d'œuvre, par des condamnés aspirants-concessionnaires, destinés à aider les concessionnaires établis dans leurs cultures. Les premiers exploitants, déjà en possession d'une concession provisoire ou définitive, ont été pourvus de titres de concessions délivrés officiellement. Les nouveaux concessionnaires recevaient les mêmes titres, mais à certaines conditions : ils étaient tenus de cultiver une étendue déterminée en cannes, d'abord fixée à deux hectares, puis réduite à un hectare et demi seulement, l'usine à sucre étant le débouché des produits des cultures. La culture de la canne est maintenant facultative et depuis deux ans, elle s'est développée.

C'était, en petit, le système appliqué par le général Van den Bosch à Java. Les résultats seraient curieux à étudier ici.

Au point de vue du rendement, ces résultats ont été, en 1870, de 11,700 fr. de produits agricoles. En 1876, les concessionnaires ruraux, au nombre d'une cinquantaine, ont livré à la consommation une valeur de 145,000 fr. de produits, dont 60,000 fr. en maïs, 40,000 francs en haricots, 35,000 fr. en bétail, et 10,000 en volailles, laitage et denrées diverses. Il faut y ajouter la valeur du sucre et du rhum. Ils possèdent un millier de têtes de bétail et une quarantaine de chevaux, représentant une valeur de 190,000 fr.

On voit qu'il y a eu un progrès considérable sous tous les rapports. L'étendue des cultures est d'un millier d'hectares.

Bourail est renommé pour ses gargoulettes et ses poteries. On pourrait y développer la fabrication de la tuile pour toitures, système bien préférable à la tôle galvanisée.

Un concours agricole a eu lieu à Bourail en septembre 1877.

On a appelé Bourail une ville. Les agglomérations d'habitants ont ceci de particulier en Calédonie : c'est que les centres les plus populeux ne peuvent s'appeler ni villes, ni villages, ni bourgs. Les rues ne sont pas nivelées, les maisons ne sont pas alignées. Il n'y a pas encore de mairie, comme dans la moindre commune de France et d'Australie ; on ne peut donc appeler ces agglomérations que des campements, et elles en ont tout l'aspect. On a créé un village libre dans la vallée de la Kouri. On y donne aux colons un lot gratuit de terrain, à la condition d'y construire en un an une case habitable.

De belles routes sillonnent l'établissement de Bourail. Celle qui conduit à Gouaro est très pittoresque. Elle a 13 kilomètres de long. Gouaro est le débarcadère de Bourail. Les eaux se sont frayé un passage à travers un mamelon s'avançant dans la mer, et qui a pris le nom de Roche-Percée. De ce point, les chalands de 8 tonnes remontent avec la marée jusqu'à un kilomètre de Bourail. On va relier Bourail au débarcadère du bord de la mer par un tramway.

CHAPITRE VIII

L'inondation. — L'âne embourbé. — Rivière d'Ouha. — Un gué difficile. — Élevage et pâturages. — Bétail. — Chevaux et moutons.

Usine de Bacouya. — Lélé continue à porter nos valises et nous marchons vers le nord. A environ 1,500 mètres de Bourail, on passe un pont en bois, et l'on a devant soi la belle usine à sucre de *Bacouya*, créée par M. Higginson et cédée par lui à l'administration. Ce négociant, le plus entreprenant et l'on peut dire le plus considérable de Nouméa, a obtenu, en 1876, des lettres de grande naturalisation.

La création de cette usine à sucre avait eu lieu en vertu d'un contrat aux termes duquel l'administration locale devait fournir à l'usinier les cannes à sucre nécessaires. L'administration ne put tenir ses engagements. Elle se fit alors céder la propriété de l'usine et fit résilier le contrat. Comme compensation, elle accorda à l'usinier le travail de trois cents forçats pendant vingt ans. Ces trois cents hommes sont employés aux mines de cuivre de Balade.

Aujourd'hui la culture des cannes dans le territoire pénitentiaire de Bourail est de 100 hectares et ne sera pas plus développée. Jusqu'à présent cette culture n'a laissé que des ruines; mais lorsque le fléau des sauterelles aura disparu, elle reprendra ; car le sol et le climat lui conviennent parfaitement.

Débordement des rivières. — Le caractère des cours d'eau de la côte ouest fait que l'on peut se trouver enfermé entre deux rivières gonflées, sans pouvoir passer ni à cheval, ni à la nage, ni à gué; mais le niveau baisse rapidement dès que la pluie cesse.

Nous avons campé dans une partie desséchée du lit de cette rivière, sous des lianes magnifiques.

Naufrages successifs de Lélé. — Au delà de l'ancien village canaque de *Baraoua*, nom de la petite rivière qui l'arrose, vers le 234° kilomètre, l'âne, bien que déchargé, est resté embourbé, et nous avons failli perdre nos bagages dans un marais dangereux par les pluies, à l'ouest du mont *Chômé*.

Après avoir passé les ruisseaux *Moinvil* et *Kouaïwé* et un sentier à gauche qui mène à la mer, on est en présence de la rivière de *Dékao*, qui, dans les inondations, charrie des arbres entiers. On laisse à l'est les cols de *Sibliou* et de *Krapé*, où nous avons campé dans un îlot laissé à sec. Tout en suivant la crête de collines abruptes et presque toujours dénudées, que Lélé gravit bravement, et après les deux rivières de *Pourpeji* et de *Nouéou*, on tombe dans un marais fangeux formé par un ruisseau. L'âne s'y enfonce de nouveau dans la vase; mais au marais suivant il fait un naufrage complet. Nous le retirons avec grande difficulté et sans avaries pour la pauvre bête; mais nos vêtements étaient tout souillés. Nous suivons ensuite un bon sentier dans une plaine de mauvais terrains, bien boisée, suivie de montagnes dénudées, coupées de petits ravins et flanquées d'un mauvais sentier que nous longeons à la lueur des torches jusque sur les bords de la *Poya*. Depuis lors, les ateliers du télégraphe ont amélioré ces passages en jetant en travers des marais les troncs d'arbres et les branchages provenant de la coupe des poteaux. Puis on a commencé la route vers Poya.

La côte ouest, avec ses belles plaines, est celle qui convient aux grands éleveurs de bétail. Les propriétés sont des *runs* de 500 à 1,000 hectares, où l'élevage du bétail précède la mise en culture des terres et donne plus de profit, les récoltes étant trop souvent compromises par l'invasion des sauterelles.

Poya. — Il y avait à Poya un chef nommé *Mavimouin*, qui avait une grande autorité. Il avait autrefois la réputation d'avoir aimé la chair blanche ou noire, et particulièrement la chair de jeunes filles. C'était un homme intelligent, qui avait été notre ennemi et interné aux Loyalty, mais il s'était rallié à nous et il portait l'habit galonné. Il habitait *Négliaï*, ainsi que le jeune *Tom*, fils du colon Marianne, qui servait obligeamment d'interprète. Tous deux furent massacrés par les révoltés, le 11 septembre 1878, ainsi que M. Houdaille, le principal colon de cette localité.

Nous prenons douze Canaques pour guides. Ils se relayeront à Kôné, puis de tribu en tribu, selon l'usage.

Muéo. — On passe la Poya à gué à marée basse. On n'éprouve pas de difficultés à franchir ses affluents, plusieurs ruisseaux, un marais et un petit bois, car il y a une route de 13 kilomètres de Poya à Muéo. On atteint un fortin à *Monio*, appelé le poste de Poya. Puis on arrive dans la baie de *Muéo* où aboutit un petit chenal, à l'entrée duquel est construit un débarcadère abrité de la pluie et du soleil. On traverse à gué la rivière d'*Ouha* (ou *Wah*), qui s'élargit beaucoup, sans devenir plus profonde, lorsqu'il pleut, et l'on a devant soi le fort et le poste militaire, avec bureau de poste et de télégraphe et des propriétés de colons. Nous avons dû laisser à Muéo le brave Lélé, qui avait les jarrets très enflés et qui retardait inutilement notre marche. L'animal fut mis en liberté au milieu des magnagnas qui rampent dans ces terrains fertiles, et qui répareront ses forces perdues. Dans un voyage de moins longue durée, l'âne rendrait de grands services pour le transport des bagages et des vivres. C'est pourquoi nous avons voulu parler de Lélé. L'importation des mulets, des mules, des baudets, serait de grande utilité dans un pays de montagnes et d'exploitations minières et de pâturages.

Élevage du bétail. — En Nouvelle-Calédonie, l'élevage précède encore l'agriculture. C'est la conséquence du manque de population, de main-d'œuvre, de la présence des sauterelles, du fléau des inondations ou des ouragans. Un troupeau se décuple en huit ans. Les frais de garde sont presque nuls, le bétail vivant en liberté. Chaque tête exige 3 hectares. Or les pâturages valent en location 1 fr. 50 par an, un bœuf coûte donc annuellement 4 fr. 50 et, au bout de quatre ans, après une dépense de 18 francs, il peut être envoyé à la boucherie. Il n'y a pas à préparer de fourrages pour l'hiver. Les troupeaux paissent toute l'année en liberté et passent la nuit en plein air. On en fait seulement le rassemblement (muster) et le recensement chaque année. On a importé d'Australie 1,000 têtes de bétail en 1859. Aujourd'hui cent soixante-dix éleveurs seulement possèdent des bestiaux. Le chiffre des bêtes à cornes s'est élevé à 80,000.

Dans le but de protéger la race ovine si développée chez nos voisins d'Australie, la location des îles et îlots dépendant de la Nouvelle-Calédonie, sauf l'île des Pins et les Loyalty, a été mise aux enchères publiques, à raison de 1 fr. 50 par hectare; le prix de l'hectare est monté à 7 francs. Les baux sont de trois à dix ans. L'élevage pourra donc profiter de ces facilités. Des essais ont été faits à Sedan sur un ballot de laine provenant de la Nouvelle-Calédonie, en 1876. Il en est résulté qu'on devait encourager la production d'une laine semblable. »

Les *moutons* ne sont pas plus de 15,000. Une herbe mauvaise qui s'introduit dans leur laine et les fait dépérir, en a jusqu'ici entravé l'élevage sur la grande terre; mais on a préparé des pâtures débarrassées de cette mauvaise herbe, et l'introduction récente de béliers et de brebis de la bergerie de *Rambouillet*, sous la conduite d'un berger, va améliorer cette industrie et la production de la laine, qui est d'excellente qualité.

Les *chevaux*, au nombre de 1,500, viennent d'Australie. Il en existe aussi une petite race venant de l'île Norfolk; ces derniers, comme les ânes et les mulets, dont la propagation facile est à développer à cause de la nature montagneuse du pays, rendent des services aux petits colons et comme bêtes de transports. Mais le cheval d'Australie fournira au pays une bonne race. Aussi la *remonte de la gendarmerie et de l'artillerie* se fait-elle maintenant avec les produits de la colonie.

On compte en France, par trois habitants, une tête de bétail et cinq moutons, en Angleterre, 1 tête de bétail et 10 moutons ; en Australie, 12 têtes de bétails et 100 moutons.

Les chèvres et les porcs sont en grand nombre et prospèrent admirablement.

CHAPITRE IX

Les grottes de Pindaï. — Les Canaques. — Costumes. — Pipe et rasoir. — Cases. — Tribus. — Corvées. — Système d'irrigation. — Cultures. — Alimentation. — Cannibalisme. — Usages. — Organisation indigène.

Baie de Pouembout. — En quittant Muéo, si on longe le bord de la mer, on peut visiter en passant les grottes de *Pindaï*, dont l'entrée, à fleur de sol, est indiquée par un gros banian. Elles paraissent formées de roches calcaires à parois unies et ont dû communiquer autrefois avec la mer. On arrive ensuite à un grand marais salant qui borde la baie de *Pouembout*. On franchit d'abord par une percée la forêt de Pouembout, en laissant à gauche la baie du même nom.

La rivière de *Tio* est saumâtre ; mais on trouvera, à 200ᵐ de là, un ruisseau limpide, la *Wabi*, et sur la gauche un fourré de bouraos formant voûte et abritant trois cases, autour desquelles nous avons campé sans souffrir des moustiques.

Campement. — De grandes lianes formaient un second dôme au-dessus des branches des bouraos. La lueur d'un grand feu se projetait sur les feuilles vert sombre à revers blanc. La lune y mêlait sa clarté ; la mer mugissait. Les Canaques, nus, étaient assis en rond autour du feu, leur sagaie plantée devant eux, et leur chef se distinguant à une aigrette de plumes blanches. C'était une illustration des romans de Cooper.

En passant la baie, les naturels avaient tué d'énormes

Planche IV.

Guerrier masqué. Page 116

Jeune femme canaque. Page 94

Masque de Pilou. Page 116

CH. LEMIRE. — NOUVELLE-CALÉDONIE. — Challamel aîné, Éditeur.

crabes et des poissons, à coups de sagaie et même à coups de fronde.

Costume et repas des Canaques. — Le costume des Canaques *de l'intérieur* est primitif. Ils enveloppent leur chevelure dans un mouchoir noué en turban avec leur fronde, et souvent orné de verdure et de plumes. Ils portent un collier en poil de roussette, des jarretières ornées de coquillages aux jambes nues et des bracelets de coquillages ou de perles aux bras. Ils se mettent dans le lobe de l'oreille un rond de bois gros comme un bouchon, se serrent le ventre avec une ceinture de cuir ou de corde et se frottent la poitrine avec de l'huile et de la suie.

Les femmes, qu'on appelle « popinées », ont la chevelure courte et crépue comme la chenille d'un casque de carabinier ; elles ont la poitrine découverte et les reins ceints d'une ceinture de fibres de pandanus teinte avec le coleus. Elles fument la pipe et s'ornent le cou de colliers faits de graines ou de poil de roussette. Elles nourrissent leurs enfants au moins trois ans et souvent cinq ans. Elles sont flétries de bonne heure par suite des privations qu'elles subissent et des rudes travaux auxquelles elles sont soumises.

« Les Calédoniens, dit Félix Julien, sont sans doute originaires de l'Australie, mais, par le contact et la fusion, ont pu emprunter quelques-uns des caractères de la race polynésienne. »

La migration africaine de Madagascar ou du Malabar parvenue sur le continent australien est d'aspect hideux et repoussant. Le Calédonien, au contraire, se rapproche du type si bien conservé aux îles Samoa. La peau est couleur chocolat. Les pommettes sont plus saillantes que les nôtres ; mais moins que celles des nègres. Ils ont les yeux noirs et la conjonctive oculaire rougeâtre, ce qui leur donne une apparence farouche. A voir leur grandes dents blanches proéminentes, on les croirait tout disposés à goûter de la chair humaine. Ils diffèrent beaucoup des Australiens, auxquels ils sont bien supérieurs. — Hommes et femmes ont les cheveux crépus et courts, sauf quand les hommes portent le deuil. Leur front est évasé, leurs lèvres grosses et saillantes, le lobe de l'oreille agrandi et déchiré par les rouleaux qu'ils y introduisent. Ils se blanchissent souvent la chevelure avec de la chaux.

Si, dans l'intérieur du pays, le costume des Canaques est indescriptible et si l'on peut en habiller dix avec une paire de gants, les hommes sont obligés, lorsqu'ils viennent à Nouméa, de remplacer leur inexpressible par une culotte qu'ils portent collante, et les femmes leur ceinture ou « tapa » par une robe longue sans taille, un peignoir aux vives couleurs.

Le sauvage aime à alterner le costume d'Adam avec celui des Européens, et il est fier de se vêtir d'un *gilet* avec un chapeau haut de forme *sans pantalon*. On s'imagine ce qu'a de grotesque cet accoutrement qu'on n'admettrait même pas dans nos bals travestis.

Les colliers en pierres polies et percées, en graines, en poils de roussette, les bracelets de coquilles remplacent les attraits des femmes. Elles fument, comme les hommes, un tabac en figues ou en tablettes, très âcre et très fort. Leur pipe et leur couteau ne quittent pas leur ceinture, et souvent leur pipe remplace dans le trou de leur oreille le rond de bois qu'elles y mettent ordinairement.

Les hommes portent la barbe comme attribut de la virilité. Mais après un deuil, après une réconciliation, après la rencontre d'un ami longtemps attendu, on casse une bouteille de verre, on prend un tesson et l'on se rase mutuellement. Comme notre roi Louis XI, on n'a donc pas de meilleur compère que son barbier ordinaire. Quand on est seul à se raser, on a pour glace un tronc de cocotier. On y a creusé une cuvette que la pluie a remplie d'eau, dont l'aubier noir de l'arbre fait un miroir. On s'agenouille devant ce miroir d'eau claire et l'on se rase avec le tesson de bouteille.

Le tatouage n'est que partiel, il est plus en usage chez les femmes que chez les hommes. Elles se piquent dans la peau de la poitrine et des bras des brins d'herbe sèche, y mettent le feu et se font ainsi des petites tumeurs rondes et gaufrées disposées par rangées, mouches régence ou grains de beauté artificiels.

Alimentation. — Le Canaque se nourrit d'ignames, de taros, de patates, de bananes, de cocos, de cannes à sucre, de papayes, de poissons et de coquillages. L'eau de mer et les coquillages ajoutent aux aliments le sel qui leur manque.

Il élève des volailles et des porcs, mais pour en faire trafic avec les caboteurs et ne peut les consommer lui-même, parce que ces aliments ne suffiraient pas à toute sa tribu.

La récolte des ignames et des taros est dévorée dans de grandes fêtes que les tribus se donnent entre elles. Dans l'intervalle de deux récoltes, le Canaque, mourant de faim, s'emploie chez les Européens qui le nourrissent, ou en est réduit à manger des fruits, des racines, des sauterelles ou de la terre. Cette terre est une stéatite molle, en boulettes, se délitant avec la salive, ayant un goût légèrement sucré. C'est l'analogue de la *poudre à faire glisser les bottes*. C'est un chocolat trompeur qui engourdit l'estomac mais qui n'engraisse pas.

Ainsi nourri d'aliments végétaux, l'aliment azoté lui manque. Son instinct lui dit que la viande enrichirait son sang, et voilà pourquoi, dans un pays dépourvu d'animaux et de gros gibier, il lui est arrivé de manger son semblable.

Comme l'a dit *Toussenel*, le mal est moins de manger son semblable une fois mort, que de le tuer pour le manger.

Le soin de sa nourriture est donc la plus grande préoccupation du Canaque et la cause des pénibles corvées des femmes chargées d'y pourvoir. Aussi, lorsqu'on lui parle d'un grand pays comme la France : C'est donc un pays, s'écrie-t-il, où l'on ne manque jamais d'ignames!

Un Canaque faisait cette observation à l'évêque : Il est

peut-être mal, comme tu le dis, de manger de l'homme, mais ne dis pas que ce n'est pas bon, tu mentirais.

Un autre, qui avait deux femmes, demandait à être chrétien. On lui répondit qu'on le baptiserait quand il n'aurait plus qu'une femme. Il revint le surlendemain et déclara se contenter d'une seule épouse. « Que devient l'autre ? lui demanda le missionnaire. — Mi toupaï, popiné, — finish kaïkaï, — beaucoup lélé. — Je l'ai tuée, je l'ai mangée, c'était une bien bonne femme. » Telle fut la réponse du Canaque.

Voilà les gens que les missionnaires catholiques et protestants ont entrepris de civiliser et dont ils ont transformé les mœurs, au point qu'il existe dans les tribus chrétiennes un état civil dont nous profiterons plus tard. De plus, les missionnaires français leur apprennent le français et le chant en français et même en *latin*, tandis qu'on laisse les missionnaires protestants anglais leur apprendre l'anglais et ne se servir que de bibles anglaises.

Quelques indigènes cultivent du café et du maïs. Les cocotiers sont très nombreux et servent à faire l'huile de cobra.

Comme les Canaques ne payent d'impôts ni en espèces ni en nature, à part quelques corvées rétribuées pour la marine et divers services publics, il serait très avantageux de leur appliquer en petit le système employé par les Hollandais à Java et par les Anglais aux Fidjis. Le gouvernement devrait, dans leur propre intérêt, les forcer à augmenter les plantations de cocos, de café et traiter avec des négociants à l'entreprise de l'achat de leurs récoltes. Ces cultures se développeraient rapidement au grand avantage des indigènes, du commerce et de la colonie.

En campant avec nous, les Canaques dévoraient les restes des repas. Ils avaient tué une roussette, grande chauve-souris à tête de renard toute poilue ; pris de gros vers (nymphes de capricornes) dans un tronc d'arbre pourri ; cueilli des cannes à sucre, et mêlé au riz que nous leur donnions du lard et les entrailles de deux pigeons notous. Après ce festin, ils eurent la rivière pour se désaltérer et se baigner. Ils s'étendirent ensuite sous les ombrages de la rive, et, pour dessert, croquèrent les parasites dont ils se débarrassaient charitablement les uns les autres. Ils sont d'ailleurs communistes et partagent les aliments, les cadeaux, les fruits de leur travail avec leurs compatriotes.

Cases canaques. — Les villages canaques se composent de cabanes ayant la forme de ruches d'abeilles, avec une porte très étroite. Il n'y a ni cheminée, ni fenêtre. Ils s'y enfument la nuit pour se préserver des moustiques. On couche sur de la paille étendue autour du feu qui brûle au milieu de la case. Toutefois les cuisines communes sont carrées et ne sont closes que sur trois côtés. Un Européen y est donc plus à l'aise que dans les cases rondes pour y manger et s'y abriter même la nuit. Plusieurs villages forment une tribu, et les chefs des villages relèvent du chef de leur tribu. Les fils succèdent aux pères dans le commandement ; mais, comme les adoptions d'enfants sont fréquentes, il se produit, dans l'ordre des parentés comme dans l'ordre des dignités, de fréquentes et inextricables confusions.

Corvées. — Les Canaques doivent à leur chef la corvée pour les cultures, les constructions, la pêche, et les prestations en nature pour les diverses réjouissances de l'année.

Les tribus sont complètement indépendantes l'une de l'autre. Ce sont les mêmes mœurs, mais le langage est différent.

Chefs canaques. — Le grand chef est *le chef de l'oiseau* (*damu-ammani*) (1). Ce qu'on appelle à tort *l'oiseau* est une étoile en bois placée horizontalement au sommet d'une grande case. Il a droit aussi à une *main* au-dessus de sa case. Cette main est une palette à plusieurs dents ornée de coquilles. Il suspend à sa case de longs *tillits*, lambeau d'une étoffe

(1) Patouillet.

faite d'écorce de banian aplatie au battoir. Enfin, les pieux qui indiquent ses plantations sont ornés de cette étoffe et d'un *pigeon* en bois grossièrement sculpté. Dans les fêtes, il porte au petit doigt de la main gauche un petit *tillit* noir. Sa personne est inviolable.

Puis viennent les *chefs d paille*, qui marquent leurs plantations avec de petites bottes de paille et des tillits, mais n'ont droit ni à l'oiseau-étoile ni à la main. Les Canaques attachent une grande importance à ces insignes.

Voici d'ailleurs, d'après le P. Lambert, comment sont organisées les tribus canaques. Les Européens ayant avec les indigènes des relations incessantes, il est essentiel pour tous de s'initier à ces usages et à ces dénominations. Bien que ces renseignements s'appliquent spécialement aux tribus de Balade, de Pouébo et des Bélep, ils peuvent s'entendre également de toutes les autres tribus canaques.

Organisation des tribus. — « A la tête des agglomérations d'indigènes formées en petite société, nous trouvons un grand chef, ou le *Téama* ; un second chef, le *Mouéaou*. Le fils aîné du grand chef, héritier présomptif, s'appelle *Téa* ; la fille aînée, *Kabo*. L'attention se porte ensuite sur le dernier de ses enfants, qui prend le nom de *Dienguelot*. Si le chef n'a pas d'enfant, il adopte ceux de ses proches parents, soit un garçon et une fille, qui dès lors prennent les noms de *Téa* et *Kabo*, honneur très envié. La chéferie est héréditaire et la loi salique est en vigueur. Tout membre de la famille du chef porte le nom de *Aon* ; tous les autres sont *iambouets*, mot que nous pouvons traduire par « simples sujets ».

« Toute la famille du chef est environnée de grandes marques de respect. Mais c'est surtout le *Téama* qui est le point de mire, la gloire de la tribu. Dans l'esprit de nos insulaires, la tribu ne saurait exister sans chef, pas plus que le monde sans soleil. Le chef est le soleil de la tribu. Pour exagérée que soit cette figure, elle n'a rien pour eux que de très naturel. Quand un grand chef vient de rendre le dernier soupir, son successeur envoie porter aux habitants de chaque village le bref message que voici (il ne manque pas d'originalité ; on pourrait même y trouver le sublime du genre) : « Allez dire que le soleil est couché. » De même en Chine, quand l'empereur meurt, on annonce que « le Céleste Empire vient de s'écrouler. »

Les Néo-Calédoniens semblent comprendre qu'il doit y avoir quelque chose de sacré dans la personne revêtue de l'autorité. Les hommes ne passent près du chef qu'en se courbant avec respect. A son approche, les femmes s'écartent de son chemin et s'accroupissent, n'osant le regarder. Si elles sont obligées de poursuivre leur chemin près du lieu où il est, elles n'y passent qu'en rampant.

« Les pouvoirs et privilèges du chef sont fondés sur un droit coutumier qui, pour n'être pas écrit, n'en est pas moins exactement connu et rigoureusement observé. Le chef a ordinairement auprès de lui quelques hommes de confiance et conseillers intimes. Mais, pour les grandes entreprises, il consulte ou informe les hommes influents de toute la tribu, qui forment comme une espèce de grand conseil : c'est ce qu'ils appellent *Culaia mebou* (l'ordre des vieux).

Les deux événements qui ont le plus de retentissement à l'oreille de l'indigène sont la guerre et les grandes réunions connues sous le nom de *pilous*. Le chef est investi du pouvoir de déclarer la guerre, d'inviter les chefs des tribus voisines à ces fêtes populaires, de convoquer ses sujets pour leur assigner, par village, la part qu'ils doivent prendre à la construction des cases, à l'apport des vivres. A lui encore de punir ou d'autoriser le châtiment des graves méfaits. Le châtiment consiste dans l'incendie de la case du coupable, la dévastation de ses champs, et souvent la mort.

« La culpabilité est quelquefois recherchée d'une manière sérieuse dans des réunions publiques. Dans les cas difficiles, à défaut de preuves, on a recours aux opérations sortilégiques. Que ce soit l'évidence des faits ou le sort qui prononce, l'effet sera toujours le même. »

Propriété indigène. — Il n'est pas sans intérêt, après avoir indiqué le mode d'aliénation des terres en faveur des Européens, de faire connaître, sur la question de la propriété, les idées et les coutumes indigènes, d'après le même auteur.

« Nous distinguons, chez les indigènes, le domaine direct, ou propriétés particulières, et le domaine vacant, ou terrain inoccupé, que nous pouvons subdiviser en domaine commun à chaque village et domaine commun à toute la tribu.

« Les chefs, comme les simples particuliers, ont leurs propriétés bien reconnues et parfaitement délimitées. Dans un massif de cocotiers, ils connaissent exactement l'arbre qui est sur la limite, et ils ne se trompent, en cueillant les fruits, que quand ils veulent bien se tromper. Ces sortes d'erreurs occasionnent de vives disputes. J'ai vu des familles sur le point d'en venir aux mains parce que l'une avait empiété sur le champ de l'autre, et, si nous n'avions pas été là pour maintenir la paix, le sang aurait sans doute coulé. A l'époque où je vins m'établir à l'île Pott pour commencer à évangéliser cette petite population, voulant fixer ma case, j'arrêtai mon choix sur un coin de terre qui me convenait par sa proximité de la mer. D'accord pour l'achat avec le maître, je cherchai les manœuvres pour le défricher. Les propriétés sont si bien reconnues et respectées que mes hommes, n'ayant pas été témoins de mon entente préalable avec le maître, refusèrent de mettre la main à l'œuvre. Il fallut la présence du propriétaire et du vieux de la famille pour les convaincre. Alors seulement il me fut possible de faire planter ma tente. J'ai compris en cette circonstance que, pour une vente ou cession de terrain, surtout quand il s'agit d'un étranger, on demande l'assentiment de l'homme influent de la famille et du chef. Cette pratique paraît sage. Mais il ne s'ensuit pas que l'homme influent ou le chef soient propriétaires. La propriété est tellement sacrée que le chef, avec tout son prestige, ne saurait entamer celle de ses sujets, en se l'appropriant, sans soulever des récriminations.

« La propriété s'acquiert par succession et par donation, rarement par échange et par vente. Les enfants vrais comme les enfants adoptifs sont les héritiers directs. Remarquons pourtant que la fille qui se marie n'entame ordinairement en rien le domaine paternel; mais si elle se sépare de son mari ou devient veuve, elle garde un droit de retour sur les domaines de famille. Les indigènes ne connaissent pas le domaine *utile* possédé par location, mais ils prêtent volontiers du terrain pour une récolte ; je veux dire, il est passé en usage d'autoriser un proche, un ami, à planter dans la plaine aux ignames ou dans les champs propres aux taros. Car, s'ils tiennent à cacher certaines plantations de provision dans les montagnes, ou à les mettre hors de portée dans un lieu écarté, ils se plaisent aussi à planter ensemble leurs champs de parade qui doivent servir d'aliment aux nombreuses fêtes qui se font dans le courant de l'année. Tant pour honorer le chef que pour l'aider à supporter les charges des réceptions, chaque village a coutume de planter des champs pour lui ; mais il ne sera propriétaire que des fruits, et non du fonds.

« Le domaine non occupé autour de chaque village est considéré comme servitude de ce village. Aussi voyons-nous tous les habitants mettre à profit tout ce qui peut tourner à leur avantage. Dans les forêts voisines, tous peuvent aller couper du bois pour construire leurs cases, leurs embarcations et échalasser leurs plantations. Dans une circonstance, j'engageai les naturels qui étaient venus se fixer à la chrétienté de l'île Art, à aller couper du bois pour leurs nouvelles cases.

« Est-ce que, me dit l'un d'eux, les hommes d'ici ne trouvent pas mauvais que nous allions couper du bois dans leurs forêts ? » Malgré l'assurance contraire de ma part, ils préféraient encore apporter sur leurs embarcations du bois de leurs villages respectifs. Dans ces mêmes forêts, il y a certains arbres qui se chargent de fruits comestibles. A la saison, vous voyez la portion alerte du village, hommes et femmes, munis de paniers, qui prennent par petits groupes le chemin de la montagne. Ils vont à la recherche des fruits mûrs : à qui aura le plus de chance. Ils ne se permettraient pas d'aller ainsi dans la forêt d'un autre village, et ceux d'un autre village de venir dans celle-ci. Le poisson de la rivière, et quelquefois même du rivage de la mer, est considéré comme appartenant aux riverains, mais plus particulièrement au chef.

« Le domaine commun à chaque village a une limite morale, au delà de laquelle se confond le domaine commun à toute la tribu. Sur l'un et sur l'autre, le chef a une autorité générale. Un étranger qui violerait d'une manière grave les droits du village ou de la tribu soulèverait des querelles qui, portées devant le chef du conseil, se termineraient soit à l'amiable, soit par une déclaration qu'il y a lieu de prendre la lance ou le casse-tête : c'est la guerre.

« Il est important de ne pas confondre les biens incultes avec les biens vacants. Tout ce qui est plaine ou cultivable a ordinairement un propriétaire. Mais, vu le chiffre restreint de la population, nul homme qui ne puisse trouver à cultiver un champ. Le vrai pauvre ici doit se confondre avec le paresseux, qui, ne voulant cultiver, devient le parasite des autres. C'est la seule mendicité connue.

« L'homme qui n'a pas de terrain, ou celui qui veut en avoir davantage, trouve toujours au moins une parcelle de forêt à défricher, une lisière de berge fertile sur un ruisseau, un pli de montagne cultivable et pouvant être arrosé par les eaux du torrent bien dirigées. Le droit de premier occupant le guide. Mais, quand cette parcelle de terrain inoccupé aura été rendue féconde par son travail et ses sueurs, il en sera propriétaire dans l'estimation de tous, et, viendrait-il dans la suite à le laisser inculte, on le regardera toujours comme sien, et, après sa mort, propriété de ses héritiers. Tant que vivra le souvenir de prise de possession, personne ne viendra y cultiver sans qu'un certain droit de parenté l'y autorise. Ne les blâmons pas de les voir ainsi envisager le droit de propriété. Que ne sont-ils aussi sages sur tous autres points ! Mais que de saines idées à leur inculquer ! que de ténèbres à dissiper ! A nous, hommes civilisés, de leur apporter la lumière avec charité, sans violence ni injustice. Ne les contraignons pas à traduire les amers regrets que le poète latin a mis dans la bouche des bergers de Mantoue (1) : « Fallait-il vivre si longtemps pour voir enfin (ce que nous étions loin de craindre) un étranger, maître de notre petit champ, nous dire : Ceci est à moi ; vieux habitants, cherchez ailleurs un asile ! »

C'est dans la généreuse pensée de sauvegarder les droits respectables des premiers occupants du sol que la France, au début de son occupation, fit la solennelle déclaration du 20 janvier 1855 ; c'est également en vue de l'application de cet acte que fut commencée la délimitation des tribus indigènes, puis la répartition du territoire entre les villages, et enfin, dans un avenir malheureusement éloigné, la constitution de la propriété indigène individuelle. Ces trois étapes ne peuvent être parcourues que de concert avec le degré d'avancement des indigènes dans la civilisation.

Nédiou. — Le lendemain, nous avons passé un ruisseau très encaissé, le *Nédiou*, précédé de deux ravins à fond de roche, et le sentier, déjà perdu sous les hautes herbes, a disparu jusqu'à une bifurcation conduisant d'une part à *Goyeta*, au nord, et d'autre part à *Kôné*, directement dans le nord-est, sans passer par Goyeta.

Tiahoué. — Après le ruisseau *Mari*, on arrive sur les bords de la *Tiahoué*, belle rivière dont l'eau est très bonne.

---

(1)   O Lycida, vivi pervenimus, advena nostri
    (Quod nunquam veriti sumus) ut possessor agelli
    Diceret : Hæc mea sunt ; veteres, migrate, coloni !
                (Virg. Égl. IX, 2.)

Son lit, encaissé, est bordé d'arbres et de plantes magnifiques : pandanus, fougères arborescentes, figuiers canaques, lis étoilés. On y est à l'ombre pour la halte.

De splendides pigeons verts et des tourterelles semblables à des perruches, au plumage éclatant et varié, roucoulaient dans le voisinage. Un Canaque tua l'un de ces jolis oiseaux.

Le chemin est frayé entre deux monticules : le *Châ* à droite et le *Pô* à gauche. Une source tombe de quelques rochers dans deux bassins, où l'on peut pêcher des crevettes. L'eau coule à l'abri de bois de rose qui en conservent la fraîcheur.

Pont canaque. — Puis, au fond d'un ravin très escarpé, mais étroit, descend un ruisseau, le *Oué-Koui*, que nous avons passé la première fois sur un pont canaque d'environ 4 mètres de long sur 1 mètre de large. Les bois de ce pont commencent à pourrir ; il vaut mieux franchir le ravin à cinquante mètres sur la gauche. Ce petit pont prouve que les Canaques pourraient être avantageusement utilisés pour l'amélioration des sentiers, en donnant à leurs chefs et aux travailleurs une petite rétribution. Plusieurs sections de sentiers ont été entreprises sur divers points, avec des corvées canaques, sous la direction d'Européens ; mais on a craint de pousser les chefs indigènes à rendre eux-mêmes praticables les sentiers qui traversent leur tribu, bien que ce grand résultat eût été obtenu aux Loyalty.

Système d'irrigation canaque. — Après avoir dépassé le village de *Moketti* et ses plantations, on laisse sur les mamelons de gauche quelques cultures canaques de taros, d'ignames et de cannes.

Les Canaques excellent dans les travaux d'irrigation. Les cultures de taros sont placées sur les flancs des montagnes. Ils prennent l'eau des sources, ou l'eau de pluie, au sommet, la font arriver, en profitant de la pente, dans des rigoles circulaires et superposées, avec dérivation de l'une dans l'autre. Ils arrivent ainsi à alimenter des bassins dans des endroits très élevés, et, lorsqu'ils peuvent se procurer des bambous, ils font de véritables conduites d'eau et pourraient créer des chutes assez puissantes.

La Pouembout. — Peu après, le chemin est coupé par un petit marais formé par un ruisseau. Puis trois jolis ruisseaux coulent entre des ravins dont le dernier est bordé d'un nouveau marais. Bientôt on est en présence de la rivière de *Pouembout*, qui a 150 mètres de largeur et qui est garnie de beaux arbres. De l'autre côté s'ouvre un bois épais couvert de hautes lianes. Le voyageur y trouve un excellent abri sur un terrain sablonneux ; mais on y est assailli de moustiques. La rivière est fréquentée par les canards sauvages ; elle est difficile à passer par les pluies.

Dangers du voyage pour les femmes et les enfants. — Nous avons rencontré là trois Français et une femme, se rendant à pied de Bourail à Gomen. Épuisés de fatigue, sans vivres, sans guide, sac au dos, ignorant les obstacles de la route qui leur restait à faire, ils demandèrent à camper avec nous. Pour des Européens, le voyage dans ces conditions est extrêmement pénible. Une fois engagé dans les sentiers, il y a autant de difficultés à retourner en arrière qu'à aller de l'avant.

CHAPITRE X

Kôné. — Montagnes et marais. — Commerce indigène. — Numération. — Monnaies. — Ustensiles. — Langage. — Bambous gravés. — Musique. — Religion. — Le Tabou. — Femmes portefaix. — Route dans les nuages.

Kôné et ses marais. — En quittant le campement, après une nuit d'insomnie, nous traversons un petit bois très touffu. Le sentier disparaît sous des plantes rampantes qui prouvent la richesse de ces terrains, au milieu desquels le chemin est à percer. Les arbres manquent. On passe en deçà d'un pic on pain de sucre très reconnaissable, en laissant Goyeta beaucoup plus sur la gauche, le village de Panda sur la droite, et en se dirigeant sur le *Koniambô*. A l'est se dresse le *Poueiwa*, en avant du village de *Oura*. On traverse deux fois à gué la rivière de Kôné près des villages de ce nom. Elle a environ soixante mètres de large. Un village et un beau fortin avec blockaus s'élèvent, ainsi que les bureaux de poste et de télégraphe, de perception et d'état civil, sur ses bords, à neuf milles de la mer. Du matériel peut y être amené avec la marée, en deux heures et demie, dans un bateau de quatre tonnes. De Kôné, les transports peuvent se faire par eau à mi-distance de la baie de Pouembout. On vient de créer sur ce territoire un centre d'émigrants libres, dans de bonnes conditions.

A Kôné, nouveaux relais de guides et porteurs, jusqu'à la rivière de *Voh*.

C'est entre Kôné et *Gatope* que se trouve une série de

marais dangereux à traverser après les pluies. Ils sont formés par un ruisseau que gonflent les pluies descendant du *Koniambô*. Le sentier qui les traverse est bordé d'abord de bois de fer, puis de palétuviers, puis de niaoulis. Il y croît des joncs très élevés. Le fonds est une argile noire ferrugineuse, très bonne pour le remplissage des cloisons ou le dallage des maisons. La profondeur varie de soixante centimètres à un mètre. Leur étendue est d'une dizaine de kilomètres. Ils se terminent à la rivière de *Phiné*, dont le gué n'a pas moins de un mètre de profondeur. Plusieurs de ces marais se dessèchent par le beau temps. Lors de la construction de la ligne télégraphique, des troncs d'arbres et des branchages ont été disposés en travers, de façon à permettre le passage à pied ; mais on n'a encore pu le rendre praticable à cheval, d'autant plus qu'il est difficile à un cavalier de franchir la rivière de Phiné, dont les bords sont vaseux.

Montagne de Kaféate. — Maintenant on remonte au nord en contournant les marais et l'on suit les flancs de la montagne *Kaféate* ou *Koféate*, souvent appelée montagne de *Kôné*. Le roc en est taillé presque en escalier. La végétation y est maigre et rare. La pente est très rapide. L'ascension est très pénible par le soleil et la chaleur et dure trois quarts d'heure sans arrêt. De son sommet on jouit d'une vue splendide sur la plaine de la baie de Gatope. La brise est si fraîche qu'il n'est pas prudent de s'y reposer. Nos porteurs canaques firent l'ascension au pas de course, bien que pieds nus et chargés deux à deux de nos bagages. Une bande de Canaques venus de *Wagap* se rendaient à un *pilou-pilou* (fête indigène) à Voh. Les uns aidèrent les autres à porter les bagages ; les autres, nous devançant, allumèrent des feux au sommet, et, de chaque côté, ils poussaient des cris sauvages qui excitaient leur ardeur. La descente se fait sur un terrain argileux planté de niaoulis rabougris, très raide et très glissant lorsque le sol est mouillé ; elle ne dure que trente minutes.

Gatope. — Le sentier reprend entre le pic *Tha* à droite et le *Poujambi* à gauche. Un ruisseau nous fournit de l'eau douce à la halte. Puis, après un marais, on passe deux fois la rivière *Thaléa*, dont le premier bras a vingt mètres de largeur et dont l'eau est très saumâtre. On laisse sur la gauche un pic en forme de bonnet phrygien et la montagne de Gatope, à vingt-cinq minutes de laquelle était établi autrefois un poste militaire qui a été supprimé.

Rivière de Voh. — On a ensuite à franchir deux fois à gué la rivière très poissonneuse de Voh, près du village de ce nom et de la case du chef *Kiomakapoué*.

Une habitation européenne est à une demi-heure, sur la gauche. On s'y rend en suivant le cours de la rivière et en traversant des cultures et des allées de cocotiers. De la mer, une embarcation de quatre tonnes y remonte en quatre heures.

Le *pilou-pilou* empêcha le chef de nous procurer des porteurs. Les nôtres restèrent à la fête, non sans nous avoir volé notre poudre. Il y avait, en effet, plusieurs Canaques possédant de mauvais fusils, mais sans poudre ni capsules.

Commerce indigène. — Le pilou-pilou qui avait lieu dans les villages est à la fois une réjouissance guerrière et une réunion commerciale. Les différentes tribus échangent entre elles leurs produits, leurs ustensiles, leurs armes, leurs étoffes, leurs parures, leur monnaie. Une aigrette de plumes blanches ou de plumes de paon s'échange facilement contre un mouchoir ; un coquillage contre un porc. Les Canaques n'ont d'autre monnaie que la pointe diamantée de coquillages qu'ils usent jusqu'à ce qu'ils soient percés, et qu'ils enfilent : de sorte qu'un mètre de ce chapelet vaut environ cinquante francs. C'est encore plus primitif que la sapèque cochinchinoise.

Numération canaque. — « Les Canaques, dit le P. Lambert, peu versés dans les idées abstraites, se servent pour compter de la parole appliquée à des objets sensibles. Leur manière de procéder est tirée de la nature d'une façon aussi simple qu'ingénieuse. Ne pourrions-nous pas appeler leur méthode *système vigésimal*, par la raison qu'il prennent comme étalon des nombres à former le nombre *vingt*, qu'ils réalisent en comptant les doigts des mains et des pieds d'un homme. C'est le systsme des peuples qui vont nu-pieds. Ensuite, selon les besoins, ils multiplient ce nombre vingt ou le divisent par quatre. Leur numération successive ne s'élève que jusqu'à cinq, et se répète sur chaque membre digité de l'homme. Dans leur numération, ils ont trois termes différents, suivant qu'ils comptent des êtres animés, des objets sans vie, ou des objets de grandes dimensions.

Donnons des exemples. Les indigènes, fixant une main, disent sur chaque doigt :

Andeït mali	1 oiseau.
Andérou mali	2 oiseaux.
Andétion	3 —
Andélébat	4 —
Andénem	5 —

Voilà les termes admis régulièrement pour nombrer les êtres animés.

Poualaït oubi	1 igname.
Pouaron oubi	2 ignames.
Pouartien	3 —
Pouarbat	4 —
Pouanem	5 —

Tels sont les mots toujours reçus pour désigner les êtres sans vie.

Oualaït ouang	1 grand navire.
Ouaron ouang	2 grands navires.
Ouartien	3 —
Ouarbat	4 —
Ouanem	5 —

Voici pour les objets qui frappent les sens par leur grandeur relative.

Ce qu'ils ont à compter dépasse-t-il le nombre cinq, ils fixent l'autre main et répètent absolument les mêmes termes, ce qui leur donne le nombre *dix*, qu'ils expriment par le mot *toumlik*: ils ajoutent ensuite les doigts d'un pied et arrivent à quinze (*tsinlik*) ; passant enfin à l'autre pied, ils réalisent le nombre *vingt*, ce qu'ils appellent un homme *aïaït*, de *at*.

Ils vont maintenant compter, non plus par doigts, mais par homme complet, ce qu'ils font en plaçant à la fin du mot la terminaison *at* (homme), et, ce besoin se sent, il change le *t* final en *ï* ; et, au lieu de *ataït*, *atarou*..., ils disent :

Aïaït (un homme).................. 20 doigts.
Aïarou (deux hommes).............. 40 —
Aïatien (trois hommes)............ 60 —
Aïabat (quatre hommes)............ 80 —
Aïanem (cinq hommes).............. 100 —

S'ils veulent continuer leur opération, ils comptent encore jusqu'à dix, quinze et vingt, et s'expriment ainsi :

Toumlik atiet (dix hommes, ou 10 × 20) ou 200
Tsinlik atiet (quinze hommes, ou 15 × 20) ou 300
Aïaït atiet (vingt hommes ou 20 × 20) ou 400

Nous devons constater qu'ils font l'application de leur système d'une manière très variée.

Pour les mesures de longueur d'abord, s'il s'agit de perles, de monnaies, d'étoffes, ils emploient, pour la brasse, *amban* ; ils retranchent la dernière lettre du radical, et placent à la fin la terminaison ordinaire.

Ils ont ainsi :

Ambalaït..................... 1 brasse.
Ambalarou.................... 2 brasses.
Ambalatien................... 3 brasses.
Ambalabat.................... 4 —
Ambalanem.................... 5 —

Veulent-ils dans une fête compter un tas de cannes à sucre, ils prennent chaque paquet, et du mot *got* il font ;

Golaït....................... 1 paquet.
Gorou........................ 2 paquets.
Gotien....................... 3 —
Golabat...................... 4 —
Gonem........................ 5 —

Leurs champs d'ignames sont plantés par rangées ; la rangée se dit *indam*.

Pour les compter, ils appliquent la règle précédente, et s'expriment ainsi :

Indalaït............................	1 rangée.
Indalarou..........................	2 rangées.
Indalatien.........................	3 —
Indalabat..........................	4 —
Indalanem.........................	5 —

Mais, si l'envie leur vient de savoir combien ils ont de pieds d'ignames sur une rangée, *poun*, qui désigne tout pied de plante en général, se transforme ainsi :

Poulaït.............................	1 pied.
Pourou.............................	2 pieds.
Poutien............................	3 —
Poulabat...........................	4 —
Pounem............................	5 —

Et ils poursuivent leur numération, comptant toujours les unités par cinq jusqu'à vingt, et les vingtaines par cinq encore jusqu'à vingt, ce qui porte le résultat à quatre cents. Ils n'arrivent pas toujours à ce nombre sans se brouiller, et même tous ne seraient pas de force à conduire l'opération. Du reste, rarement ils éprouvent le besoin de dépasser ce chiffre ou même de l'atteindre.

Avant de quitter notre sujet, nous lui devons encore une remarque. Si nos indigènes veulent compter quelques menus fruits de la terre, pour hâter la besogne sans doute, ils comptent par trois. Prenant donc les fruits trois par trois, ils les passent en disant :

Magnilaït..........................	3 de l'espèce.
Magnirou..........................	6 —
Magnitien.........................	9 —
Magnilabat........................	12 —
Magninem.........................	15 —

puis ils recommencent jusqu'à ce que la quantité soit épuisée et le partage fait. »

Pour se faire comprendre de la plupart des Canaques, quand il s'agit de numération, le plus sûr est de s'aider d'une règle en bois sur laquelle on taille des coches, ou mieux encore d'une ficelle sur laquelle on fait des nœuds.

Il ne veulent pas accepter de monnaie de cuivre et ne reçoivent que les pièces d'argent. Ils comptent par pièces d'argent de dix sous et pour un franc cinquante ils disent trois dix sous. Ils appellent la pièce de cent sous un dollar. Ils prétendent qu'on les a trompés en leur donnant des sous neufs pour des pièces d'or et des pièces de quatre sous pour cinquante centimes. Il en résulte une très grande gêne dans les transactions. On ne peut procéder que par voie d'échange, et le mode le plus simple et le plus communément employé est de payer en figues de tabac, chaque figue revenant à environ quatre sous.

Pour obtenir des indigènes les objets dont on a besoin, il faut avoir recours aux moyens les plus bizarres. C'est ainsi que j'ai pu constater l'influence de la lanterne magique et des singes sur le développement du commerce. L'exhibition d'un couple de singes, animal inconnu des Canaques, les attirait chez un Européen qui en était possesseur. En outre, une lanterne magique faisait apparaître le soir, à leurs yeux, des figures étranges qu'un ressort rendait mobiles et qu'on disait être les fantômes de leurs anciens chefs. En venant assister au spectacle, chacun apportait un petit contingent d'ignames et de taros. Mais voilà qu'un soir, en revenant au village, ils aperçurent dans la forêt une énorme tête grimaçante qui les fixait avec des yeux étincelants et ouvrait une bouche de cannibale. Saisis d'une terreur panique, ils se dispersèrent en poussant des cris. Les femmes étaient éperdues de frayeur. C'était une plaisanterie de l'impressario qui, à leur insu, avait disposé sur un piquet, à la lisière du bois, une citrouille évidée et découpée, garnie intérieurement de bougies allumées. Les Canaques ne revinrent plus au spectacle et par suite n'apportèrent plus de provisions qu'en échange de monnaie et de tabac.

Ustensiles. — Parmi les objets dont l'usage leur est indispensable les haches de fabrique américaine ou anglaise ont été très recherchées ; les tribus de l'ouest en sont toutes munies. Il paraît qu'il en est de même sur la côte est ; mais les hommes de l'ouest ne quittent jamais cet ustensile en voyageant, tandis que les autres le laissent chez eux.

Les poteries canaques, en terre vernissée, ont été remplacées par des marmites en fer et les calebasses par des bouteilles.

Leurs haches en pierre polie ont cédé le pas aux haches en fer ou en acier ; mais ils ont conservé comme armes la sagaie et le casse-tête en bois, armes terribles dans leur main. Ils se servent habilement de la fronde, et les pierres ovoïdes qu'ils emploient démontrent qu'ils connaissaient la propriété des projectiles coniques avant l'invention de la carabine Minié en France. Les haches, les herminettes en pierre servaient à creuser des pirogues et à travailler le bois.

Les haches rondes étaient un attribut, un insigne de chef, et lorsqu'on devait tuer un chef ennemi puissant, c'est avec une de ces haches de luxe qu'on lui faisait l'honneur de le frapper.

Ainsi se trouve confirmées dans leurs résultats, jusqu'aux Antipodes, les savantes études de l'illustre Boucher de Perthes.

Les pirogues sont à balancier de bois et sont manœuvrées à la pagaye et à la voile triangulaire en natte de joncs. Elles sont simples ou doubles et creusées dans un tronc d'arbre.

Le seul instrument de musique est une flûte à deux trous. Les indigènes en jouent avec une égale facilité par la bouche ou le nez en se bouchant l'autre narine avec le pouce.

Pilou-pilou. — Ils aiment les réunions et les réjouissances bruyantes. Elles ont lieu à l'occasion des récoltes, de la mort ou de l'avènement d'un chef, des marchés d'échanges : ce sont toujours des fêtes guerrières. Les femmes ne sont que spectatrices et se livrent rarement à des danses entre elles.

Devant le groupe des guerriers s'avance le sorcier revêtu d'un masque grimaçant. Il gambade en brandissant une lance. Son aspect est terrifiant. Les autres guerriers ont les yeux et les joues teints en bleu ou en rouge, des plumets blancs, de la verdure dans leurs cheveux crépus, la poitrine nue et barbouillée d'huile et de suie. Ils se mettent à la file ou en rond, tenant à la main un bâton surmonté de plumes blanches, une sagaie, un casse-tête ou une hache. Ils s'avancent en frappant la terre en cadence, s'arrêtent court devant le chef ou le principal invité, déposent devant lui des présents : fruits, cocos, bananes, ignames, poissons. S'il s'agit du gouverneur, on lui apporte un coq blanc et des armes. Ce présent officiel, hommage de soumission au civil et au militaire, est suivi d'un autre cadeau, un cochon suspendu à un bambou par les quatre pattes. Cette offre est accompagnée de hurlements sauvages qui se joignent au grognement du porc et au gloussement du coq. Il faut avouer que ces présents sont assez difficiles à emporter avec soi. On les accepte, on y répond par des cadeaux de vêtements, d'étoffes, de tabac, d'argent et l'on renvoie les bêtes dans le village pour y être consommées. Le soir, à la lueur des torches, commencent des danses effrénées. Ce sont des contorsions du corps en cadence et accélérées qui se terminent par le formidable cri de guerre. Au milieu des forêts épaisses, autour des feux allumés, ces bandes de sauvages surexcités ont un aspect fantastique et terrible, et l'on a une idée des plus affreuses scènes de cannibalisme.

Les Canaques croient à la vie future, puisqu'ils honorent les morts, et surtout les chefs, par des fêtes funéraires ; ils croient aux esprits, aux revenants, aux sortilèges. Ils font aux esprits des offrandes d'ustensiles, d'étoffes, de fruits et de vivres. Leurs sorciers font la pluie ou la sécheresse, le vent ou le soleil. Les esprits de leurs aïeux vont tous dans une sorte de lieu de repos situé sous la mer. Quand il tonne, c'est que ces esprits reviennent irrités, et afin de les éloigner l'on promène sur le sommet des montagnes des torches allumées.

Le tabou. — Ils ont les ablutions, les abstinences et la coutume du *tabou*. C'est l'interdiction, la prohibition, la consécration imposée à un être ou à un objet.

Le *tabou* est mis sur un champ, pour préserver la récolte avant sa maturité ; sur une femme, pour lui interdire l'accès du village, bien que le mari lui-même ne puisse assister sa femme malade ; sur les habitations d'un mort et sur son tombeau ; sur les animaux, comme l'interdiction du porc chez les Juifs, par suite de la trichine.

Lorsqu'un parent ou un chef meurt, hommes et femmes se déchirent le bout de l'oreille. Il en est qui ont le bout de l'oreille déchiqueté en plusieurs lambeaux. On peut donc dire que leur deuil ne finit qu'avec la vie.

Le tabou atteint aussi les croque-morts. Lorsqu'un Canaque a enseveli un mort, il laisse pousser sa barbe et ses cheveux. Il enferme sa chevelure dans un turban d'étoffe de banian ou de peau de niaouli ; il ne se découvre jamais, et s'il était aperçu par une femme en arrangeant sa chevelure, il devrait faire des ablutions au fond des forêts.

Les femmes et les simples Canaques sont enterrés ; mais les corps des chefs sont exposés sur les montagnes, soit dans les branches d'un arbre sur un treillis de lianes avec des nattes, soit sur les rochers. On cherche à amener les indigènes à enterrer tous leurs morts dans des cimetières par mesure de salubrité publique.

Aujourd'hui les missions catholiques sont nombreuses en Nouvelle-Calédonie. Leur centre est à Saint-Louis près de Nouméa. L'établissement se compose des habitations, d'une belle église, d'une usine à sucre et à rhum, alimentée par une roue hydraulique, mue par l'eau d'un canal artificiel et servant aussi de scierie.

La concession de terre est de 3,100 hectares, y compris le joli village voisin appelé la Conception, où l'on vient d'ouvrir un pensionnat de demoiselles. A Saint-Louis, il y a des écoles pour les garçons et les filles canaques. Le village est pittoresque et la population s'augmente, tandis qu'elle dépérit dans les villages non civilisés.

Le nombre des écoles indigènes fondées par les Maristes est d'une douzaine. Les principales missions sont celles de Bondé, Pouébo, Amoa, Thio, Ouen, île des Pins, Lifou et Ouvea.

Aux Loyalty, la population, qui est de quatorze mille Canaques, est partagée entre les missions catholiques et les missions protestantes. Ces dernières sont anglaises en pays français. De là les luttes incessantes et des inconvénients très graves, que l'envoi de pasteurs français va enfin faire cesser.

Parmi la population coloniale, il y a beaucoup de jeunes *métis* garçons et filles. On les élève dans les écoles, dans les familles, et ceux qui, ayant perdu leurs parents, sont rentrés dans la tribu de leur mère pour retourner à la vie sauvage, vont être placés dans des ateliers européens. Les Canaques, voulant reprendre et garder les métis orphelins, il n'est que temps, au contraire, de nous les assimiler. Il n'y a pas en Calédonie de préjugés de castes et de démarcation entre les blancs et les sang-mêlés. Les jeunes filles métis font de bons mariages et ces unions sont généralement heureuses et fécondes.

On conclura sans doute de ces tableaux que les Canaques sont de grands enfants. S'ils en ont l'allure et l'intelligence limitée, on a vu qu'ils en avaient aussi les révoltes, et c'est ainsi qu'éclata l'insurrection de 1878, dont nous avons raconté les détails.

Depuis cette époque, en ce qui concerne les indigènes, la défiance est le sentiment qui dominera désormais à leur égard. Ce sont ceux en effet qui ont été le mieux traités par nous qui ont été les plus cruels et les plus acharnés dans la révolte. Ils ont frappé leurs victimes par derrière selon l'usage canaque. Ils les ont approchées par trahison en leur demandant un cadeau. Ils les ont mutilées. Ils ont massacré les femmes, les enfants, les Français, les étrangers, les Néo-Hébridais. Ils ont tué le colonel commandant militaire dans une embuscade et 200 colons par surprise et trahison. Désormais le pays étant occupé plus fortement par les postes militaires qui se tiendront sur la défensive, la protection des colons sera assurée et les Canaques maintenus rigoureusement dans les limites des territoires de leur tribu et strictement surveillés. Le renouvellement de leurs agressions n'est donc plus à redouter.

Temala. — De Voh, nous avons rejoint la rivière de *Temala* en deux heures. Elle a deux cents mètres de large. Nous avions de l'eau jusqu'à la ceinture. Au milieu, on trouve un grand îlot desséché. On la passe deux fois. A marée haute, un bateau peut remonter la rivière jusqu'au village de Temala. L'eau de la rivière est très saumâtre. Il y a toujours de bons et utiles coups de fusil à tirer sur les bandes de canards sauvages.

Difficultés avec les Canaques. — Comme il arrive souvent, nous n'avons trouvé personne dans le village, et nos guides ont dû aller très loin chercher de nouveaux porteurs. Les sentiers devenant de plus en plus difficiles, il est nécessaire de prendre avec soi, de tribu en tribu, des gens de la localité connaissant les parages, les marais, les gués; d'autant plus que les Canaques ne consentent pas toujours à passer sur le territoire d'une tribu autre que la leur, ni à voyager seuls.

Thipolep. — Après le village et le ruisseau de *Thipolep*, on laisse à droite le mont *Tindeu*, dont le sommet est dénudé. On marche dans la broussaille en se dirigeant vers le *Candawac*. On franchit la rivière entre ce mont et le *Kniek* à gauche, et l'on descend directement sur le *Oué-Lépano*, que l'on contourne par la droite, le long du village de *Ouanon*.

Knoka. — Le village de *Knoka* est caché dans une brousse épaisse et serrée. Le chemin disparaît sous les hautes herbes, sur lesquelles ces tribus prétendent mettre le *tabou*, c'est-à-dire interdiction d'y toucher, sans doute parce qu'on en avait besoin pour renouveler les toitures des cases. Devant la case du chef, nous avons vu, sur un piquet, un très beau crâne de jeune homme.

Kouanoué. — En longeant la montagne *Ouamdeboua*, on arrive au village de *Kouanoué*, de la tribu de *Panloche*. Nous n'y avons trouvé que des femmes, des enfants et un vieillard. Le chef *Bouameno* était parti diriger la plantation des ignames avec tout son monde. Il fut prévenu de notre arrivée, mais il ne revint pas. Nous ne sommes pas entrés dans le village. Comme la case des étrangers menaçait ruine, nous avons campé au clair de lune, malgré une petite pluie, sur les bords de la rivière de Pouanlot. Le lendemain, comme les hommes manquaient, ce furent des femmes qui prirent le reste de nos bagages sur leur dos. Elles n'avaient pour tout vêtement que le *tapa*, ceinture d'herbes desséchées. Elles étaient enchantées du tabac en figues que nous leur donnions pour bourrer leurs pipes. Ce sont des gens de cette tribu qui ont massacré les équipages de la *Reine-des-Iles* et du *Secret*, de complicité avec les villages voisins.

Watili. Épaves de navires. — En une heure, on parvient au village de *Watili*. Devant la case du chef sont placés : une dunette de navire anglais et un autre débris de navire européen. En avant de ces épaves sont plantés six piquets, le long desquels sont fixés avec de la paille des ossements humains. Les crânes qui surmontaient ces piquets ont été reportés sur les piquets de clôture, derrière la case, afin de les soustraire à la vue des Européens.

Plateau des Massacres. — Ces villages sont en face du *Plateau des Massacres*, et peut-être cette dunette provient-elle de la *Reine des Iles*. Quant aux ossements de l'équipage du *Secret*, ils se trouvent enterrés sous le monument élevé à Gatope, à la pointe de l'ancien poste. On sait que ce double attentat eut lieu en 1865, et fut commis par les Canaques de *Pouangué* et de *Pouanloït*. Une expédition eut lieu pour venger ces massacres ; mais elle ne put qu'incendier les villages, les habitants ayant fui après avoir caché la plus grande partie du butin enlevé à bord. Quoi qu'il en soit, ces débris de corps humains et de navires européens rappellaient tristement ces douloureux souvenirs du passé. De plus, ces tribus montraient qu'elles étaient loin du contrôle de l'autorité. Comme, à partir de Bourail, il n'y avait plus ni route, ni poste militaire, ni courrier, on a pu dire que « la colonie finissait à Bourail ». Depuis la révolte, des forts et des postes militaires sont échelonnés sur cette côte jusqu'à Gomen.

Les Canaques de l'intérieur ne peuvent plus venir à Nouméa sans une permission. Ils m'écoutaient avec défiance quand je les invitais à y venir ou à y envoyer des jeunes gens. Ceux qui parlaient le français ne le faisaient qu'à la dérobée, en particulier, et semblaient honteux de rendre leurs compatriotes témoins de leurs relations avec nous. La force ou l'emportement ne sont pas des moyens d'obtenir rien d'eux ; ils disparaîtraient dans la brousse l'un après l'autre.

Les bagages sont souvent la cause de beaucoup d'embarras et de retards, surtout à cause des rivières. Quelquefois, mais rarement, les Canaques vont jusqu'à montrer de la malveillance : ainsi, après avoir fait dire en quelle qualité je venais et demandé de l'eau ou des cocos, l'un des Canaques de Watili me répondit insolemment : « Donne d'abord l'argent, on te donnera des cocos ensuite. » Je remis à sa place celui qui avait parlé. Il fut chassé par les vieillards, qui firent apporter des cocos que je refusai d'abord ; puis ils furent acceptés, bus et payés avec des *dix-sous* donnés aux enfants du village.

A un voyageur isolé et dans le dénuement qui demandait sa route, les Canaques avaient dit : « Donne du tabac, ou de l'argent, ou ta chemise de flanelle, et l'on te montrera le chemin. » Ces faits montrent les difficultés qui peuvent surgir entre les indigènes et les Européens en voyage. Mais, actuellement, il suffit de suivre la ligne télégraphique, et l'on peut ainsi se passer parfaitement de guides.

Route dans les nuages. — Les femmes portefaix ayant été remplacées par des hommes, nous avons repris le sentier qui coupe la rivière de *Bouahinda*, encaissée dans des rochers. Nous foulions un terrain composé alternativement de grenaille de fer noir, de serpentine, de silicate de magnésie. Une atmosphère de vapeurs chaudes et à peine respirables enveloppait la montagne de l'*Homedjéboua*, qui a 1,240 mètres de hauteur, et descendait très bas sur ses flancs. Le tonnerre grondait ; nous marchions positivement dans les nuages, si épais qu'ils obscurcissaient le chemin. Nos caoutchoucs étaient percés par l'eau, et nos vêtements par la transpiration.

Tegounou. — Nous avions passé un grand nombre de ruisseaux et de ravines, les rivières de *Pouné* et de *Valé*. Nous pûmes nous reposer au joli village de *Tegounou*, de la tribu de *Taom*, établi en amphithéâtre et dominé par les mont Káálá qui ont 1,085 mètres de haut.

Dans la case du chef, nous avons vu un crâne humain sur un piquet. De là on domine la mer et la plage, les plaines de *Ouacó* et d'étroites vallées plantées de niaoulis rabougris longeant le village. Nous avons continué notre route en passant à gué le *Diahot-Taom* et le *Oué-Batchépo*.

Tépouo. — Vers le soir, après avoir traversé un mauvais terrain garni de bois de fer, nous étions en vue de la baie de *Gomen* et auprès du village de *Tépouo*, abandonné par les premiers immigrants français qui y avaient été établis en 1873. On vient maintenant d'y construire un camp de condamnés, employés par la nouvelle Compagnie de Gomen, qui possède à Ouacó une station de bétail et de chevaux gardés par des stockmen arabes.

CHAPITRE XI

Gomen. — Compagnie franco-australienne. — Les croque-morts. — Dépérissement des Canaques. — Bondé. — Cultures. — Café. — Les sauterelles. — La flore. — Les forêts.

Gomen. — Compagnie franco-australienne. — C'est à Ouacô que commence, à proprement parler, l'exploitation de la nouvelle compagnie de Gomen, dont le siège est à Paris. Une percée de quinze kilomètres a été faite de Ouacô à *Téoudié*; mais les ponts n'ont pas été entretenus et cette percée n'a jamais été achevée. On laisse sur la droite Tépouo, où conduisent une route et un sentier très praticables se raccordant à l'ouest de Ouacô.

Téoudié. — La nuit était venue, et nous tournions autour de *Cap Devert*, où la compagnie a son établissement principal à Téoudié. Des Canaques nous y ramenèrent par le bord de la mer, ce qui leur fit pardonner le vol d'une bouteille d'eau-de-vie.

L'ancienne Compagnie de Gomen établie à Téoudié n'a abouti qu'à la ruine. La plupart des familles d'immigrants venues de France ont quitté le terrain et se sont dispersées dans le pays. La concession de la compagnie était de vingt-cinq mille hectares, dont trois mille ont été payés immédiatement à raison de 75,000 francs; mais les frais d'enregistrement ont été soldés sur un taux d'achat de 625,000 francs. Les réserves de 22,000 hectares ne devaient être acquises qu'après la confection d'une route de 25 kilomètres, etc.

Le terrain qui longe la baie de Gomen et le rivage de la côte ouest n'est pas très boisé, et le sol n'en est pas très riche. Il est assez bas en certains endroits pour être inondé par les pluies, motif de l'abandon du village européen de Tépouo. Il n'y avait pas d'eau douce ; on a fait trois puits, dont un seul fournissait de l'eau potable. Ou a eu à lutter contre les difficultés de la main-d'œuvre à trouver. En un mot, la tentative agricole a échoué.

Le gouvernement de New-South-Wales avait ainsi donné, au début de la colonie, à l'*Australian Agricultural Company*, la concession gratuite de plus d'un demi-million d'hectares et du monopole des charbons, contre l'engagement d'introduire un certain nombre d'émigrants européens pour cultiver les terres concédées. Le contrat de la compagnie de Gomen, inspiré par des motifs semblables, devait conduire aux mêmes fins. Mais la Compagnie n'a pas su en profiter. Mise en liquidation, ses droits ont été rachetés par la Compagnie franco-australienne. Celle-ci pourra varier ses moyens d'action. En ce qui concerne Téoudié et les 23,000 hectares choisis dans ce périmètre, elle a, en vertu d'un contrat avec le Département des Colonies, obtenu la main d'œuvre de 300 à 500 condamnés pour les exploiter à peu de frais. Des sources pourront être trouvées ; une conduite d'eau en partie établie à Tinip, puis détruite, pourra être reconstruite. Dans la plaine de Ouacô, il y a des centaines de têtes de bétail et des chevaux. La Compagnie se propose même de faire de France à Nouméa et de Nouméa à Téoudié, un service de transports à vapeur. Elle exploite les mines de son territoire et s'est attaché un ingénieur des plus distingés, M. Ratte.

De Gomen un sentier muletier traversant les montagnes du centre se dirige sur Oubatche. Ce sentier achevé en 1880 est très pittoresque.

De *Koumak*, étape de la route des mines du nord et endroit minier, dans le fond d'une baie, la compagnie peut établir un service de bateaux à vapeur avec Nouméa et les mines, et, faisant arriver directement d'Europe et d'Australie les denrées et objets, créer la vie à meilleur marché dans les centres qu'elle approvisionnerait. Voilà pour le commerce. Un bureau du télégraphe relie actuellement Gomen au chef-lieu par Bourail, et au Diahot par Koumak. Il y a aussi un bureau de poste, un officier de l'état civil et un poste militaire.

Vastes concessions de terres. — Puisque nous avons cité la concession faite en Australie à une Compagnie agricole dans des conditions analogues, il est intéressant de rappeler ici qu'en 1858 une concession de 40,000 hectares avait été faite en Nouvelle-Calédonie à une compagnie anglaise, à la tête de laquelle étaient MM. Byrne et Brown. La concession était choisie d'un seul bloc de Canala à Saint-Vincent. La Compagnie devait introduire mille immigrants libres, dont un tiers blancs, le reste, Polynésiens, Malais, Chinois ou Indiens, engagés pour une durée de cinq à dix ans. Dans chacune de ces catégories, le tiers devait être du sexe féminin. Chaque immigrant devait recevoir un lot de 20 hectares. Il était stipulé qu'au cas où une seconde concession de 40,000 hectares serait demandée, la moitié des immigrants seraient Français ou Allemands.

Un peu plus tard, une dizaine d'agriculteurs et ouvriers français, dont le chef était M. Rumeau (de l'Allier), ayant réuni une somme de 500,000 francs, demandèrent 16,000 hectares, à la condition d'introduire, en deux ans, 16,000 moutons. En même temps, l'anglais Paddon obtenait 4,000 hectares à Païta ; M. Joubert, 5,000 hectares à la Dumbéa ; M. Vial d'Aram demandait 40,000 hectares. M. Kresser en sollicitait autant. Mais le but dépassait les moyens, et aucune de ces entreprises, à l'exception de celle de M. Paddon, ne put réussir. Le grand nombre des demandes de terres en Nouvelle-Calédonie s'oppose d'ailleurs à la concession d'aussi grandes étendues d'un seul tenant, dont la plus grande partie resterait longtemps inexploitée et improductive ou servirait à des spéculations C'est pour ces motifs qu'a été repoussée en 1882 la demande de 100,000 hectares à 24 francs.

Gomen. — Si l'on remonte vers le nord, il faut marcher

directement du *Tsiba* sur la montagne de *Kâdla*, de l'autre côté de la baie de Gomen, afin d'éviter les marais de *Tinip* et de Gomen et les palétuviers qui bordent la mer. On ne rencontre pas d'arbres ; on laisse Tinip sur la gauche, ainsi que Gomen, où un interprète, solide gaillard, nommé *Aïdoua*, fait les fonctions de chef.

La route est coupée par la rivière de *Pouéo*, après laquelle se trouve un marais, puis la rivière de *Pouilo* ou de *Pah*, du nom du village de la tribu de Gomen, où l'on parvient après avoir passé une brousse des plus épaisses, qu'on a percée à la hache.

Nous avons traversé à gué les marécages de Gomen, où l'on est infesté de moustiques. Les cocotiers deviennent plus nombreux autour des cultures canaques de patates douces (koumala), de citrouilles, de bananes, de papayes. Il paraît que la tribu de Gomen s'était battue, peu de temps auparavant, avec celle de Koumak, et qu'il y avait eu mort d'hommes. Nos gens étaient armés de frondes, de haches et d'un paquet de sagaies chacun.

Ce sont les plus beaux hommes de la tribu. A chaque torrent, à chaque halte, ils aiguisent leur hache et polissent des pierres coniques pour la fronde.

Rivière Youanga. — A une demi-heure de Gomen, nous avons passé la *Youanga*, qui a soixante mètres de large ; elle est dangereuse dans la saison des pluies. Il y a ensuite deux sentiers ; c'est celui de droite que nous suivons, en traversant le village de *Moagoulou*, un marais, de larges ruisseaux et de nombreux ravins. On marche sur la montagne *Tiouwandô*, en gardant le village de *Bouanlo* sur la droite. Plus loin, une percée de dix mètres de large s'ouvre à travers des niaoulis dans la direction de Koumak. Il faut s'éloigner de la baie et rallier *Tiouwandô*.

Koumak. — Le sentier de la baie passe au cap *Phaïa*, puis longe une série de marais qui entourent le village de *Koumak*. Ils sont recouverts de hautes herbes ou cachés sous d'épais ombrages. Nous passons le plus grand sur un cocotier entre deux eaux, ce qui exige des prodiges d'équilibre. Il ne faut pas s'y aventurer le soir. Il pleuvait. Nous n'avions pour boisson et pour bain que de l'eau croupie; mais les Canaques apportèrent des patates douces pour joindre à nos conserves de viande.

Pounoa. — *Pounoa* est le premier village où les femmes, bien qu'à peu près sans vêtements, soient restées avec le chef dans la même case que nous. La plupart des enfants étaient couverts de plaies scrofuleuses entourant spécialement la bouche et couvrant les jambes et les mains.

Mines de cuivre. — Une mine de cuivre, *la Boinoumala*, a été découverte, il y a dix ans, à Koumak, à quatre ou cinq kilomètres de la baie de ce nom. Les spécimens que nous avons vus étaient tous très beaux et très variés. Les sulfates bleus paraissent dominer. L'exploitation est faite par les inventeurs, aidés de Canaques qui appellent tous les minerais des *cailloux-monnaies*. Ce minerai de cuivre, analysé à l'École des Mines à Paris, a donné 9,30 pour cent.

Nos porteurs devaient être relevés à Pounoa le soir même ou le matin de bonne heure; mais, ayant eu le tort de les payer avant l'arrivée de nouveaux guides, ils nous abandonnèrent l'un après l'autre avec nos bagages. Malgré les cadeaux faits au chef, le tabac et le riz donnés aux Canaques, nous dûmes attendre les porteurs depuis quatre heures du matin jusqu'à neuf heures et demie.

De Koumak à Bondé, on laisse la rivière de *Mendana* sur la gauche, et l'on arrive à la rivière *Ngolo*, dont le lit est une large bande de cailloux d'environ 400 mètres, sans arbres. Cette rivière passe à l'habitation Colleux. Elle est remplie de cresson. On la traverse trois fois. Au village de *Kho*, nous n'avons obtenu des porteurs et des guides qu'avec les plus grandes difficultés, provenant principalement de ce que le plus fort des Canaques refusait de nous accompagner. C'était un grand gaillard, très bien proportionné, taillé en Hercule, et orné d'un grand turban de croque-mort (*taboué*).

Croque-morts canaques. — Les Européens ne doivent pas forcer les *taboués* à se découvrir. On reconnaît à leur coiffure, analogue à un bonnet de grenadier, qu'ils sons *tabous* en leur qualité de croque-morts.

De même il faut scrupuleusement respecter les sépultures.

Lorsqu'on a enseveli un mort sur le sommet des montagnes, à l'abri des grands pins colonnaires ou des banians, ou dans les anfractuosités de rochers escarpés, on place à côté de lui des ignames, une marmite, des sagaies et les principaux ustensiles de la vie canaque. Des étoffes fixées au sommet de piquets pointus et sculptés indiquent que le lieu est sacré. Nous avons vu des cadavres récemment exposés placés à fort peu de distance et au vent de villages et les Européens du voisinage se plaignaient de ce mode de sépulture, qui pourrait entraîner de graves dangers pour la salubrité publique, dans un pays où se rencontre la mouche charbonneuse : c'est pourquoi nous avons dit qu'il serait nécessaire de forcer les indigènes à enterrer leurs morts et à créer des cimetières, ainsi que cela se fait d'ailleurs dans les villages chrétiens.

Dépérissement de la race canaque. — On a répété que depuis quelques années le dépérissement de la race canaque avait beaucoup augmenté. De soixante mille, le nombre en est tombé à quarante mille ; mais il n'est guère aujourd'hui au-dessous de trente-cinq mille. Les causes de ce dépeuplement sont multiples : la dissémination des villages, le peu de relations entre les tribus de l'île, le manque de femmes, les alliances au deuxième et troisième degré de parenté, l'abus des spiritueux, des maladies mal soignées, la phtisie pulmonaire : tels sont les motifs qui peuvent amener, dans un avenir plus ou moins reculé, la disparition d'une race aujourd'hui fort utile et fort adoucie au contact des Européens. Nous ne traquons pas les indigènes, comme l'Angleterre, l'Espagne et les États-Unis ont été accusés de le faire ; mais, tout en les protégeant, il est à craindre que, par une loi irrésistible, la colonisation qui se fait aujourd'hui, avec les Canaques comme auxiliaires, ne s'établisse définitivement que sur des tombes. Du moins ne pourra-t-on jamais reprocher à la France d'avoir hâté ce moment. C'est avec tristesse, mais avec espoir, qu'elle cherche, au contraire, à le retarder de tout son pouvoir.

Fatigué de discuter et d'attendre le bon plaisir du taboué, je pris le parti d'aller en avant, pensant bien que les Canaques nous rejoindraient avec les bagages, ce qu'ils firent en effet, mais après les avoir allégés de douze kilos de riz à notre préjudice.

Ouveró. — Peu après, nous commençons l'ascension du *Ouveró*, masse de rochers à pic calcinés. Les pluies en rongent les crêtes et la croissance des arbres qui s'implantent dans les interstices en détache des blocs entiers. Nous grimpions de roche en roche, suivant un sentier étroit et tortueux, lorsque survint un orage et une pluie persistante.

Orage dans la montagne. — La pierre devenait glissante ; les ravins déversaient l'eau dans des entonnoirs qui s'écoulaient dans les ruisseaux, dont le volume, la force et le bruit augmentaient rapidement. Il nous fallut franchir deux de ces torrents qui charriaient des racines d'arbres et des branches. Nous ne pouvions nous déchausser pour ne pas nous meurtrir les pieds. Nos chaussures, d'ailleurs, étaient déjà remplies d'eau. Après avoir mis à l'abri nos papiers, nos montres et la boussole, nos Canaques furent rangés dans le torrent sur deux files serrées et nous firent passer de main en main, en nous maintenant solidement contre la violence du torrent. Plus loin, nous longions un cours d'eau au fond d'un ravin formé entre deux crêtes, celle du Ouvero à droite, celle du *Rahéo* à gauche. Le sentier, à peine marqué, était très mauvais, dangereux même, pour passer le col du *Bouani*, en traversant six fois le ruisseau qui en sépare les crêtes.

Nous atteignons ainsi, par des gradins d'ardoise grise, le sommet du *Teck*, d'où l'on distingue la montagne de *Pam*, et nous nous trouvons enfin, à nuit close, en pluie, affamés et bien fatigués, sur le *col de Bondé*.

Montagnes de Bondé. — Nous apercevons de là une lumière. Ne pouvant camper en cet endroit, ignorant qu'on ne pouvait arriver à Bondé qu'en décrivant une grande courbe, nous continuons la route sur le flanc escarpé des monts. Nous passons deux ruisseaux sur deux troncs d'arbres inclinés. Arrivés dans la vallée, nous y trouvons des cocos pour apaiser notre soif et des palmes pour faire des torches. Après avoir franchi la *Poiliamba* et être tombés dans la *Panioé*, qui est près du village, mis en émoi par notre caravane, nous sommes entassés par *Fidéli*, le chef du village chrétien de *Bondé*, dans une case où nous étions à l'abri de la pluie. Il était onze heures du soir. L'orage, la chaleur, les averses, le passage des cours d'eau, des ravins, des crêtes, des monts, nous avaient accablés de fatigue. Après avoir fait le thé, nous crûmes pouvoir reposer sur des nattes que nous n'avions obtenues qu'en insistant près de Fidéli; mais, à peine endormis, nous fûmes assaillis par des cannibales ailés, moustiques et puces, qui nous suçaient le sang impitoyablement. Cette nuit et la suivante furent passées à suivre la marche de la Croix-du-Sud et des autres constellations, en fumant des cigarettes. Il faisait heureusement un beau clair de lune.

Route des mines. — On évite toujours ce sentier peu praticable de Koumak à Bondé. On va directement de Koumak à *Mouendine*, ou mieux *Manguine*, par un meilleur chemin qui passe par *Diabé, Ballat, Oumbaranéa* et *Houaouvé*, et l'on revient de Manguine à Bondé par eau ou le long de la rive gauche du Diahot. On peut maintenant prendre la nouvelle route, qui va directement du village de Gomen à Bondé, sans passer par Koumak.

Bondé. — Le village de *Bondé* est en grande partie sur la rive gauche du fleuve, qui a, en cet endroit, cent mètres de large. La mission mariste se trouve sur la rive droite du Diahot.

En face du village, on aperçoit de suite une grande église, une école fréquentée par 50 filles canaques, la cure, entourées de quelques cases. Les indigènes passent l'eau à gué matin et soir pour aller à l'église prier et chanter en canaque, en français et en latin. Les villages ont un certain aspect de bien-être ; l'extérieur des cases est plus soigné. Elles sont environnées de belles plantations marnées avec des coquillages. Les habitants sont un peu plus habillés que dans les autres tribus. Ils sont polis, et tout Européen qui passe est salué d'un « bonjour » fort au-dessus des marques de servilité en usage à Java, au Cambodge, en Chine. Mais il faut dire qu'ils sont exigeants et âpres au gain, ayant été parfois trompés par des passants peu scrupuleux. Rompus de fatigue et entourés de gamins, nous leur avons demandé du bois pour le feu et de l'eau pour la théière. Ils ont commencé par nous en demander le payement en argent. N'ayant aucun besoin, ils refusent tout travail pénible, à moins qu'on ne les paye excessivement. Sachant que des Canaques gagnent cinq francs par jour aux mines, ils veulent cinq francs par jour comme porteurs. Les nôtres ont demandé, pour venir jusqu'à Manguine (deux heures et demie de marche) 2 fr. par tête. Ils ne voyagent pas le dimanche. L'autorité du chef Fidéli s'étend jusqu'au Caillou, limite du périmètre de Balade.

Nous avions été réconfortés à Bondé par une tasse d'excellent café récolté sur place. Les plantations sont fort belles et en voie de développement.

Cultures. — En Nouvelle-Calédonie, le maïs est jusqu'ici la culture la plus générale. Il remplace l'orge et l'avoine des pays de la zône tempérée et donne en outre une excellente nourriture pour les noirs, avec les tubercules du manioc. Le maïs peut être cultivé toute l'année. Son rendement varie entre 2,000 et 3,000 kilos par hectare et par récolte dans les meilleures terres et l'on peut en faire, si l'on échappe aux sauterelles, deux récoltes par an. Son prix varie de 15 à 20 fr. les 100 kilos sur les lieux de production.

La culture du blé, essayée à diverses reprises, a été loin de donner les résultats sur lesquels on comptait. Le produit dépasse peu les frais de culture et l'on n'a pas persisté à planter cette céréale. Les essais de culture de l'orge et de l'avoine tentés au pénitencier agricole de Fonwari ont donné lieu à cette singulière observation qu'il faut les planter en mauvais terrain pour en obtenir du grain. Sur de bonnes terres, on n'a absolument récolté que du fourrage.

Le sorgho fournit une graine abondante pour les volailles. La récolte des foins est moitié de celle qu'on obtient en Europe ; mais la luzerne peut donner jusqu'à huit coupes par an.

La culture du café se propage rapidement. Il est d'excellente qualité, bien qu'un peu doux. Les plants produisent au bout de trois ans et sont en pleine production à cinq, donnant 1 kil. 1/2 de café par arbre. La charrue est utilisée pour la culture du café, et c'est un grand avantage ; car dans les colonies où l'on cultive le caféier, il faut généralement y employer le travail manuel. Un hectare de terre peut recevoir 2,500 arbres et, pendant qu'ils sont jeunes, des haricots ou autres plantes potagères sont cultivées dans les espaces libres. De cette façon, le sol donne un rendement qui paye amplement la peine première. Il vaut mieux encore planter le café sous bois après débroussaillement et à l'abri des grands arbres, comme on le fait maintenant avec succès.

Le café en grains se vend, à Nouméa, 2 fr. 50 c. à 3 fr. le kilogramme.

La canne à sucre est cultivée par les indigènes dans toute l'île, mais seulement comme plante alimentaire ; on en connaît de vingt-cinq à trente espèces. Elle n'est généralement pas plantée par eux sur de grandes étendues, mais en touffes très espacées les unes des autres. Les résultats obtenus jusqu'à ce jour par les Européens qui se sont livrés à cette industrie ne permettent pas de donner une opinion définitive sur l'avenir qui lui est réservé, les tentatives qui ont été faites ayant eu à lutter contre les difficultés inhérentes à toute colonie naissante. Une des principales causes de l'insuccès a été due aux invasions des sauterelles qui ont eu lieu d'une manière périodique depuis huit ans et que l'on combat énergiquement depuis trois ans.

Le coton, le riz, le tabac, la vanille, l'indigo et généralement toutes les plantes tropicales viennent très bien en Nouvelle-Calédonie, ainsi que tous les légumes d'Europe, presque sans exception ; surtout si les semis sont faits en bon temps, soit de mars en août, et même septembre, si la saison est pluvieuse.

Tabac. — La culture du tabac a donné des résultats encourageants pour la quantité des produits. Le pénitencier agricole de Fonwari, qui en avait planté 40,000 pieds en 1876, obtint une fort belle récolte. Elle commença dès le mois de septembre et continua jusqu'en février. Elle fut environ de 6,000 kilogrammes. La qualité a été trouvée à Paris très médiocre. Ils contiennent trop de nicotine, ce qu'on peut éviter par une récolte hâtive, et ne renferment pas assez de carbonate de potasse, qu'on peut leur procurer en ajoutant à des engrais potassiques : 666 kilog. de sulfate de potasse, ou 773 k. de nitrate, ou 1,060 k. de carbonate, pour une plantation de 30,000 pieds à l'hectare.

Les plantes vivrières, telles que le manioc, les patates, les haricots, etc., celles fourragères, telles que la luzerne, le sainfoin, le trèfle, etc., et celles oléagineuses, telles que les noix de coco, de bancoul, le ricin, les arachides, etc., et tous les fruits si variés des pays intertropicaux, réussissent parfaitement.

Le riz se cultive surtout sur les terres de la côte est facilement irrigables.

Graines oléagineuses. — On sait que les forêts de la Nouvelle-Calédonie renferment de nombreuses plantes oléagineuses.

« Le bancoulier abonde partout. Le *milnéa* se rencontre dans tous les marais et à l'embouchure de tous les fleuves et rivières. Les calophyllum et cenharrenées forment des forêts entières d'arbres de haute fûtaie ; tous ces végétaux donnent en grande abondance des graines oléagineuses presque toutes perdues aujourd'hui pour le commerce et l'industrie, et pour lesquelles une presse a été montée dans l'établissement de Fonwari.

« Le milnéa n'est autre chose qu'un *carapa* donnant de l'huile comme celui de la Guyane, et identique aussi au *touloucouma* de la côte d'Afrique, dont la petite colonie de Gambie exporte chaque année pour huit à dix millions de francs de graines.

« Le *calophyllum*, vulgairement appelé *tamanou*, n'est pas une autre plante que l'arbre appelé *mu'ou* en Cochinchine et dont on extrait une énorme quantité d'huile.

« On ne parle du ricin que pour mémoire, il croît dans tous les bons terrains, et pourrait certainemement créer une branche de commerce.

Fécules. — Les plantes féculentes abondent dans la colonie. Sans m'étendre, a dit le botaniste Th. Lécart, sur le parti que l'on pourrait tirer des graines du *cycas* et de l'énorme produit donné par le manioc, j'appellerai l'attention des cultivateurs sur le *tacca pinatifidu* qui fournit une fécule appelée *pyà*. Le tubercule de cette aroïdée présente quelque analogie avec la pomme de terre ; à Taïti on en fait une grande consommation et il s'expédie en assez grande quantité sous le nom d'arrow-root.

« Cette plante croît à l'état sauvage presque partout. Les indigènes de l'intérieur paraissent ignorer ses qualités nutritives et ne s'en servent qu'en cas de disette ; mais pour l'Européen, outre l'énorme quantité d'excellente fécule qu'elle produit, on peut encore, par la distillation, obtenir de l'eau-de-vie de la pulpe et des résidus fermentés.

« Il en est de même des taros, ignames et maranta.

Racines de condiments. — « Les rhizômes de gingembre et de curcuma tapissent le sol de tous les bois, et sont en si grande quantité qu'une exploitation en serait fructueuse au prix modique de quinze à vingt centimes le kilogramme.

« Il serait à désirer que l'on trouvât un débouché pour l'écoulement de ces produits spontanés, qui peuvent d'ailleurs, par la distillation, donner des huiles essentielles contenant toutes les propriétés de la plante.

« **Écorces.** — La colonie possède encore dans ses forêts des arbres précieux, outre leur bois de valeur, par les écorces peu connues et qui peuvent servir, soit à la pharmacie, soit à l'industrie du parfumeur et du liquoriste.

« Ainsi le *monimia anisata* exhale un parfum très pénétrant qui donne à la distillerie une essence d'une odeur agréable ; il en est de même du *bielschmeidia*, commun sur les montagnes et dont l'amertume est si forte qu'elle sera employée certainement comme succédanée du quinquina.

Distillation de végétaux. — « En vue d'étudier les végétaux susceptibles de donner des essences ou des extraits et des ferments des matières féculentes, on a installé une petite distillerie d'essai. En distillant la canne à sucre sans en extraire le vesou, on a obtenu de sept à huit litres de rhum par cent kilos de cannes.

« L'ananas légèrement brisé et mis en fermentation donne jusqu'à 10 0/0 de son poids d'excellente eau-de-vie, nous avons indiqué combien la culture de cette plante serait productive, puisqu'un hectare, contenant 2,500 plants, donnera dès la première année plus de 20,000 kilogrammes de fruits, soit 2,000 litres d'eau-de-vie, d'une valeur d'au moins un franc le litre. Aussi une grande exploitation d'ananas pour la distillerie de l'eau-de-vie a été, sur ces indications, fondée à Nakéty par M. Rouzeau et a parfaitement réussi. Elle est en voie de grand développement. Ce sera une des grandes industries locales.

« Les produits spontanés des forêts qui ont été mis à l'étude et dont on a extrait les huiles essentielles, soit au point de vue thérapeutique, soit pour rechercher des parfums nouveaux, et par là, créer des ressources dans le pays, sont :

« 1° Le *carissa*, arbre de la famille des apocynées, dont les fleurs exhalent un parfum analogue à celui de la tubéreuse ;

« 2° Le *sandal musqué*, parfum pénétrant qui pourra être apprécié de la parfumerie ;

« 3° Le *monimia anisata*, espèce de laurier dont l'écorce exhale une odeur pénétrante, qui pourra servir aux liquoristes aussi bien qu'aux parfumeurs ;

« 4° La citronnelle ou *andropogum citriodorum*, graminée très commune qui a donné une huile essentielle, d'une odeur agréable et qui pourra servir aussi bien à la médecine qu'à la parfumerie ;

« 5° Le *niaouli*, cet arbre si commun en Calédonie, a fourni 2 0/0 d'huile essentielle qui paraît tout à fait analogue avec l'huile de cajeput et qui a une valeur supérieure à celle de l'essence d'eucalyptus. Il en existe deux ou trois distilleries en Calédonie.

« 6° Le *curcuma* donne aussi de 1 à 2 0/0 d'une huile essentielle qui aura assurément une valeur dans la pharmacie, vu es qualités aromatiques, excitantes, stomachiques et diurétiques de la plante ;

« 7° L'*eucalyptus globulus* a donné 4 0/0 d'un magnifique produit très recherché dans la thérapeutique et dans le commerce des parfums.

« Dans le but de tirer parti d'un produit très abondant dans les forêts calédoniennes, on a distillé la résine de *kaori* (dammara) pensant en retirer quelque chose d'analogue à l'essence de térébenthine ; on a obtenu un produit incolore d'une odeur agréable, bien supérieur à ce que l'on espérait et qui, certainement, trouvera son application dans les arts. Cette résine est très abondante à la Baie du sud et depuis longtemps on l'exploite en Nouvelle-Zélande. »

Les variétés de citronniers et d'orangers et les orangers sauvages sont répandus partout. Le commerce parisien abandonne aux Anglais la spécialité de ces bases de la parfumerie ou les demande à l'Australie au lieu de s'adresser à notre colonie. Nous devons donc attirer sur l'importance de ces productions et la facilité des échanges l'attention de nos compatriotes.

Textiles. — Les textiles sont très nombreux dans la colonie ; elle peut produire une grande quantité de fibres d'une certaine valeur et d'une grande utilité ; ainsi les fibres du bananier, dont on fait de jolis tapis, du pandanus dont on fait les chapeaux, de l'ananas, que l'on tisse, de l'héliconia, des aloës et des agaves ; celles du pachirysus, de l'hisbiscus et plusieurs autres. On a essayé au pénitencier de Fonwari la culture du coton, celle du jute de l'Inde et l'éducation des vers à soie, du mûrier, du ricin et de l'heritrhina.

Teintures. — Les teintures sont aussi nombreuses ; les coleus, le bananier fehi et plusieurs écorces et racines sont à étudier.

Apiculture. — Comme corollaire de l'horticulture, on remarque la facilité de propagation des abeilles. A Canala, à Uaraï, à Moindou, à la Fonwari, à Nouméa, on peut se procurer des ruches et on trouve, en parcourant les forêts, de nombreux essaims aux branches des grands arbres. A la Foa, on a ramassé cinquante essaims en moins d'un an ; ces actives ouvrières proviennent sans doute d'Australie. Le miel n'a pas le goût empyreumatique et sert aussi à faire de l'hydromel dans la saison chaude.

Flore néo-calédonienne. — La flore néo-calédonienne a été étudiée par Forster, par la Billardière en 1824, le R. P. Montrouzier (1860), le commandant Jouan (1861), MM. Vieillard et Deplanche, de Rochas, Balansa, Émile Bescherelle et Eugène Fournier, Pancher, Th. Lécart, etc.

En avril 1876, le ministère de la Marine a décidé qu'il serait formé à l'Exposition permanente des colonies un groupe distinct des plus beaux spécimens de la flore de chaque colonie, non seulement dans un but scientifique, mais encore et surtout au point de vue commercial. Le commerce des plantes exotiques à feuillage ornemental donne lieu en Belgique et en Allemagne à des transactions importantes. Il serait désirable de mettre les horticulteurs français à même de lutter contre le monopole étranger.

Chacun a pu voir, dans les salons de l'hôtel du Gouvernement, de magnifiques spécimens de plantes qui donnent une idée des splendeurs botaniques de l'intérieur du pays. Quant aux plantes importées, les jardins des environs de Nouméa, ceux de la Dombéa, de Koé, Nakutakouin, de Canala, de Nakéty, de Yahoué, de Saint-Louis, de Fonwary, etc., montrent quel parti on peut tirer du sol.

« Les végétaux des hautes altitudes de la Calédonie, dit encore M. Lécart, qui en a dressé un catalogue, peuvent faire l'objet d'importants envois en Europe. Ils sont fort recherchés par les grands horticulteurs de l'Angleterre, la Belgique, la Hollande, et voici les prix courants des grands marchés de plantes qui se tiennent à Londres, à Gand et à Rotterdam.

Fougères

Maratia. Valeur en Europe..... de 600 à 1,000 fr. la pièce
Augiopteris................... de 500 à 1,000 fr. —
Todea......................... de 200 à 300 fr. —
Cyathéa funebris.............. de 300 à 500 fr. —
Dicksonnia chrysostica........ 300 fr. —
Balantium antarcticum......... de 500 à 1,500 fr. —
Lomaria cycadeifolia.......... de 200 à 400 fr. —
Alsophila australis........... de 300 à 500 fr. —

Les six ou sept espèces d'*araucarias* que l'on trouve en Calédonie valent de 50 à 100 francs la pièce de 0^m,30 à 0^{m}80, de hauteur ; quelques-uns dépassent ce prix. Ils font, ainsi que les *dammaras*, des colonnes superbes.

Quelques plantes du genre *aralia* se vendent 150 francs pièce. Les *coleus* sont des plus variés. Le *cycas circinalis* se reproduit partout.

Il y a une vingtaine d'espèces de palmiers du genre *kentia*, qui valent aujourd'hui de 30 à 100 francs la pièce.

Parmi les arbres, nous avons montré combien le *niaouli* était précieux à tous égards.

Les *caoutchoutiers* seraient à exploiter, car les produits de cet arbre deviennent de plus en plus rares et chers en Europe.

Le *bancoulier* donne l'huile de camari et le *cocotier* l'huile de *coco*, de sorte qu'une savonnerie européenne, montée à Nouméa, fournit à toute la colonie le savon ordinaire.

Le *houp* est un bois incorruptible servant à faire des pirogues. L'*arbre à pain* donne annuellement des fruits savoureux et féculents. Il est à multiplier partout.

Le suc de l'*arbre à goudron* (rhus atra) engendre des plaies douloureuses, lorsqu'on débite sans précaution le bois vert.

Le *tamanou*, l'*ébène blanc*, le *chêne tigré*, le *bambou*, les *acacias*, le faux *acajou*, etc., etc., une foule de bois propres à tous usages abondent.

La colonie consomme plus de 6,000 *mètres cubes* de bois et de 5,000 mètres courants de planches. Elle ne peut se suffire à elle-même. Elle n'a que deux exploitations et quelques petits chantiers forestiers. Les bois de la Nouvelle-Zélande et de l'Orégon, qui valent tout débités 25 fr. le mètre cube *dans le pays d'origine,* sont donc amenés à Nouméa au prix de 100 à 150 fr. et même plus. Il est temps que la main-d'œuvre vienne permettre l'exploitation, facilitée par les chutes d'eau naturelles, des forêts situés sur le bord de la mer, le long de la côte nord-est. Quant aux forêts du centre, elles resteraient intactes, afin d'éviter un déboisement préjudiciable. Comme il y a peu de fourrés impénétrables sous bois, l'administration a autorisé les plantations de café en forêt. L'ombre, l'abri du vent, l'humidité et l'humus des bois concourront à rendre ces plantations très prospères et elles fournirent bientôt un grand élément d'exportation. Mais cette autorisation n'a été donnée qu'avec des restrictions défavorables et la mesure est à remanier et à compléter.

Dans ce pays, couvert de vastes forêts, il n'y a pas d'administration forestière, et l'on ne tire pas de ces incalculables richesses du sol le parti désirable, suivant les exigences du pays.

A l'appui de ce qui précède, voici l'énumération des plus belles essences exploitées et le prix auxquel on obtient dans le commerce le mètre cube de bois de charpente, sciage et en grume pour bâtiments; bois courbes, bordages et mâtures pour la marine :

Niaouli	charpente, sciage le m. c.		100 fr.	en grume	55 fr.
Chêne-gomme	»	»	»	115	» 60
Chêne-rouge	»	»	»	150	pas de grume
Azou	»	»	»	150	»
Sapin colonnaire	»	»	»	100	en grume 65 fr.
Kaori	»	»	»	110	» 70
Gaïac noir	pas de sciage	»		90	
Gaïac ordinaire	»	»		70	
Essences diverses, charpente, sciage	»		110	» 55	

Bois pour meubles :

Plateaux tamanou rouge ondulé	le m. c.	190 fr.
tamanou rouge ordinaire	»	130
pomadéri	»	125
Acacia gris	»	130
Acacia blanc	»	110
Milnea	»	250
Ébène, les mille kilog.	»	600

Planche V.

Mines d'or.   Mines de nickel.

CH. LEMIRE. — Nouvelle-Calédonie. — Challamel aîné, Éditeur.

CHAPITRE XII

Le Diahot ou Grand-Fleuve. — Pêche à la dynamite. — Mines d'or. — Le Caillou. — Les pierres du Massacre. — Un cratère à explorer. — Cavernes de Tchalabel. — Région des mines. — Pam et Balaboum. — Oégoa. — Mines de cuivre. — Balade. — Historique de la localité.

Le Diahot ou Grand-Fleuve. — Le Diahot est le cours d'eau le plus large et le plus étendu de la Calédonie, aussi s'appelle-t-il tout simplement « le Fleuve », comme les Cambodgiens disent, en parlant du Mékong, et les Égyptiens en parlant du Nil, « le Grand-Fleuve ». Le Diahot calédonien a quatre-vingts milles de cours. Il prend sa source dans les montagnes de *Tao*, près *Hienguène*. On longe la rivière par un très mauvais sentier rongé par les eaux ; elle a environ quatre-vingts mètres de large. Une goëlette peut remonter avec la marée jusqu'à mi-chemin du Caillou à Bondé. La goëlette de trente tonnes *la Maudoué* était mouillée au Caillou à notre passage, et nous a servi de maison flottante. Des embarcations peuvent aller à 15 kilomètres plus haut.

Des Canaques ouvriers aux mines étaient occupés à pêcher d'une singulière façon : ils déposaient au fond de l'eau, sur les bancs de sable ou de roche, une cartouche de dynamite qui n'éclatait qu'après qu'ils s'étaient retirés sur la rive. L'eau, soulevée par l'explosion, projetait en l'air des poissons dont les Canaques s'emparaient aussitôt. Le poisson se gâte très vite, lorsqu'il est pêché par ce procédé, d'ailleurs interdit dans les baies et rivières de la colonie.

Manguine. — Manguine est le centre des mines d'or. La veine aurifère a été découverte par les quatre mineurs Hook, Piper, Bailly et Borgnis, en août 1870 ; ils l'ont appelée la Fern-hill. Une trentaine de mineurs s'y étaient établis. Ils y ont amené des chevaux et du bétail par navires et même une fois par terre. Un Suisse y a conduit, à ce qu'il paraît, trois chevaux, trois mules, trois chiens, les uns traînant les autres à tour de rôle dans les passages difficiles, avec trois Canaques pour guides. On pense qu'au-dessous des pyrites aurifères se trouvent des couches cuprifères.

Le Caillou ou Pouémouala. — On continue à suivre le fleuve, qu'on ne traverse en bac qu'au *Caillou* (en canaque, *Pouémouala*). Il a environ cent cinquante mètres de large. Sur la rive droite sont les habitations des négociants et des agents de la Compagnie de la Balade, qui a un magasin et un débarcadère. Depuis que la Compagnie de la Balade emploie des condamnés pour la mine, l'importance du Caillou a diminué ; mais si les mines voisines sont bientôt exploitées, le Caillou deviendra une localité plus vivante encore que Oégoa, parce qu'elle est plus centrale et plus près du fleuve et des routes. Le courrier terrestre de *Nouméa* aux mines du nord est fait, à partir de Canala, par deux indigènes se relevant de tribu en tribu. Les lettres mettent huit jours pour parvenir au *Caillou*. Le vapeur qui fait chaque quinzaine le tour de la côte, en vertu d'un contrat avec le gouvernement, vient à Pam en quatre ou cinq jours.

Route du Caillou à Pam. — Si l'on se rend du Caillou (Pouémouala) à *Pam* par eau, on remarque sur la rive droite un chantier de réparations des chalands. La forêt de niaoulis de *Tittery* est à moitié route. Sur la gauche se dresse la roche *Mauprat*, de forme bizarre. Plus bas, la rive est coupée par l'entrée de la *rivière aux Canards*. Le mamelon de la *Sentinelle* ou *Pondaloi*, au pied de laquelle est une mine de cuivre, s'élève sur la droite. Il faut éviter deux bancs successifs. Ces bancs se déplacent souvent. Il faudrait une dragueuse pour améliorer la navigation sur ce fleuve, lorsqu'elle deviendra importante. A marée haute, avec un navire de trente tonnes, nous avons touché trois fois. Lorsque l'on fait le chemin par terre, chemin très praticable à cheval, le long de la rive droite, on traverse, au-dessous du sommet Pondolaï ou Pounolaï, le ruisseau *Boniac*. Plus loin, on voit encore quarante-cinq pierres de différentes grosseurs parfaitement alignées et rappelant aux indigènes le massacre de quarante-cinq hommes d'Arama, surpris, tués et mangés par les naturels des Nénémas, au temps du cannibalisme.

Pam. — Bientôt on aperçoit l'île de *Pam* sur la gauche, et, au pied de la montagne déboisée, l'ancien emplacement de la direction du port. On a creusé un puits assez peu profond ; mais, généralement, Pam n'a d'eau douce que lorsqu'il pleut. L'île est séparée de la grande terre par le Diahot, qui a quinze cents mètres de large à cette embouchure.

Balaboum. — En face de l'île de Pam s'avance la pointe de *Balaboum*.

Deux jolis ruisseaux coulent le long des cases européennes. La Compagnie de la Balade y a un agent et un magasin. On aperçoit de là le large et la rivière. Les navires abordent de préférence sur ce point. On peut y élever du bétail. Là aboutit le chemin qui vient de *Ouégoa*, centre des mines de cuivre. Ce chemin est praticable à cheval ; il est boisé et serpente au pied des montagnes. Il a environ vingt-cinq kilomètres. Pour tous ces motifs, la lieutenance du port de Pam a été transférée, avec raison, à Balaboum (Pouarabaoum), où il se trouve un bureau télégraphique.

Région des mines. — L'aspect de la région des mines a quelque chose de caractéristique. Depuis *Mouendine* jusqu'à *Balaboum*, les rochers semés dans la verdure des montagnes et éclairés par le soleil sont brillants ; la terre est brillante ; les ruisseaux, limpides, coulent sur un fond semé de paillettes brillantes ; les cailloux brillent comme des cristaux à facettes. La pluie forme une boue argentée ; c'est le mirage de l'or et de l'argent ; c'est une illusion de la nature. C'est la fortune à travers un prisme trompeur ; on est ébloui, fasciné. Ces rochers sont des blocs de micaschistes. Ces reflets sont dus à la profusion de mica répandue sur toute la surface de cette région. Il est mêlé à toutes les pierres, même au quartz blanc opaque ou transparent ; et c'est le cas de dire que « tout ce qui reluit n'est pas or ». C'est ce mirage qui a fait croire, un peu prématurément, que les richesses aurifères de la Calédonie étaient analogues à celles que possédait naguère la Californie. Cependant il est avéré que toute la chaîne des Tiari est aurifère.

Dans ces localités, où la nature a semé l'or et le cuivre, on ne trouve pas de monnaie ; les payements se font fiduciairement en bons d'une maison sur un autre, n'ayant de valeur que sur place. Il en résulte une grande gêne, surtout pour les personnes de passage. La langue que l'on entend dans ces parages a également son caractère spécial : chercher une mine s'appelle *prospecter* ; frustrer un inventeur de sa découverte se dit : *Djumper un claim* (*prospect*, regarder en avant ; *jump over*, sauter dessus ; *claim*, concession). *Reef, dish, nugget, shaft*, tout cela est emprunté au langage minier des Anglais d'Australie.

Nous avons gravi la montagne de Pam, qui domine le cours du Diahot, la grande *île de Balabio* et le *détroit de Varenne*, où vont se réfugier, au fond de la mer, les âmes des morts ; ce qui explique à la façon calédonienne l'agitation constante des eaux de cette passe, qui est leur vallée de Josaphat sous-marine.

On voit la tribu de *Thiari* sur la droite, et celle d'*Arama* sur la gauche. C'est un paysage très étendu et assez pittoresque. Comme le pays qui s'étend entre la mer et la rive gauche du Diahot a été jusqu'ici peu fréquenté par les Européens, à l'exception de la presqu'île de Poum, où l'on a découvert récemment des gisements de nickel, nous croyons bien faire en reproduisant ici la description qu'a faite le docteur Dauzat, en juin 1871, de cette région aurifère, de ces vallées, et des grottes remarquables de Tchalabell.

Villages des Aramas. — « On se dirige d'abord vers les villages habités par les Aramas, qui sont chrétiens ; puis, on entre dans les vallées d'Io, entre Arama et le mont Boilap, et de Tchalabell ou Diabell, qui s'étendant en arrière de Manguine et de Bondé sur une longueur de plusieurs milles. La distance, en ligne droite, qui sépare les bords du Diahot de ces vallées, est représentée par quatre heures d'une marche soutenue.

Cratère à explorer. — « Cette riche vallée est arrosée par le Ouonbane et le Poueni, qui, au sortir de gorges ténébreuses et boisées se réunissent et mêlent leurs eaux pour former la rivière de Tchalabell.

« Bientôt on pénètre dans le fond d'un immense cratère, vaste et profond entonnoir d'une forme circulaire. L'enceinte, qui est très haute et très abrupte, ne présente qu'une seule échancrure dont les deux extrémités sont couronnées par d'immenses rochers de carbonate de chaux. Leurs sommets, dénudés, dentelés, aux formes bizarres et fantastiques, dépassent de beaucoup en hauteur les monts de l'enceinte, et présentent, au milieu de cette nature bouleversée, un aspect des plus grandioses. On les nomme Adroro et Poueni. Au centre de l'échancrure s'élève le mont Toobidine, pareil aux deux précédents et sur la même ligne.

Poueni. — « Vu de près, le Poueni, le plus grand des trois, a tout à fait l'aspect d'un vieux château fort et d'un burg en ruines; créneaux, machicoulis, meurtrières, donjons, tourelles élancées, rien n'y manque. La nature s'est plu à l'orner de mille façons diverses. Des blocs énormes se sont détachés de l'ensemble et encombrent de leurs débris les flancs de la montagne, couverte, jusqu'au pied du colosse, d'une végétation luxuriante et vigoureuse d'arbres, d'arbrisseaux, de lianes variées et inextricables.

Tinguy. — « Le plus volumineux de ces végétaux, le patriarche de ce bois sombre et mystérieux, se nomme *Tinguy*, et possède une circonférence de huit mètres. Son tronc est droit, élancé ; ses énormes branches ne surgissent qu'à dix mètres du sol, et couvrent de leur ombre une vaste circonférence. Au pied de la montagne, on marche sur des fragments de marbre noir, blanc et rouge. Le temps m'ayant manqué, il m'a été impossible de visiter le fond de ce cratère. Ces curieuses recherches attireront sans doute d'autres touristes.

Grottes de Tchalabell. — « L'ascension du Poueni présente de grandes difficultés et des dangers réels ; mais ma curiosité était excitée à l'extrême par les récits merveilleux de mes guides, qui, d'accord avec la tradition du pays, me représentaient ce bloc gigantesque comme un mont sacré, dont l'intérieur avait longtemps servi de lieu de sépulture et de temple, alors que le fétichisme était à l'apogée de sa puissance. Une vieille passion de touriste se réveillant en moi, je me décidai donc à tout braver pour en pénétrer les mystères.

« Après avoir escaladé un nombre raisonnable de blocs et franchi plusieurs précipices, on arrive au pied du monolithe, qui tous les jours va en s'amoindrissant. Ses volumineuses corniches, ses monstrueux entablements, rongés par l'action des eaux, du soleil et du temps, finissent par obéir aux lois de la pesanteur et se précipiter dans l'abîme, écrasant sur leur passage arbres et rochers.

« L'intérieur de ce vieux et vénérable temple a été, par la nature, creusé, fouillé et travaillé de mille façons délicates et variées, présentant toutes un aspect varié et grandiose qui compense, et au delà, les fatigues de l'ascension.

« Les salles immenses, les portiques, les coupoles, les dômes, les rosaces, les chapiteaux, les colonnades élancées, les piliers massifs, les couloirs en spirales, les réduits obscurs, les excavations de toutes formes, de toutes dimensions, se succèdent sans se ressembler, et offrent à l'œil curieux un assemblage original et fantastique de toutes les formes, de tous les types des architectures connues.

« Les stalactites brillent de mille feux et renvoient aux stalagmites les reflets des torches, qu'éteignent parfois les chauves-souris, offusquées de voir un blanc franchir pour la première fois le seuil de ce temple redouté des indigènes.

« La plus grande de ces grottes est circulaire et n'a pas moins de cinquante mètres d'élévation. Des piliers énormes, adhérant aux parois, montent pour consolider la voûte et s'épanouir en une coupole d'une perfection qui ne laisse rien à désirer.

« De cette salle on arrive, par des couloirs étroits et humides qui descendent en spirales dans l'intérieur de la montagne, jusqu'à une autre grotte, qui renferme deux antiques idoles grossièrement taillées dans les blocs de calcaire ; elle est moins vaste que la précédente, mais d'une beauté non moins grande.

« Plusieurs grottes secondaires, d'un accès fort dangereux, renferment une quantité considérable d'ossements humains plus ou moins bien conservés. Quelques blocs échappés des voûtes, servant de sol à des cavernes inaccessibles, présentent les empreintes profondes et fort nettes des corps déposés dans ces cavités supérieures, et recouverts à la longue, par suite des infiltrations de la voûte, d'une couche de calcaire qui, en s'épaississant et se durcissant, a formé un demi-moule parfait.

« Je désirais orner le futur musée de Nouméa d'un de ces moules curieux ; mais leur poids et la difficulté insurmontable de la descente m'ont forcé à y renoncer, ainsi qu'à emporter les idoles, qui resteront plongées encore dans les ténèbres et la solitude, recevant quelquefois et en secret les soins et les offrandes des quelques vieillards fidèles aux antiques usages et aux dieux d'autrefois.

Le marbre qu'on rencontre en grande quantité au pied des trois monts atteste les effets produits par la chaleur et le voisinage des roches ignées. Leur influence métamorphique s'est fait vivement sentir, et a eu pour résultat la transmutation du calcaire compacte en un calcaire cristallin de toute beauté

« L'espace qui s'étend entre la vallée de Tchalabell et les bords du fleuve est occupé par des montagnes à plateaux, des contreforts allongés, à pente douce, et des bas-fonds possédant des vallons peu étendus, mais fertiles. Tout ce vaste terrain est complètement déboisé et couvert d'une herbe fine et épaisse qui conviendrait très bien à la gent ovine.

« Les emplacements convenables aux bergeries, au point de vue des eaux et de l'herbe, ne manquent pas, et, du haut de ces collines dénudées, il serait facile aux bergers de suivre de l'œil leurs troupeaux. La surveillance, si nécessaire à ce genre d'élevage, pourrait, sans grand inconvénient, s'effectuer à cheval. Avis aux colons qui voudront tenter cet essai.

Champ de bataille de Daquéboun. — « En descendant de l'enceinte et en se dirigeant sur Bondé, on traverse successivement des ruisseaux, et de profonds vallons ; on gravit une montagne du nom de Daquéboun, possédant un vaste plateau qui, dans les temps anciens, a servi de champ de bataille et de victoire aux vaillants tayos de Bondé. Ils sont venus en ce lieu combattre la puissante tribu de Gomèn, réunie aux guerriers de Koumac et d'Arama, qui méditaient une invasion à main armée. Cent quarante-deux pierres tumulaires, parfaitement alignées, attestent le courage des défenseurs de Bondé et le nombre des ennemis tués et mangés en ce jour mémorable.

« Le mont Pôot, qui forme le point central des mines et envoie dans sept directions différentes sept contreforts aurifères, est produit par la réunion à angle aigu de deux extrémités des grandes courbes formées par le double écartement de la chaîne latérale du Diahot, en arrière de Manghine.

« Vue de loin et de face, le mont Pôot avec ses deux courbes gracieuses, droite et gauche, ressemble de loin à un énorme oiseau déployant ses ailes avant de prendre son vol.

« Ce puy ou piton est de forme conique. Une étroite plate-forme de deux ou trois mètres de diamètre le termine. Un arbre d'un port élégant, un déalap solitaire, végète en ce haut lieu, et fournit une ombre bienfaisante aux rares amateurs de beaux sites et de riants paysages.

« Les flancs de la montagne sont assez abruptes, d'une couleur jaune tirant sur le rouge, et nourrissant quelques chétifs et maigres niaoulis.

« Le sol est composé de bancs énormes de schistes ardoisiers, friables et feuilletés en certains endroits, durs et compactes en d'autres, qui viennent émerger au milieu des argilo-schistes en voie de décomposition. Ces derniers sont recouverts, par places, d'une légère couche d'humus mêlé de fragments d'un quartz compacte, souvent caverneux, quelquefois colorés par des oxydes de fer, ou bien en union intime par une face avec l'ardoise pure ou schisteuse. Quelques-uns ont subi l'action d'un feu violent et en portent les marques indélébiles. Tous sont altérés dans leurs formes et leurs arêtes par l'influence puissante et combinée de l'air, de la chaleur, de l'eau et du frottement.

« Les sept contreforts rayonnent autour de leur centre commun, et, en enfants dévoués, soutiennent dans sa vieillesse le respectable mont qui les vit naître.

Fern-Hill. — Le Fern-Hill, ou Mont des Fougères, le plus long de tous, est le premier qui a bien voulu révéler, au profit de la race blanche, le secret et précieux dépôt que la nature lui avait confié. Il va dans l'est, baignant son pied dans le Diahot, dont il constitue la rive mouvementée sur une longueur de deux kilomètres et demi à trois kilomètres. Son extrême pointe forme promontoire et prend le nom de Pouyone.

« En punition de son imprudente faiblesse, ses flancs ont été perforés, déchirés par les recherches aurifères, et sa crête a supporté les nombreux gourbis de ses maîtres et persécuteurs.

Quand on reprendra l'exploitation de la mine de Fern-Hill ou Manguine, il s'y formera un centre plus stable pour lequel la nature a préparé d'avance les éléments d'une bonne installation : « Fleuve large et profond, sources abondantes, terres fertiles, forêts, ardoises, moellons, carbonate de chaux, rien ne manque ; tout est à une courte distance. Les fragments de quartz et les débris de différentes variétés de schistes abondent dans les ravins, au pied des collines et dans les vallons, où ils constituent une couche alluvionnaire d'une grande épaisseur.

Convulsions volcaniques. — « Le mont Pôot et ses contre-forts ont dû éprouver, à des époques éloignées, qu'il est difficile de déterminer, des convulsions volcaniques d'une énergie, d'une puissance incalculables, produisant dans le flanc de ces montagnes des déchirures profondes, à travers lesquelles les feux souterrains se sont frayé un passage, obscurcissant l'air de tourbillons de flammes et de noires vapeurs, brisant les puissantes couches schisteuses, les disloquant ; changeant d'une façon capricieuse le degré d'inclinaison des bancs voisins ; relevant les uns, abaissant les autres, et métamorphosant toutes les roches, ainsi qu'on peut s'en convaincre en descendant dans les puits aurifères.

Quartz éruptif. — « Ce spectacle sublime et grandiose des puissances occultes de la nature en voie d'enfantement s'est terminé, en guise d'apothéose, par un incomparable feu d'artifice de blocs de quartz éruptif lancés dans l'espace, et éclatant (pour la plupart au contact d'une atmosphère relativement froide) avec de formidables bruits, en milliers de fragments, qui ont couvert au loin le sol de leurs débris.

« Les dernières parties de ce quartz éruptif, qui sont restées dans l'intérieur de ces immenses fissures sans pouvoir émerger, ont subi, au contact prolongé de la chaleur, un changement de structure ; elles sont devenues légères, poreuses, et se sont imprégnées du précieux métal alors en fusion et mêlé, dans de faibles proportions, à de l'argent ; le tout agglutiné quelquefois à des gangues de sulfures de fer et de cuivre.

Concession aurifère. — « Le terrain concédé à titre de récompense aux quatre premiers prospecteurs est situé sur le contrefort de Pouyone.

« Des reefs puissants, au nombre de quatre, le traversent du nord au sud et les filons qu'ils contiennent renferment une assez grande quantité d'or.

« Sur le parcours de ces reefs, on a creusé des puits ; mais à une profondeur de neuf mètres, la dureté progressive des roches encaissantes n'a point permis de continuer les travaux d'excavation.

On installa sur place une machine à vapeur à 12 pilons pouvant broyer par jour 50 tonnes de quartz. Bientôt des infiltrations envahirent les puits. Le rendement était alors de 10 à 15 onces, c'est-à-dire de 1,000 fr. à la tonne.

En trois ans, cette mine a fourni 4,700 onces d'or valant 450,000 ; mais les déboursés étaient déjà de 700,000. On suspendit les travaux. Il est maintenant question de les reprendre et des recherches sont faites dans ce but.

Peut être vaudrait-il mieux transférer la machine à pilons de Manguine à Galarino ou Panié et opérer sur les filons constatés dans cette région dont nous parlerons en la traversant.

Galarino. — Abandon des découvertes. — Les filons rémunérateurs de Galarino ont été abandonnés par suite du découragement des mineurs et aussi du manque absolu d'outils spéciaux. Des fouilles nombreuses et superficielles ont été entreprises pour s'assurer si les flancs et le bas des collines et des vallons ne renfermaient pas de zone aurifère alluviale. Les résultats ont prouvé la présence de l'or, et c'est alors que les mineurs ont cessé l'exploitation pour essayer de vendre leurs concessions.

« Les ressources pécuniaires des mineurs sont en général fort restreintes : circonstance d'autant plus fâcheuse qu'elle coïncide, sur les mines, avec des prix alimentaires assez élevés, un crédit forcément limité et des difficultés de ravitaillement.

« L'union, l'entente au point de vue des travaux d'ensemble, les combinaisons économiques, les plans généraux d'exploitation, les connaissances les plus simples sur la matière, une direction habile, sage et bien entendue, l'esprit de cotisation, de société, manquent souvent chez les mineurs qu'enflamment quelquefois une étroite jalousie, une égoïste cupidité, heureusement momentanées.

« Les outils spéciaux, tels que les barres à mines, les leviers, les guindeaux, les cordages, les grandes machines à forer, à laver et à broyer, sont trop chers pour un seul, et leur privation est d'autant plus regrettable que presque tous les mineurs ne se munissent, en général, pour aller sur le terrain, que des instruments les plus simples du lavage à la main.

« L'intempérance, une mauvaise alimentation, réunies à des excès de travail, épuisent vite leurs forces et minent leur constitution.

« Le découragement prématuré, le manque d'énergie et de persévérance, ne sont pas rares et produisent toujours de tristes résultats.

« Les recherches trop précipités dans les environs jettent, par leur non-réussite, un discrédit fâcheux sur le centre lui-même.

« Les explorations lointaines, dans les territoires de Tiari, du Diahot, de Galarino et Panié, sont trop pénibles et trop coûteuses pour un seul ; cependant l'or d'alluvion, celui qui est le plus facilement à la portée de tous, est certes loin de faire défaut dans toute cette zone.

Élevage. Plantation de cocotiers. — La région du Diahot n'est pas seulement propice à l'industrie minière, mais la vallée est favorable à l'élevage du bétail. La culture y serait actuellement compromise par l'affluence des sauterelles. Le pacage des ruminants est le principal remède que le temps apportera à cet état de choses. Les cocotiers poussent dans ce sol avec une vigueur et une rapidité très grandes. Il y aurait profit pour tous à pousser les indigènes à planter en grand des cocotiers, qui seraient une source certaine de richesse, au lieu de laisser en friche les immenses terrains qui ne sont propres qu'à cette exploitation. Il est question de répartir entre les familles des mineurs libérés employés à la Balade une certaine étendue de terrain, qu'ils défricheraient et dont ils deviendraient propriétaires après un temps déterminé de travail dans les mines et sur leur concession. Cette idée mérite encouragement et c'est dans cette vue qu'on a créé en cet endroit un pénitencier agricole.

Oégoa. — La route de Pam à *Oégoa* aboutit à trois kilomètres au-dessus du Caillou, qui est relié à ce dernier point par une route et par un tramway.

Oégoa, ou Oengoa, centre des mines de cuivre, se trouve sur le flanc ouest de la montagne de Balade, descendant vers le Diahot. L'autre versant fait face au village, à l'ancien poste et à la mission de Balade, sur la côte est. En suivant la route boisée de Oégoa, on laisse à gauche l'ancien camp des condamnés arabes qui travaillaient au tramway et à la route. Ce camp a été abandonné en décembre 1876. On traverse un village autrefois peuplé d'environ 200 Européens (mineurs, fournisseurs, etc.) et aujourd'hui en décadence. On aperçoit un fort très bien construit; on trouve un bureau de télégraphe, de poste, de perception, une école mixte, un commissariat de police. Un garde-mine réside dans la localité. Après avoir rencontré de jolis ruisseaux, sur lesquels sont établis quelques ponts, on entre en plein dans l'exploitation de la mine de cuivre de Balade, dans laquelle la maison Rothschild de Paris a maintenant un intérêt considérable.

Mine de cuivre de Balade. — Cette mine, dont l'installation est due à M. Higginson, a été découverte par quatre soldats congédiés, en prospect d'eau pour leur absinthe, qui, voyant du minerai jaune et brillant, s'imaginèrent avoir trouvé assez d'or pour payer la Prusse et conserver pour eux-mêmes une honnête aisance. Quoi qu'il en soit, ce cuivre fut pour eux une fortune en grande partie dissipée comme elle fut gagnée. La tonne de cuivre coûte 18 francs de transport de Oégoa à Balaboum, à l'embouchure du Diahot, où les navires l'embarquent pour l'exportation. Le minerai, analysé à Paris, a donné jusqu'à 32 %; mais la moyenne des envois est de 18 de métal pour cent. La tonne vaut au Caillou 250 francs. Les ouvriers blancs étaient en 1878 au nombre de deux cent cinquante, parmi lesquels beaucoup d'Anglais, gagnant de 7 à 13 fr. 75 c. par jour, et des Canaques de 3 à 5 francs. Ces derniers étaient plus d'une centaine. Aujourd'hui tous ces ouvriers sont remplacés par les forçats, qui travaillent nuit et jour à la mine. Aussi la colonisation de ce centre a-t-elle été enrayée par cette mesure qui a, en même temps, rendu impossible toute exploitation des mines voisines.

Je descendis dans un puits de 20 brasses de profondeur, que l'on creusait jusqu'à 80 mètres, et dans les tunnels. Un directeur des travaux réside à la mine et un chef du chalandage restait à Balaboum.

La Compagnie la *Balade*, d'après des renseignements publiés à Nouméa, avait exporté, depuis sa fondation jusqu'à 1882, environ 36,000 tonnes de minerais divers, oxydes, carbonates et sulfures. Ces minerais ont été extraits, non pas en abattage, mais simplement en effectuant les travaux préliminaires de toute exploitation régulière, c'est-à-dire en isolant, sur une longueur d'environ 70 mètres, le massif de minerai compris entre la surface et le premier niveau, qui est à la profondeur de 20 mètres.

Le minerai est maintenant broyé et trié, afin de traiter avec économie des masses aussi considérables. Des chaudières et des machines à vapeur sont en place dans leurs bâtiments, aujourd'hui terminés. Des concasseurs et des cylindres broyeurs ont été montés. Il en est de même de deux laveuses mécaniques, construites d'après les systèmes les plus perfectionnés, et destinées à remplacer les tamis à secousse, mus à la main. Le massif actuellement ouvert à l'exploitation est fort diversement évalué, suivant l'importance que l'on attache au rendement de certaines portions du filon. Les pessimistes ne voient pas plus de 25,000 tonnes de minerai dans ce premier massif. Des juges d'une compétence irrécusable ont avancé le chiffre de 75,000 tonnes pour le même bloc.

La mine, comme on le voit, est destinée à tenir le premier rang parmi les mines de cuivre.

L'exploitation du premier massif est faite sur le pied d'une exportation mensuelle de 500 tonnes. Les communications étant actuellement assurées entre les ouvrages du premier niveau, l'abattage a été commencé. En même temps, les puits d'extraction continue ont été foncés pour l'aménagement du niveau suivant, qui est à la profondeur de 80 mètres, et ces travaux ont été achevés avant que l'abattage du premier massif soit terminé. En sorte que le chiffre de 500 tonnes par mois est loin d'être un maximum de production. Il va sans dire que le développement dans la production doit exiger l'installation en temps voulu de machines plus puissantes et d'un outillage des plus complets.

Un chemin de fer à traction a été construit pour le transport des minerais de la mine au Diahot. Avant son achèvement, le charroi était fait à l'aide de bœufs. De plus, le tonnage de minerai à charroyer peut être diminué d'un tiers par un simple grillage à l'air, qui, en exigeant une quantité illusoire de combustible, élimine une grande portion du soufre des pyrites.

Le transport du minerai à Pam se fait actuellement à l'aide de chalands. Le remorqueur à roues *la Marie* a été spécialement construit pour la navigation du Diahot, et aide au chargement des navires européens.

Tel est l'ensemble des travaux entrepris par la Balade, ensemble des plus intéressants, si l'on songe que cette compagnie peut exporter à elle seule, un tonnage minimum de 6,000 tonnes de minerai, ou l'équivalent sous un plus faible volume, soit en mattes, soit en cuivre.

Compagnie du Diahot. — La compagnie du *Diahot*, située au nord de la Balade, occupait un petit nombre d'ouvriers et exploitait sur une échelle infiniment moins large que sa voisine. Elle a éprouvé assurément des difficultés considérables relativement au transport de ses matériaux et de ses minerais ; aussi a-t-elle tenté d'ouvrir, par ses propres moyens, un sentier de communication qui devait la relier aux ouvrages de la compagnie Balade, afin de profiter du tramway à 10 francs la tonne. Ceci explique comment la compagnie du Diahot a jusqu'à ce jour exporté fort peu de minerai et a laissé sur le carreau de la mine une pile de 100 tonnes de pyrites au minimum, provenant d'ouvrages peu profonds et abandonnés faute d'argent. La concurrence d'une main-d'œuvre pénitentiaire à un prix dérisoire fera passer la société en d'autres mains.

Autres mines. — La compagnie la *Sentinelle* a certainement un avantage considérable, celui d'un transport par terre réduit à sa plus simple expression. La mine est sur le flanc d'une colline dont la base est baignée par le Diahot. En ce point, la rivière ne présente encore aucun des obstacles qui se rencontrent plus en amont et un navire de 200 tonneaux peut sans difficulter venir charger bord à quai. Le minerai est du carbonate vert, qui, à l'analyse, a donné des résultats compris entre 24 et 34 pour cent.

Le filon a été reconnu payable sur 23 mètres d'inclinaison et sur la même longueur en direction. Cette compagnie est aussi en chômage temporaire. Il en est de même de la compagnie *Poundolaï*. La galerie, de 70 mètres, avancée à travers bancs pour aller recouper la veine dite du *Volcan*, a rencontré, comme on le sait, un filon fort large et contenant peu de cuivre. Le travail n'a pas été complété, en ce sens que ledit filon n'a pas été vérifié en profondeur ni en direction, et cela pour des raisons purement financières.

Le motif de ce déplorable état de choses, c'est que le contrat offert à la Balade par le gouvernement lui donne pendant 20 ans la main-d'œuvre de 300 condamnés à très peu de frais. Au lieu de cannes à sucre à fournir à l'entrepreneur de l'usine de Bourail on a donné 600 bras aux propriétaires de la Balade. De là pour Oëgoa la décadence et la ruine. De là pour les autres mines, une concurrence ruineuse, contre laquelle il est impossible de lutter ; de là une perte permanente pour le trésor local, qui aurait à percevoir les droits d'exportation sur les autres mines à exploiter. Il faut espérer que cet état de choses sera modifié à l'avantage de la colonie, ainsi que le désirent d'ailleurs les intéressés dans la Balade.

Telles sont les mines de cuivre de la vallée du Diahot. Outre les compagnies Delaveuve, Patry, la 26° ou les Soldats, les Benis-en-l'Air et bien d'autres mines offrent des espérances qui, en Amérique où en Australie, justifieraient des recherches sérieuses. Toute la montagne de Balade n'est, selon moi, qu'un immense bloc de minerai ; car nous avons trouvé des spécimens, chemin faisant, sur le flanc qui fait face à la mer.

Collections publiques. — En septembre 1874, il y avait à Nouméa un commencement de musée, dont la principale richesse était une collection des minéraux de la colonie, provenant des mines découvertes et exploitées jusqu'alors. Ces minéraux avaient été classés, étiquetés et enfermés dans des vitrines où le public les examinait. C'était pour les étrangers, et surtout pour les Anglais venant d'Australie en excursion, le meilleur et le plus rapide moyen de se renseigner sur nos minerais et de voir les spécimens sans se déplacer. Le manque de local a fait disperser ce musée et ces collections ainsi que la bibliothèque publique. Il était désirable que ces institutions fussent au contraire développées et mises à la portée du public.

Village de Balade. — Le chef de Balade nous envoie dix Canaques porteurs et guides et nous faisons l'ascension de la montagne et du col de Balade. Le sentier muletier nouvellement créé pénètre dans une magnifique forêt, où l'on est ombragé par une végétation luxuriante. Des palmistes ressemblant à l'aréquier y abondent comme dans les grandes forêts des montagnes du centre et du sud. Sous bois vivent des chèvres, porcs et moutons échappés des troupeaux du voisinage. Le col de la montagne, élevée de 600 mètres, est presque dénudé. Du sommet, on découvre un vaste panorama : les montagnes, la plage, la mer, la côte Est sur une grande étendue, des cultures canaques et des plantations de cocotiers. C'est de là que Cook vit la mer baignant la côte ouest et reconnut que la Calédonie devait être une île.

La descente de la montagne est rapide. Nous avons ramassé sur la crête de beaux morceaux de sulfure de cuivre incrusté dans du quartz blanc. Nous avons laissé sur la gauche un ruisseau descendant dans un ravin boisé, et nous avons visité les ruines du poste militaire autrefois installé à Balade.

Ruines du fort. — Cet établissement était solidement construit, en pierres, en briques et en madriers. Les caves, les dépendances, les blockaus, étaient bien établis. La position dominant la côte était excellente. Les postes militaires, abandonnés aujourd'hui, ne dataient que de 1869. Les bâtiments auraient pu être entretenus s'ils avaient été loués sous conditions à quelques colons autorisés à cultiver dans le voisinage.

Quel splendide établissement agricole on pourrait créer dans cette vallée de Balade, déjà tant vantée par Cook, où coulent deux rivières (la Bouéra et la Boïaoup) et un ruisseau ; où l'on a la mer pour les transports, une route vers Pouébo, un sentier vers les mines, une forêt dans le voisinage, des bois de niaoulis, des montagnes pour les chèvres et les moutons, des pâturages pour les bestiaux, de la terre limoneuse pour les cultures.

Historique de cette localité. — Balade est une des localités les plus intéressantes à connaître dans la géographie calédonienne. C'est là, à Boïaoup, que Cook mouilla pour la première fois en 1774 ; c'est là, qu'en 1843 les missionnaires français fondèrent leur premier établissement. Ils y recueillirent et nourrirent les naufragés de la corvette la *Seine*, en 1846 ; enfin, c'est là que le drapeau de la France fut planté lors de la prise de possession du pays en 1853. Aujourd'hui que cette terre est devenue une colonie française, notre domination n'y est représentée que par un fort délabré et abandonné, par une route nouvellement réparée, et par une chétive case servant quelquefois d'église.

Pour ne pas perdre de temps, nous ne nous sommes pas arrêtés au village de Balade, qui est sur la gauche du fort. Nous étions heureux de fouler une route faite autrefois par les soldats de la marine et encore bien conservée. Elle a 5 mètres de large, elle est bordée de fossés et ombragée par des niaoulis. Nos porteurs, laissés derrière nous pendant notre visite aux ruines du fort, restèrent dans le village sans s'inquiéter de notre départ. Nos estomacs criaient famine. Nous ne pûmes nous procurer que deux cocos pour le boire et pour le manger, et nous repartîmes pour Pouébo.

CHAPITRE XIII

Pouébo. — Tchambouène. — Les requins. — Le Dugong. — Oubatche — Cascades. — Le pic des Braves. — Galarino. — Un chemin de chèvres. — Les tours Notre-Dame à Yenguène. — Le grand chef Philippe. — Sa carabousse. — Abandonnés.

Richesse du sol. — Après le village de Balade, nous passons à gué la rivière de *Bouéone*, qui sépare le territoire de Balade et de Pouébo. Au village de *Kimoé*, nous quittons les montagnes pour suivre, sur la gauche, un sentier fangeux coupé d'une infinité de ruisseaux limpides, que l'on passe sur un cocotier en travers (sans balancier). Le terrain est mou, noir, bien arrosé, riche. Les bananiers, les cocotiers et les autres plantations s'y étouffent en croissant trop serrés. Ce sont de véritables bois touffus d'un large feuillage vert sombre. Les régimes de bananes pourrissent faute d'air, en noircissant sur leurs tiges. Les Canaques, usant à discrétion du fruit qu'ils font cuire avant sa maturité, ne prennent même pas la peine d'éclaircir les plants pour s'en assurer les produits en les améliorant. Le chef de Pouébo était seul dans un champ, en train d'arracher la moitié des jeunes cannes qui avaient poussé trop abondamment. On voit combien est inexacte l'appréciation laconique de certains dictionnaires de géographie sur la Nouvelle-Calédonie, décrite en deux mots : « Pays stérile. »

On reprend ensuite le pied des monts. Nous passons devant une maison européenne ornée de grenadiers et de ceps de vigne qui produisent deux fois l'an. Le propriétaire prétend même avoir fait trois récoltes. A la nuit tombante, nous traversons à gué le *Diahot-Pouébo*, qui a 40 mètres en cet endroit.

Pouébo. — Un fortin en ruines nous attriste par son aspect délabré et par les souvenirs qu'il rappelle. C'est là qu'en 1867 des gendarmes et une famille française furent massacrés par des Canaques de la tribu de Mouélébé. Le 6 novembre 1868, jour pour jour, heure pour heure, il y eut un nouveau massacre de six soldats, qui furent mangés. Un calvaire de trois croix domine le pays, du haut d'un sommet. Sur la gauche s'élève la nouvelle et très belle église, dont la blanche façade guide de loin les marins sur la mer. Une grande école et divers bâtiments se groupent autour de cette église. Une jeunesse nombreuse anime le village canaque.

C'est à Pouébo que l'on trouva de l'or pour la première fois en Calédonie, en 1863 ; mais, depuis lors, les recherches n'ont pas donné un résultat suffisamment rémunérateur.

Nos canaques ne nous rejoignirent que dans la nuit, et, sans la maison hospitalière où nous arrivions l'estomac très creux, nos jambes fatiguées de quarante et un jours consécutifs de marche auraient refusé tout service le lendemain.

Nous reprenons la route percée en 1869 par les soldats, aidés par soixante transportés, sur le flanc de la montagne boisée ; mais nous nous rapprochons du bord de la mer. Il faut, au contraire, continuer par la route garnie d'arbres que suit le bétail, et qui passe par *Gabari* et par *Bouahiba*, jusqu'à Tchambouène. Nous rencontrons plusieurs habitations européennes, des rizières peu étendues, mais bien irriguées et pouvant donner trois récoltes par an. Un colon nous montre une huile qu'il a découverte dans un tronc d'arbre, et dont il a recueilli une dizaine de bouteilles. Cette huile brûle très bien, sans mauvaise odeur. La noix de l'arbre écrasée donnerait également une huile comestible ou médicinale. Des échantillons adressés à Nouméa ont été analysés sans résultat utile.

Tchambouène. — Nous traversons à gué la rivière de

Tchambouène, qui a trente ou quarante mètres de large, au delà du village, et, après le passage de l'*Oué-Ouambou*, qui a vingt mètres de largeur, et du village de *Boueongo*, nous retrouvons la route, large de dix mètres et boisée.

Oubatche. — Elle coupe l'établissement de M. Henry, qui est le débarcadère d'*Oubatche*, et passe devant le poste militaire, situé sur une éminence dominant les rivières d'*Arama*, sur la droite et celle de *Temboad* à gauche, sur laquelle il y avait un pont que les eaux ont emporté pendant le cyclone de février 1876 et que l'on a refait depuis. Il y a à Oubatche un bureau de télégraphe et de poste.

C'est dans l'ouest d'Oubatche que se trouve le pic Malézieux, où seize soldats d'infanterie de marine résistèrent pendant quarante heures, sans vivres, sans boire autre chose que leur urine chaude, à douze cents Canaques, qui les entouraient en brûlant les herbes jusqu'à eux. Heureusement la balle d'un habile tireur tua le chef ennemi. A la tombée de la nuit, les assaillants se retirèrent en emportant son cadavre et notre vaillante petite troupe fut délivrée.

Une route traversant les montagnes et les forêts du Centre relie Outbache à Gomen par Ouénia. Elle a 62 kilomètres.

Cascades. — L'eau d'une source descendant de la montagne et amenée par un petit canal nous offre une douche bienfaisante et réparatrice. Nous franchissons à gué la rivière de *Yambé*, d'après le nom du village, le *Ouékha*, le *Diahoué*, qui précède le village de ce nom, dont les cultures sont dévorées par les sauterelles. Nous voilà au village établi sur les bords du *Oué-Bout*, qui descend de la montagne en cascade mugissante formant, dans les amoncellements de roches détachées, de limpides bassins couronnés d'arbres toujours verts. Ce n'est plus ensuite, sur notre droite et le long de la route, qu'une série de cascades dont la blanche écume sillonne les flancs abruptes des montagnes boisées, en égayant le paysage.

Il nous faut passer plusieurs rivières à la nage, avec l'aide des Canaques. Sur la plage de la mer abondent les coquillages genre *Tridacne,* communément appelés *Bénitiers.*

Tao. — Plus loin, il fallut nous déshabiller complètement et passer à gué, sur un fond semé de coraux, deux bras de mer successifs de plus d'un mille chacun. Nous arrivons ainsi à la nuit au village, momentanément vide, de *Tao.*

Panié. — Le lendemain, après trois heures de marche et le passage du *Oué-Thit,* qui a 50 mètres de large, nous arrivons au grand village de Panié. L'aliki ou chef de tribu fut très empressé. Nous fûmes retenus chez lui par la marée. Il y a dans le village une petite case construite par des Européens. Elle est entourée d'arbres, parmi lesquels des cocotiers, des arbres à pain et des *caoutchoutiers.*

Quant aux caoutchoutiers, les naturels nous ont dit que des côtiers anglais leur avaient déjà appris que le suc laiteux de ces arbres, devenus si rares, servait à faire des vêtements imperméables. C'est une culture à développer, ne fût-ce que comme plante d'ornement. En outre, depuis qu'on l'emploie en télégraphie, ce produit est devenu très cher en Europe.

L'arbre à pain ou maïoré existe en plusieurs endroits, notamment sur la côte Est, à Ouagap et à Hienguène. On ne saurait trop en recommander la multiplication. Il a été reconnu qu'il vient ici plus facilement de graines que de boutures. Son écorce fournit des tissus durables. A Taïti, son bois est utilisé pour les constructions, et on estime que les fruits de trois arbres suffisent à la nourriture d'un indigène pendant toute l'année. Il paraît, en effet, que cet arbre peut produire annuellement cinq cents fruits de plus de 500 grammes, féculents et nourrissants. De même, il serait facile de faire venir des muscadiers aromatiques de l'île de Tanna (Nouvelles-Hébrides), qui en possède en abondance. Cet arbre demande un terrain frais, ombragé, à l'abri du grand vent. La Calédonie présente ces conditions en bien des points.

Mine d'or de Galarino. — On a découvert en 1877, à *Galarino*, près Panié, de très beaux échantillons d'or. Les recherches très soutenues de quelques pauvres, mais courageux mineurs, ont été suspendues faute de capitaux et de bras.

Le prospect de l'or est fiévreux et passionné : il mène à une ruine complète, au découragement, ou à une fortune subite, inespérée. On ne saurait donc parler de ce métal sans appréhension et sans crainte. Et cependant il est impossible de nier que nous ayons trouvé des indices sur plusieurs points de notre parcours. Notre mission ne nous permettait malheureusement pas de nous arrêter. Mais un jour le hasard trahira les secrets du sol. Nous avons trouvé de même des sulfures de fer au clivage brillant comme l'argent, et, dans les rochers d'Oualème, près Hienguène, sur le versant Est de la montagne de Balade, qui fait face à la mer, et en plusieurs autres endroits, du minerai de cuivre. Le temps révélera cette constitution souterraine. La présence de l'or, d'après les données géologiques comparées à celles des pays aurifères, et particulièrement de l'Australie, a été affirmée par le docteur Clark, savant géologue australien, le R. P. Montrouzier, l'ingénieur des mines Jules Garnier, l'ingénieur Ratte. Dès 1863, on a constaté la présence de « couleurs aurifères » à Saint-Louis, entre Hienguène et le Diahot, à Pouébo, à Panié, à Arama ; puis, plus tard, à Manghine (Diahot), à Galarino et au mont Dore.

Le lamantin. — Les gens du village venaient de prendre encore vivant un lamantin femelle, gros cétacé mammifère, sans dents ni défenses, la bouche et la langue hérissées d'aspérités destinées à happer une nourriture végétale. Il avait 3 mètres de long et 2 mètres de circonférence. Il pesait environ 500 kilogrammes. Ce poisson fut chargé sur une pirogue double et envoyé à Philippe Bouarate, chef de Hienguène, tribu dont relève le village de Panié. Philippe nous en fit goûter quelques jours après ; il nous semblait manger du porc.

Le lamantin est inoffensif comme le phoque. Paissant les prairies sous-marines, il détruit les agglomérations d'herbes qui obstruent l'embouchure des rivières tropicales. Il se montre souvent sur les côtes de la Guyane. D'après Toussenel et Verne, la destruction de cet animal fait que les végétations vénéneuses se multiplient sous les zones torrides, que leur putréfaction empoisonne l'air et cause la fièvre jaune, comme la rareté des baleines emcombrera les mers de poulpes et de calmars, qui les infecteront.

Dans le nord de la Calédonie, on rencontre plus fréquemment, comme sur la côte Est de l'Australie, le dugong, qui porte deux défenses à la mâchoire supérieure.

Ouaïème. — En une heure, nous atteignons le village de Ouaïème ou Ouïsième. Là commencent les roches à pic surplombant la mer profonde, sur une longueur que j'estime à 500 mètres. Il faut bien se cramponner aux racines solides et n'avancer qu'avec prudence. En une demi-heure, nous étions sur les bords de la baie d'Ouaïème. Une pirogue nous attendait à un point large de 100 mètres, semé de bancs de sable.

Rochers dangereux. — Au fond de la baie, une cascade descend de la montagne. Le passage en pirogue dure 10 minutes. Débarquant sur l'autre rive, nous reprenons l'escalade des rochers, élevés de 700 mètres à pic, en nous laissant glisser dans de profondes cavernes, en visitant un puits d'eau douce enclavé dans la pierre, en sautant sur les roches plates, et en posant le pied en équilibre sur les crêtes des roches aiguës. Le passage est difficile partout; il n'est dangereux qu'en certaines places. On ne peut le franchir qu'à marée basse, attendu qu'à un certain moment on est forcé de se mettre à la mer. Il ne faut ni craindre le vertige, ni s'effrayer des vagues qui déferlent avec fracas contre la paroi de pierre. Il s'agit d'avoir bon pied, bon œil, de se munir d'espadrilles, et de suivre bien attentivement le Canaque qui vous guide en avant, tandis qu'un autre est prêt à vous soutenir derrière : On ne peut revenir en arrière une fois engagé. En avant de nous marchait une caravane d'indigènes, hommes et femmes, le dos chargé, mais les mains libres. Le passage dura une heure et demie, et je compte trois kilomètres de trajet. Nos guides furent très serviables en cette occasion. On nous avait dit qu'ils refusaient de passer ces rochers, au pied desquels des requins se tenaient en permanence. Notre seule précaution consista à envoyer nos vivres par bateau au-devant de nous ; mais, comme ils n'arrivèrent que le lendemain, nous passâmes tout le jour sans manger.

Il ne faut pas s'exagérer les dangers du passage d'Oualème. C'est une question curieuse de physiologie que les influences physiques du milieu où l'on se trouve. Ainsi, telle personne qui est prise de vertige sur un sommet très élevé, comme les tours Notre-Dame ou la tour Saint-Jacques, ne ressent aucune impression semblable en se tenant sur des rochers, sur la cime de hautes montagnes, pour contempler de vastes étendues de pays. Il faut attribuer cela peut-être à ce que, du haut d'un monument, le vide est à pic au dessous de soi. On dirait que l'appui va nous manquer sous les pieds ; on ne sent aucun moyen d'assurer son centre de gravité et de rétablir l'équilibre normal. On craint une chute mortelle à laquelle porte, par effet de la pesanteur, l'attraction de la masse au-dessous de soi. D'autre part, la présence soudaine de l'homme sur le sommet d'un monument, en face de l'immensité libre, dans un simple but de curiosité, ne peut se comparer à une ascension lente, pénible, graduelle, dans un but forcé, ce qui tient l'esprit et le corps occupés et les met dans un état d'effervescence en rapport avec la force physique déployée et le but cherché. C'est ainsi que le moral en arrive à dominer la nature ; l'âme reste maître de la bête, ce qui n'a pas lieu dans le premier cas. Il en est de même pour la douleur matérielle, qui se ressent à peine au milieu de ces exercices violents. Les meurtrissures des pieds, les écorchures des mains, les brûlures du soleil, tout cela passe inaperçu dans le moment. C'est ce qui explique comment on songe si peu aux blessures dans l'animation et le feu des combats. Le cavalier et son cheval, continuent néanmoins à se défendre et à lutter. Tandis que, lorsque le calme de l'esprit et des sens est rétabli, il y a réaction et il s'en suit un affaissement d'autant plus grand que la secousse a été plus forte. De là, pour les voyageurs, les combattants, les explorateurs, les marins, comme pour les acrobates et les chevaux de course, un entraînement préalable qui les met en état d'affronter les périls, les coups, les blessures, la vue de l'espace, et de forcer l'âme à commander à l'autre au moment où de grands efforts doivent se produire. Tous ceux qui sont appelés à créer une installation quelconque dans les pays nouveaux où l'homme civilisé n'a encore fait qu'une apparition, comprendront ces réflexions, destinées à les encourager et à les prémunir contre toute idée d'appréhension ou de défaillance corporelles.

Tenter le passage par l'intérieur, en gravissant les montagnes qui ferment la rivière d'Hienguène pour aboutir à Panié, en passant par les villages nouveaux des *Ouébias*, est chose inutile. Il résulte de renseignements pris sur ce parcours que le sentier est aussi accidenté, dépourvu d'arbres, situé sur des crêtes bordant des précipices et des ravins boisés et tellement resserrés, qu'à un endroit on passe d'une crête à une autre sur deux troncs de cocotiers juxtaposés.

Après la construction du télégraphe dans ces parages difficiles, une étude préparatoire avait été faite en vue de percer un sentier à travers les roches de Ouaïème. Ce travail n'a eu lieu qu'en partie et il faudrait le refaire complètement pour rendre praticables, avec l'aide des Canaques du voisinage, les relations par terre entre Canala et le Diahot.

Nous avons trouvé, près du sentier canaque, au pied du cap d'Ouaïème, garni de niaoulis, du sulfure de fer. Le rivage de la mer, qui est formé de roches, renferme des clivages très remarquables et très brillants de ce minéral.

Nous passons les rivières d'*Ouaïème* et d'*Ouangui*. Le chemin du village d'Ouangui s'ouvre entre un rocher et une pierre remarquables. Puis l'embarcation d'un colon vient vous prendre pour traverser la rivière de Tanguène, qui a 200 mètres de large.

Rochers d'Hienguène ou Tours Notre-Dame. — Les fameux rochers, de 80 mètres de hauteur, nommés *Ponga*, ou mieux les Tours Notre-Dame, qui gardent l'entrée du port de *Hienguène*, s'aperçoivent de fort loin, et, en partant de Tao, il nous semblait pouvoir en peu de temps les atteindre ; mais elles fuyaient devant nous. Ce n'est qu'à la nuit, après les avoir contournées, que nous arrivions à Hienguène, épuisés de fatigue et de faim. Il y existe un fort de très bel aspect à la pointe des deux rivières. Un chemin ombragé conduit de là au village du chef canaque.

Le port d'Hienguène est très pittoresque, à cause de l'élévation et de la forme des rochers, qui l'abritent et le dominent. C'est la roche du milieu qui a reçu le nom de *Tours Notre-Dame* ; et, la nuit, au clair de lune, on croirait voir l'antique cathédrale de Paris. Ces rochers sont de marbres variés dont la surface est noircie par le temps.

Le plus gros massif qu'on appelle *le Chester*, à cause de sa forme, baigne l'un de ses côtés dans un lac profond. Un autre massif est percé de cavernes à stalactites avec des ouvertures sur les deux faces. Ces cavernes sont l'objet d'intéressantes excursions. Nous y sommes allés de jour et nous y sommes retournés au clair de lune, afin d'illuminer avec des feux de bengale les parois et les sommets des cavernes. L'effet était fantastique et nos Canaques poussaient des cris de joie.

Village de Philippe-Bouarate. — Les villages indigènes d'Hienguène sont importants. Le chef actuel, Philippe, réside à une demi-heure du fort. Il possède de grandes cases au toit pointu. Celle qu'il habite est ornée d'objets européens, et il fait volontiers les honneurs d'une bouteille de genièvre. Il a longtemps gardé chez lui le corps de son père, chef naguère fameux et redouté, que les Anglais avaient conduit à Sydney, où il reçut des hommages intéressés, avant notre occupation.

Bouarate a longtemps laissé à sa porte les crânes de six de ses ennemis, qui probablement ont été mangés. Dans une autre case, qui lui sert de *carabousse* (prison), il conserve des barres de justice qui augmentent son influence et son autorité sur les siens. Philippe s'habille à l'européenne et parle français, mais, comme son père, plus volontiers l'anglais.

Langage canaque. — Il en est de même de la plupart des Canaques. Cela tient à ce que les Anglais ont été les premiers qui aient fait le commerce avec les indigènes sur la côte de la Calédonie et aux Loyalty, et sont restés colons ou négociants dans le pays.

Les Canaques engagés comme travailleurs viennent de l'archipel des Nouvelles-Hébrides (Tanna, Anitoum, Erromango, Sandwich, Api, Ambrim, Mallicolo, Aurora, Espiritu-Santo, Pentecôte), où l'on parle anglais. Mais cet anglais, comme le *pigeon-english* de l'Inde, est tout à fait fantaisiste. On l'appelle ici le *bichlamar*, c'est-à-dire la langue du commerce de la biche de mer (*holothurie*), aussi lucratif et plus répandu dans l'île que naguère encore le trafic du bois de sandal, qu'il faudrait plus de cinquante ans pour faire revivre. On est donc tout étonné, en débarquant à Nouméa, colonie française, d'entendre parler plutôt anglais que français. Dans les stations agricoles, une barrière s'appelle *fence*, un enclos, *paddock*, un conducteur de bœufs, *stockman*, etc.

Quant à la langue canaque, elle diffère entre chaque tribu, au point que les indigènes ne se comprennent pas toujours entre eux. C'est ce qui empêche d'apprendre la langue. Il faudrait autant d'interprètes qu'il y a de tribus, bien que le fond de la langue soit le même. Ils n'ont pas d'écriture, ni de livres. On ne peut appeler ainsi les dessins tracés sur des tubes de bambou. Ils ont des légendes poétiques qui se récitent par cœur dans les longues veillées du soir. Nous avons dit comment ils calculent. Leur culte ne s'adresse qu'aux génies et ne consiste qu'en des pratiques superstitieuses et sortilégiques.

Philippe Bouarate nous fournit des guides qui voulurent malheureusement être relevés de village en village. Le chemin était très beau, sous des allées de cocotiers. Une forte détonation se fit bientôt entendre, et l'odeur de la poudre vint jusqu'à nous. C'est un rocher qui sautait dans le puits d'une mine de cuivre dite des *Américains !* près de la rivière de *Tipindié* ou *Pingy*, qui a 250 mètres de large.

La Tipindié ou Pingy. La Ouandé. — Nous faisons halte à l'habitation d'un colon anglais, sur la *Ouandi*, qui a 50 mètres de large. Nous la traversons dans son canot et nous changeons nos porteurs.

Kongouma. — On longe la mer en marchant à marée basse sur des roches plates surplombées d'énormes blocs formant caverne et se détachant avec les pluies. Nous traversons le village chrétien de *Kongouma*, et, à la fin de l'après-midi, nous étions sur les bords de l'*Ounda-Litchiem*, ou rivière de *Tchiem*, dans un village où il ne restait que des femmes. La rivière a 250 mètres de large. Nos guides faisaient des difficultés pour nous procurer une pirogue et demandèrent de l'argent. L'un d'eux finit par nous passer avec nos bagages ; mais il nous laissa seuls sur l'autre rive, et lui et les siens s'en retournèrent dans leur tribu, sachant bien que nous ne les poursuivrions pas.

Pour ne pas perdre d'autres objets, comme à Voh, à Tengounou, à Kho, à Balade, où des vivres et des ustensiles furent soustraits ou abandonnés dans la vase et la pluie, mon compagnon de voyage Simonin, chef surveillant des télégraphes, passa la nuit dans une case isolée sur les bords de l'eau, tandis que j'allai seul en exploration.

Village de Titou. — Je rencontre plusieurs villages sans habitants, et ce n'est qu'à la nuit close que je tombe assis au foyer de la case du village de Titou, où les *vieux* étaient réunis en cercle. Je demande aussitôt le chef. On l'alla chercher, mais il fut long à venir. Dans l'intervalle, une *popiné* (femme), se tenant accroupie à distance, me servit d'interprète.

Je racontai mon voyage, la prise du cétacé de Panié ; j'annonçai que je faisais descendre dans une petite machine une parcelle du tonnerre, dont le bruit était un signal remplaçant les courriers ; que je possédais de jolis cadeaux dans des valises gardées à Tchiem par mon compagnon. Je sortis un briquet, j'allumai une allumette en cire, puis une bougie mue par un ressort ; je plaçai ma boussole d'un côté, ma montre de l'autre, une carte devant moi ; et, pendant qu'au milieu de cette mise en scène et du silence des Canaques groupés autour de moi, j'écrivais la lettre à mon compagnon, le chef arriva, convenablement vêtu. Il m'entendit, désigna de suite six hommes, et les envoya sur les bords de la Tchiem, avec ordre de prendre des torches et de faire diligence. En même temps il me faisait garder à vue.

J'étais parti sans vivres. Les Canaques me donnèrent, sur des feuilles de palmier tressées, une igname cuite, avec des feuilles de patate bouillies sans sel. Je dormis sur la sacoche qui contenait ma montre et mes papiers, auprès du feu ardent allumé au milieu de la case pour chasser les moustiques au moyen de la fumée, qui me suffoquait et m'étouffait

CHAPITRE XIV

Les requins de la Tiouaka. — Les ardoises de Wagap. — Les quarante-sept gués de l'Amoa.— Le mont Arago. — La cascade de Bâ. — Une case de chef. —

Touo. — Nous repartons tous ensemble le matin. Nous passons en bateau l'*Amboa*, qui a 300 mètres de large et n'est franchissable à gué qu'à marée basse. On ne peut doubler le cap *Touo* par le bord de la mer; il faut traverser la montagne et descendre dans l'intérieur de la vallée de Touo. Ce n'est qu'en menaçant les Canaques de faire mettre leur chef à la *carabousse* qu'ils se décident à continuer la route avec nous. Une nouvelle rivière assez large se présente : c'est la *Pouengia*; mais je profite d'une pirogue, qui me passe et me conduit au pied du fort qui va être relié par le télégraphe à celui de Kôné par le centre de l'île. Nous voulions marcher encore ; mais le repos que nous prenions augmentait notre accablement, et nous dûmes rester pour rétablir nos forces.

Touo est situé au fond d'une baie, sur les bords de la *Pouatamba*. Au milieu de magnifiques allées d'orangers et de cocotiers se dressaient les murs délabrés d'une très belle maison en pierre, incendiée par les indigènes mais restaurée et embellie depuis lors. On remarque près de là une fontaine ornée de sculptures en bois. Les chrétiens sont assez nombreux et ont une école très fréquentée.

Femmes calédoniennes. — Parmi eux une vingtaine de solides gaillards d'environ vingt-cinq ans, ne trouvaient dans leur tribu que trois filles à marier. En présence de cette disette de femmes, on continue dans les tribus de l'intérieur à les charger de travaux et de fardeaux excessifs, à les envoyer à la pêche avant et après la maternité, enfin à les traiter comme des bêtes de somme. Peut-être le christianisme, comme il l'a fait aux premiers siècles pour la femme en général, releverait-il leur condition, ne serait-ce qu'au bénéfice de la race.

Les Canaques, si peu soucieux du bien-être de leurs femmes, sont pourtant fort jaloux. Les usages défendent aux femmes de s'approcher des hommes, même de leur mari, autrement qu'en rampant. Il est impoli de demander à un naturel des nouvelles de sa mère, de sa femme, et surtout de sa sœur. Celle-ci fuit son frère et n'habite jamais avec lui. L'étranger doit tenir compte de ces coutumes bizarres, dictées par la défiance. Il ne faut pas se formaliser de ce qu'ils marchent ou passent devant celui qu'ils respectent ; de ce qu'ils s'assoient devant un chef ; de ce qu'ils rient en grimaçant lorsqu'ils ne comprennent pas ; de ce qu'ils n'ôtent pas leurs coiffures pour parler à un Européen ; de ce qu'ils aiment comme les Espagnols et les Cochinchinois, à montrer qu'ils ont le ventre plein jusqu'à l'excès. Il vaut mieux leur pardonner ces mœurs contraires aux nôtres et ne pas s'abaisser jusqu'à les gourmander ou les maltraiter pour ces détails désagréables, mais peu importants pour nous.

Le soir, les enfants firent la chasse aux cigales et aux sauterelles et les croquèrent à belles dents. J'essayai en vain de leur faire remplacer par une flûte leur tuyau de bambou à un seul trou, dans lequel ils soufflent tantôt avec leur bouche, tantôt avec le nez, et qui constitue toute leur musique. Bientôt arriva le chef, qui nous donna de nouveaux guides pour le lendemain. Un bureau de poste, de télégraphe, de perception et d'état civil est établi en cet endroit. Le chef du quatrième arrondissement y réside et un poste militaire occupe un Fort parfaitement situé et construit avec des pierres taillées dans le corail.

Nous eûmes à longer la propriété de deux colons, anciens militaires, qui élèvent du bétail, des moutons, etc. Il fallut ensuite traverser un marais peu profond en terrain solide, mais rendu glissant par la pluie, et se terminant par une rivière, la *Tanigé*, qui a un mètre d'eau.

Pouanandou. — Une forêt précède la grande rivière de *Pouanandou*, large de 150 mètres. passée en pirogue. Cette forêt est exploitée par l'administration militaire Les guides me firent ensuite escalader des roches difficiles, en traversant, à 400 pieds au-dessus de la mer, un fourré épais et rempli de lianes qui embarrassent les pieds. Un sentier s'ouvre sur un plateau garni de niaoulis et devenu marécageux par les pluies. On redescend par une brousse très touffue. Au-dessous de soi, on remarque un pin colonnaire. Au lieu de grimper sur le plateau, il faut prendre le sentier pratiqué entre la mer et le pied du pin colonnaire unique qui marque cette pointe.

Après la rivière de *Hoda*, passée à gué avec un mètre d'eau à mer basse, et la rivière de *Kondam*, large de 7 à 8 mètres, il faut franchir de gros rochers glissants et difficiles, impraticables à marée haute et nommés les rochers de *Béida*.

La Tiouaka. — On gagne de là les rives de la *Tiouaka* profonde, rapide, très large, semée d'îlots verdoyants et de bancs de sable et fréquentée par les requins. L'avant-veille de notre passage, une femme canaque à la pêche eut une partie de la cuisse enlevée, put s'échapper, mais mourut de sa blessure. L'un des guides, homme très vigoureux, se jeta néanmoins à la nage pour aller chercher une pirogue. Ce n'est qu'au bout de deux heures qu'il revint avec un bateau. Sur l'autre rive s'étendent des pâturages et des cultures appartenant à une abbaye de la Trappe des îles, que l'on aperçoit à peu de distance.

Wagap. — C'est *Ouagap* ou *Wagap*. Une grande église, deux maisons à étages avec balcons, voisines d'une fontaine sculptée, s'élèvent à côté du village indigène, dont le chef,

Robert, est logé à l'européenne et parle bien français. Le *tabou* de coquillages est remplacé au sommet des cases par une croix.

Cet établissement est devenu une abbaye de trappistes. Il se relie au village, où existait autrefois un débarcadère, par une belle avenue bordée d'arbres et de cultures soignées, le long de laquelle sont groupés les anciens bâtiments du poste de Ouagap, fondé en 1862. Les toitures sont effondrées ; la caserne, avec ses neuf fenêtres de façade, les logement des officiers, des sous-officiers, la cuisine, le four, le blockaus, la poudrière, construits en pierre, ont été ruinés par le dernier cyclone. Après les difficultés de transports des matériaux et de main-d'œuvre, et la dépense faite, il eût été bien préférable que ces beaux bâtiments fussent cédés provisoirement et sous conditions à des colons à la charge de les entretenir en bon état.

Carrière d'ardoise. — Dans la montagne se trouve une carrière d'ardoise traversée par un cours d'eau qui rend facile l'exploitation et le transport des matériaux. Cette exploitation avait été entièrement entreprise par les soldats. L'ardoise était coupée sur une trop grande épaisseur, qui la rendait trop lourde. Un chargement expédié fut jeté à la mer par gros temps. Et voilà comment ce produit du pays est à peu près inconnu à Nouméa, où il pourrait remplacer avantageusement les toitures coûteuses en zinc galvanisé.

Les indigènes de Ouagap se rendent fréquemment sur la côte ouest, à Kôné et à Voh, en traversant les montagnes du centre dans une coupure occupée par la tribu des *Ounouas*. Dans le trajet, on traverse, dit le docteur Patouillet, quarante-sept fois la rivière d'*Amoa*. Il est vrai que nous avons eu à franchir dix-sept fois la rivière de Tchio, avant qu'on eut pratiqué le sentier actuel.

Nous quittons Ouagap avec de nouveaux guides. Pour éviter la courbe que fait la chaîne de montagnes, nous passons un marais de palétuviers à fond solide, mais long de plus d'un kilomètre et profond de plus d'un mètre ; puis un petit bois et des marécages formés par des pluies continuelles. Cette marche dans l'eau, sans autre vêtement que nos caoutchoucs, et après déjeuner, ne laissait pas d'être pénible.

Vallée de Thié. — Arrivés sur les bords de la rivière *Ahouin*, ou mieux rivière de *Thié*, nous sommes obligés d'en longer la rive en remontant vers le pic Ahouin, où elle prend sa source et son nom, pour aller la passer à un gué, où nous avions de l'eau jusqu'au cou. Sur la rive gauche, le sentier était défoncé par les pluies et coupé par trois jolis ruisseaux, dont l'eau emprunte aux rochers leur saveur et leur couleur ferrugineuses. Une cascade écumante coule au milieu de fougères arborescentes. Enfin le chemin devient ferme dans une plaine de niaoulis superbes, qui n'est séparée de la mer que par une brousse rampante. Cette vallée de Thié, par son arrosage, ses bois, ses cours d'eaux, son voisinage de la mer, me paraît très propre à l'élevage du bétail et à la culture, deux éléments inséparables de toute entreprise foncière dans ce pays. C'est près de là que se trouve l'importante mission d'Amoa.

Eïna. — Il faut passer à marée basse, à cause du courant et de la profondeur, les rivières de *Yadi* et de *Pouendimié*. On trouve, sur la rivière *Eïna* ou *Ina*, une pirogue. Nous avons rencontré, entre la Pouendimié et l'Ina, des échantillons de minerai de sulfure de fer ou de cuivre, dans un terrain rocheux qui mériterait d'être exploré. Il forme un renfoncement où coule une source au pied d'un monticule surmonté de niaoulis et autres arbres. Nous entrons ensuite dans le village de *Naïyoué*, dont le grand chef *Paola*, qui commande à 1650 Canaques, a pour interprète *Boué*, qui parle parfaitement notre langue et sait l'écrire.

Baie de Baye. — Ce village est sur les bords de l'Oué-Naïyoué, dans la *baie de Baye*. La pluie devient plus intense. Le vent, très fort depuis quelques jours, souffle en tempête. Les rivières grossissent et l'inondation commence. Nous nous réfugions chez un colon qui habite avec sa famille la baie de Baye, et qui nous offre l'hospitalité.

La Ouindou ou Tchemba. — Le lendemain, nous repartons malgré le temps affreux, et deux heures après nous traversons en pirogue la *Ouindou* ou *Tchemba*, qui a 300 mètres de large. A l'embouchure de cette rivière, nous avons trouvé des spécimens de minerais divers, sur la rive gauche, dans les rochers recouverts à marée haute et bordés de palétuviers. Une source coule en cet endroit, où l'on remarque cinq pins colonnaires.

Station de Tchakène. — Vers le soir, nous atteignions le village de *Tchakène*. Sur une éminence est coquettement posée une confortable maison européenne. Notre arrivée provoque, comme si nous entrions au chef-lieu, un cri aigu de toute la bande de Canaques qui nous accompagne. C'est en effet l'habitude à Nouméa, lorsque le sémaphore signale un navire en vue, que tous les Canaques de la ville poussent un cri qui appelle l'attention sur les signaux.

La Ponérihouen. — Nous passons la *Népia* à gué, et en une heure nous sommes sur les bords de la *Ponérihouen*, très profonde, large de 200 mètres, avec un violent courant augmenté par la fureur du vent. Les frégates rasent les rives de leurs ailes, en fuyant devant le temps. Un colon breton réside sur la rive gauche et possède un bateau. Nous rencontrons là la goëlette *Maudoué* (1), qui est venue se mettre à l'abri du coup de vent. Nous passons le fleuve en embarcation, et retrouvons de l'autre côté le bateau désemparé d'un colon de Kua. Sur la rive droite habite un colon chilien, Antonio. Le chef de *Corindé* vient nous saluer, irréprochablement vêtu à l'européenne, redingote noire et cravate blanche. A 4 kilomètres de l'embouchure sont établis un beau poste militaire, une école, un bureau de télégraphe et de poste.

Rivière de Mou. — Nous arrivons ensuite sur la rivière

---

(1) *La bourbeuse*, en néo-zélandais.

de *Mou*, à une station européenne, et passons à gué, après un déjeuner sommaire, la rivière, large de 50 mètres. On pourrait obtenir des pirogues du village. On suit une plage ferrugineuse en traversant des brousses qu'il serait facile de percer. On gagne la baie de *Moréo*, très profonde. Les indigènes disent *Monéo*. On est en face du sommet *Arago* ou *Mingui*, élevé de 1,029 mètres.

La Moréo ou Monéo. — Nous remontons la rivière pendant une heure, dans une pirogue double qu'on traîne sur les bancs de sable et de cailloux. Nous nous rapprochons de la maison d'un colon allemand, où nous débarquons pour traverser à gué la *Moréo*, un peu plus loin, puis le *Oué-Cnapin*, dont le courant est très violent et dont la profondeur est de près d'un mètre. Nous avons à franchir la rivière de *Ho*, large de 10 mètres et profonde d'un mètre, avec un fort courant. Elle se jette dans la baie d'*Ougué*, et elle est navigable jusqu'à la propriété de M. Moncelon, établi avec sa famille dans ces parages. Il s'est fait un nom dans la presse locale en traitant avec talent les questions de colonisation calédonienne.

Baies de Bâ et d'Ougué. — La baie d'Ougué (ou baie Forestier) est devenue le centre de plusieurs mines, principalement de nickel. Il en est de même de la baie de Bâ (ou Lebris), où l'on trouve un groupe de colons européens. L'habitation principale est desservie par une route de 4 kilomètres. L'eau y est amenée de tous côtés, dans des conduites en bambou, par des chutes pouvant mettre en mouvement une roue hydraulique. On y voit de belles plantations de taros. La farine de ce tubercule se prête au mélange beaucoup mieux que la farine de pomme de terre. Une petite forêt, où les fougères atteignent près de 15 pieds de haut, de hautes futaies, des caoutchoutiers, de la vanille, du gingembre, des sagous, un bois de niaoulis, de la pierre, une vue magnifique sur la baie, où se trouve un débarcadère couvert, sont autant d'avantages appréciables réunis dans cette station, où l'on plante du café, du riz, du maïs, du manioc.

Le chef indigène nous donne des guides. Comme la plus grande des deux cascades de Bâ qui bouillonnent au-dessus du sentier longeant la baie est devenue très dangereuse, nous gagnons en pirogue le village de *Néphou*. Nous reprenons le bord de la mer, en traversant plusieurs ruisseaux à gué à mer basse, jusqu'à une habitation européenne du village de *Néza* (ou Neïa), où un guide parlant français s'adjoint à nous. Il est préférable de rester dans un sentier qui court sur le flanc des montagnes. On évite ainsi des marécages formés par les pluies dans les anciennes plantations canaques. On coupe le cap *Néba*, pointe rocheuse et pittoresque que l'on reconnaît à ses magnifiques pins colonnaires, beaucoup plus sur la droite et qui est un lieu sacré où l'on expose les corps des chefs décédés. Dans tous les cas, on laisse sur la gauche un grand marais, et, après le village de *Maamo*, on passe la rivière de *Kouara*, qui n'a que peu d'eau.

Village de Nékoué. — Nous gagnons le bord de la mer à *Katawi* ou Takétoué, près du village d'*Ouraye*, dont le vieux chef *Haï*, est mort il y a quelques années. Au delà d'une habitation européenne, on entre dans le beau et grand village de *Nékoué*, dont les cases sont ornées et alignées d'une façon remarquable, le long d'avenues de cocotiers. Le chef *Cambo*, a pour second son frère *Casemboé* ou *Kaïamboé*. La case d'apparat est inhabitée. La toiture se relie au piquet central par un inextricable réseau de perches enchevêtrées. Le plafond se compose de grosses planches de *houp* terminées par des têtes grimaçantes. Dans la case se dressent quinze piliers sculptés, en bois incorruptible de houp, de 80 centimètres de diamètre. Aux parois sont suspendus de nombreux nœuds de superstition, des amulettes, de magnifiques *avas*, ou étoffes de racines de banian, qui indiquent les hautes et puissantes relations du chef, gages d'amitié et cadeaux des invités aux grandes fêtes des pilous.

CHAPITRE XV

Vallée de Houaïlou. — Mines de nickel. — Le métal français. — Monnaie de nickel. — Cavernes de la Guerre et la Mort. — Où l'on se jette à l'eau pour ne pas être mouillé.

Les indigènes de Houaïlou forment quatre tribus : celle de *Kambo*, résidant à Nékoué, qui compte 205 habitants ; celle de *Hui*, chef *Poulvano*, avec 753 habitants ; celle de *Boulindeu-Cafio*, chef *Pounemou*, qui réside à *Bouéoua*, avec 461 habitants, et celle de *Mavino*, résidant à Ouraye, avec 377 habitants. Total : 2,459 naturels.

Houaïlou. — La pluie, qui continue, a gonflé un marais profond et la rivière de Nékoué, qui inonde la plaine. Il faut la passer à la nage, contre le courant, avec l'aide des Canaques. Malgré les précautions des porteurs, nos bagages sont avariés et en partie perdus. Sur l'autre bord, il faut, pour entrer au village, remettre des habits trempés et rétrécis par l'eau. Le vent souffle furieusement et nous glace. Nous étions mieux dans la rivière, et Gribouille avait raison « de se jeter à l'eau pour ne pas être mouillé, » par la pluie refroidie par le vent.

Houaïlou est sur la côte Est, à la hauteur du Bourail, sur la côte ouest, à peu près à égale distance du nord et du sud de l'île. Cette situation et l'importance que lui donnent ses mines de nickel désignent Houaïlou à la navigation comme station intermédiaire entre ces deux points. Une ligne télégraphique directe va la relier à Bourail.

La baie de Houaïlou n'offre qu'une rade foraine ouverte

aux vents d'est. Il suffirait probablement de quelques travaux pour donner un petit port à Houaïlou, entre l'îlot *Toveru*, et la terre. Quant à présent, les côtiers mouillent à l'entrée de la rivière, derrière le morne rocheux qui en masque l'entrée. Les bateaux calant plusieurs mètres jettent l'ancre à environ un mille au large, et ont le choix de plusieurs passes pour gagner la haute mer après leur chargement, ou en cas de vent, s'ils ne préfèrent se réfugier dans la baie de Bâ (ou Lebris), à l'abri des massifs du cap Bocage, où ils mouillent sur un fond de vase sans avoir à redouter aucun récif.

Une quarantaine de colons sont groupés autour de Houaïlou, chacun sur ses cultures. Ils sont assez éloignés du poste militaire et du fort, du télégraphe et de la poste. Une école fondée en cet endroit est très peu fréquentée. C'est regrettable, dans un district de 2,500 Canaques et de familles nombreuses de blancs. Ce territoire est très arrosé par plusieurs cours d'eau : la *Boama*, qui prend sa source vers le mont *Chomé*, dans les massifs du centre de l'île, et la rivière de *Du*, qui descend du sommet du *Mingui* (ou Arago) et forme la cascade de *Kapourendogourou*, l'une des plus belles qu'on puisse voir.

On peut dire que, de Houaïlou à Canala, Thio et au-dessous, le sol n'est qu'une vaste mine de nickel. C'est dans ces trois localités qu'on a trouvé le minerai le plus riche qui existe, et il est très abondant. Des hauts-fourneaux fonctionnent à Nouméa, dans la baie de l'Orphelinat, et d'autres doivent être créés plus tard sur place, pour le traitement du minerai. La plupart des mineurs engagés dans cette exploitation sont Anglais, ou plutôt Australiens ; les navires chargent à Houaïlou le minerai pour Nouméa. Ces gros bâtiments mouillent en rade foraine. Les embarcations seules peuvent remonter la *Boama* avec la marée. Sur la plage se trouvent des hangars à nickel et plusieurs *stores* ou magasins bien mieux approvisionnés et installés qu'à Canala. On gagne bientôt le centre de Houaïlou, dont toutes les habitations sont échelonnées le long de la rive droite de la rivière. C'est d'abord la résidence du chef du troisième arrondissement. On y trouve un poste de police indigène, un bureau télégraphique et la poste, un hôtel parfaitement tenu, avec table d'hôte, et ses magasins, très bien garnis; enfin les établissements de la mine du Bel-Air (séchoirs, débarcadères, hangars, magasins, bureaux, habitations, remises et écuries, paddocks à bœufs). Là se groupent des cases d'employés et d'ouvriers. Des conduites d'eau desservent ces bâtiments, qu'une route muletière de 3 kilomètres relie à la mine. Après une heure d'ascension, on arrive au village des libérés. Sur la droite sont les villages des personnes libres et les maisons proprettes des Anglais. En face se trouvent la forge, les hangars et l'entrée principale des tunnels. Cette mine, dont l'exploitation a commencé en 1875, emploie des ouvriers blancs et 80 noirs, dont beaucoup de Néo-Hébridais. Les dépenses se sont élevées jusqu'à 30,000 fr. par mois. Le minerai est amené par une glissoire, avec treuil t frein, jusqu'à la route. Les charrois sont faits par des chariots à bœufs très dispendieux, très lents, et qui ne marchent pas les jours de pluie. Le lavage du minerai est également trop onéreux, à cause du nombre de bras employés à ce travail, si facile à opérer mécaniquement. Le minerai est transporté à l'embouchure de la rivière par des chalands, dont le service est interrompu à marée basse. De là la nécessité d'un tramway portant la matière de la mine aux magasins du bord de la mer, d'où on charge directement pour l'Europe, à l'aide d'un petit remorqueur à vapeur.

Les galeries du Bel-Air sont également desservies par des tramways intérieurs. Toutefois, les aménagements diffèrent de ceux de la Boa-Kaine, en ce que, le terrain de Houaïlou étant de nature très friable, les éboulements sont à craindre. Il faut combler à mesure que la matière d'extraction est enlevée de la terre rouge ferrugineuse qui la contient. Les pièces de bois soutenant les voûtes, sont très fortes et bien installées. On a creusé un tunnel à 250 pieds au-dessous de celui qui est en exploitation. Le nickel du Bel-Air est aussi riche qu'abondant. Il donne jusqu'à 35 pour cent. Aussi un quart de cette mine a-t-il été vendu, en mars 1877, à la Compagnie foncière calédonienne, au prix de 700,000 francs, y compris des intérêts peu importants dans dix-huit autres claims.

La Calédonie est un pays minier ; une nouvelle législation minière analogue à celle de France vient d'être mise en vigueur. Les principales richesses minérales, aujourd'hui connues et exploitées dans notre possession sont le cuivre, le nickel, le cobalt, l'antimoine et l'or. Ce dernier ne donne pas encore les résultats espérés. La colonie pourra donc s'appliquer le proverbe anglais qui dit : « Cuivre donne richesse, argent aisance, or ruine. » Les galions chargés d'or qui traversaient l'Espagne n'ont en effet jamais enrichi ce pays, pas plus que notre rançon de 5 milliards n'enrichira la Prusse. Les mines de cuivre d'Australie ont été une source de prospérité ; la Burra-Burra a vu ses actions, émises à 125 francs en 1845, monter à 6,500 francs. De même, la Calédonie retirera de grands bénéfices de ses mines de cuivre, et plus tard de ses mines de nickel, d'or et même des gisements de houille dont on a trouvé de nombreux indices. Un permis de miner ne coûte que 25 francs par an.

Le nickel. — Au commencement de 1875 eurent lieu en Nouvelle-Calédonie les découvertes de gisements de nickel aussi importants que riches. Dès 1863, l'ingénieur des mines J. Garnier avait trouvé et signalé de nombreux indices de ce minerai ; mais on ne supposait pas alors qu'il fût si abondant. Depuis lors, l'exploitation des mines s'est faite sur une grande échelle et des hauts-fourneaux ont été construits. La consommation annuelle de nickel n'atteint pas actuellement 1,000 tonnes laborieusement et chèrement amassées de la Suède, de la Norwège, de l'Allemagne et de l'Amérique. Dans ces pays, le minerai est un arseniure, ce qui nuit à la malléabilité du métal. En Calédonie, c'est un composé de silice et d'oxyde de nickel répandu tantôt dans une terre ferrugineuse, tantôt dans la serpentine. Il est absolument exempt d'arsenic, très malléable et se travaille facilement. Les quantités fournies aujourd'hui sont de 50 tonnes de métal à 70 0/0 exportés chaque mois en Europe. Il n'y a pas plus de sept à huit fonderies en Europe, et l'on voit cependant que ce métal n'est plus seulement abordable par les fabricants d'instruments scientifiques, mais tombe dans le domaine des applications industrielles à bon marché. Nous ne saurions donc trop recommander aux fondeurs français de se préoccuper de cette nouvelle acquisition.

La mine de Houaïlou, procédant avec une puissance de moyens comparable à celle de la Compagnie Balade, est en mesure d'exporter de 5 à 6 tonnes de minerai à 12 0/0 par jour. Son minerai est, avec celui de Thio, le plus riche de tous ceux qu'on a découverts jusqu'à ce jour. Il contient peu ou pas de fer en mélange. C'est le minerai brut qui s'expédiait uniquement, tandis qu'une certaine proportion de l'extraction journalière s'accumule pour subir en temps le triage. Le tout est fondu à Nouméa.

La mine de Kua et la mine de Canala ont fourni un minerai de fort bonne apparence. Les minerais du Mont-d'Or sont moins riches en rendement que ceux des compagnies précédentes. Ils sont abandonnés en ce moment, ainsi que ceux du mont Mou, de Koé, etc.

L'exploitation de toutes ces mines, qui chôment actuellement, sera évidemment reprise aussitôt que l'on aura des idées arrêtées sur le prix définitif du nickel.

L'inconnue importante à déduire c'est, on le répète, le prix, une fois la production portée au chiffre de 700 à 1,000 tonnes par an, pour les premières années, et bien au delà probablement pour les années suivantes. Tous les moyens sont actuellement mis en œuvre pour arriver à ce but, et cette question résolue, rien n'arrêtera plus les industriels disposés soit à exploiter le minerai, soit à traiter le métal sur place.

Une usine d'essai a été fondée à Paris par MM. Christofle et C¹⁰ pour le traitement spécial des minerais néo-calédoniens ; deux méthodes ont été employées avec succès : la voie *humide* et un procédé mixte de *voie sèche et humide* ; toutes les deux ont donné des résultats satisfaisants et rendu du métal variant entre 97,75 0/0 et 98,50 0/0 de nickel pur effectif. Le métal obtenu a été laminé en plaques de toutes épaisseurs, étiré en fils de tous diamètres, et s'est, dans tous ces essais, mieux comporté que le nickel européen. Le nickel obtenu par voie humide offre cette particularité remarquable qu'il est malléable et s'écrase sous le marteau sans se casser, ce qu'on n'a jamais pu obtenir du métal en grains des usines anglaises ni du nickel cubique des usines allemandes. Ces échantillons ont été présentés le 3 juillet 1876 à l'Académie des sciences de Paris avec un rapport des plus flatteurs de M. Dumas, dont le nom fait autorité en cette matière et dont le patronage est acquis d'avance aux découvertes sérieuses.

M. Higginson, a fondé en 1880, au capital de 6,250,000 francs la Société *le Nickel*. Les fonderies de Nouméa lui appartiennent et elle a créé à Septême (Bouches-du-Rhône) une usine d'affinage, sur laquelle sont expédiées les fontes de Nouméa à raison de 2,000 tonnes par an. C'est ainsi qu'elle est parvenue avec ses mines, qui couvrent près de 4,000 hectares, à fournir du nickel à 7 ou 8 fr. le kilogramme. *La consommation se développe rapidement. On va enfin transformer notre monnaie de bronze en monnaie de nickel.* La Nouvelle-Calédonie sera le grand marché du nickel pour le monde entier.

Si les arrondissements de Ouaraï et de Bourail prenaient le même développement minier, la population afflueraient bientôt dans ce pays ; mais jusqu'ici l'avenir des centres de la côte ouest paraît ne reposer que sur l'agriculture, tandis que sur la côte est, l'élément minier s'est placé à côté des cultivateurs et semble devoir dominer. Ce sont surtout les mines qui, pour le moment, enrichissent cette contrée, et chaque jour amène un contingent de nouvelles découvertes. Il est à désirer que l'appoint des capitaux européens, français surtout, et le concours des grands établissements industriels viennent contribuer à la mise en exploitation de toutes ces richesses, que la nature a semées, que la main de l'homme doit récolter et que son intelligence doit utiliser. Il y a lieu d'espérer que la colonie en tirera grand profit pour son avenir et sa prospérité.

Malheureusement beaucoup d'entreprises restent en chômage faute de capital pour travailler. La suspension de payements de la Banque de Nouvelle-Calédonie et de la Société Foncière, le déficit dans les recettes locales avaient causé une crise très grave au point de vue financier, industriel et commercial. Une révolte a tenu les affaires en suspens pendant quinze mois. Ce fut une liquidation générale ; mais toutes ces blessures se sont cicatrisées. Le commerce et l'industrie ont repris un nouvel essor ; nos voisins, les Australiens, surveillent avec le plus grand soin nos découvertes que leurs capitaux cherchent à accaparer.

Il est assurément regrettable que notre métropole ne soit pas entrée plus activement dans le mouvement minier de la Calédonie. L'industrie française n'a qu'une idée fort imparfaite de la valeur de nos exploitation récentes. Il n'y a pas comme en Australie d'Exposition *permanente* réunissant les produits bruts et travaillés et servant aux ventes. La Tasmanie avait la sienne dès 1830. S'il en était de même en Calédonie nous aurions vu des mineurs de profession venir chercher fortune en Calédonie. Ce n'est qu'en 1882 que des ingénieurs ont été appelés à y résider pour exploiter sur place nos produits miniers.

Voici un tableau comparatif des salaires des mineurs :

INDUSTRIE MINIÈRE

	GENRES DE MINES	HEURES DE TRAVAIL	GAGES PAR JOUR (1)	OBSERV.
Dans l'Intérieur de l'Australie	Mines d'or — de cuivre — d'étain — de fer — de charbon	8 heures. 8 — 8 — 9 — 5 —	9 f. 35 à 10 f. 40. 10 f. 40 à 13 f. 50. 8 f. 75 à 20 f. 40. 8 f. 75 à 17 f. 50. 11 f. 75.	(1) Moyenne pour toute l'année.
Dans l'Intérieur de la Nouvelle-Calédonie.	Mines d'or — de cuivre — de nickel — de cobalt — de charbon Car. de pierre.	Trois relais de 8 heures dans les 24 heures, sous terre, ou 9 h. à la surf. » » 9 heures.	Min. de 1re cl. 13 f. 75 — de 2e cl. 12 f. Manœuv., 7 à 10 f. Canaques, 1 à 5 f. ou à forfait. Mineurs, 10 f. De 10 à 12 f.	Pas d'exploitation.

Cavernes de la Guerre et de la Mort. — Entre la mine du Bel-Air et le village de Bouéoua, résidence du chef Boulindeu, on aperçoit de loin des roches énormes dont les formes bizarres se découpent sur l'azur du ciel comme les ruines des vieux châteaux sur les bords du Rhin. Leur ensemble forme deux masses distinctes, l'une plus élevée que l'autre, surmontée d'une roche détachée. Sur le sommet sont plantés, en plusieurs endroits, des piquets sculptés indiquant des sépultures canaques. La colline circulaire sur laquelle sont situées ces roches est garnie, sur un de ses côtés, quoique la pente en soit escarpée, de taros secs, et, dans son pourtour, d'un fourré très épais que dominent des pins colonnaires gigantesques. Ces pins ressemblent à des sentinelles défendant l'approche d'une forteresse. Dans le fourré, on rencontre plusieurs entrées en palissades de gaïac, à la façon des *pahs* néo-zélandais, et où l'on ne peut passer que seul et la tête baissée. On pressent déjà la destination de ces retraites naturelles, peu explorées jusqu'à ces derniers temps. Ces lieux servant aux sépultures canaques, les chefs montraient une grande répugnance à y conduire des Européens. Cependant, guidés par les deux chefs Boulindeu, nous gravîmes la colline, puis nous grimpâmes de roche en roche jusqu'aux sommets. L'épaisseur des roches va en s'amincissant jusqu'à ce qu'elles ne présentent plus qu'une arête dure, effilée, coupante, hérissée de pointes d'aiguilles. Leur aspect est noirâtre. La pierre, compacte, quartzeuse, rend sous le marteau un son métallique ; elle est parsemée d'arbustes et tapissée de lianes aux larges feuilles. Les interstices sont remplis par une légère couche d'humus garnie de fougères basses et autres plantes parasites. Il faut bien se garder de mettre le pied sur ces touffes ou de s'accrocher aux lianes : on s'exposerait à se blesser en rencontrant au-dessous de soi le vide, puis des arêtes de pierre.

Une grande cavité s'ouvrait entre les roches supérieures ; nous y descendîmes en nous aidant des mains, des pieds, du dos, et, en nous y enfonçant, nous sommes parvenus à une sortie surplombée par un bloc triangulaire énorme. Remontant ensuite extérieurement autour de la masse des roches, nous fûmes bientôt en présence de l'ouverture très large d'une profonde caverne bien voûtée, bien éclairée ; mais la paroi formait deux étages de quinze pieds chacun à descendre. Il fallut donc aller chercher une longue et grosse corde, des torches, de la bougie, puis s'affaler, le long de la corde, au fond de la caverne. Sur la droite, un orifice étroit donne accès dans une sorte de chambre qui paraît d'abord obscure, étant close partout. Là, nous avons trouvé un foyer canaque, des pipes cassées, des fragments de coquillages, du verre, des peaux de niaoulis, des cocos pour puiser l'eau, des dessins canaques. Dans la première caverne, de petits réservoirs pour l'eau étaient pratiqués dans les pierres ; la pluie alimentait aussi des puits naturels.

En se glissant entre les roches amoncelées sur la droite, on gagne une sortie assez sombre et fort étroite. Les explorateurs avançaient lentement dans une demi-obscurité, ignorant comment et par où ils sortiraient de ce dédale, lorsque, en arrivant à la lumière extérieure, ils virent devant eux un Canaque leur tendant *un paquet de dépêches télégraphiques et de lettres* venant de Nouméa. Certes on ne s'attendait pas à se retrouver là en pleine civilisation ; mais le progrès va si loin ! Le Canaque avait entendu du dehors les voix des Européens s'appelant l'un l'autre pendant la marche.

Redescendus dans la première caverne, ceux-ci prirent à gauche un tunnel obscur et s'y enfoncèrent avec des porteurs de torches. N'en trouvant pas la fin, ils jetèrent des pierres qu'on entendit rouler de roche en roche, puis, après un intervalle, tomber sur une terre molle. En remontant plus haut, on trouva des ossements humains, un crâne percé au front d'une pierre de fronde, comme Goliath, un cadavre de femme pressé entre deux rochers. Évidemment, des drames sanglants se sont passés dans ces lieux lors des luttes des tribus entre elles. Le sol et les parois du tunnel étaient gluants ; le pied pouvait glisser ; les chauves-souris s'échappaient en heurtant la figure des visiteurs, suffoqués par l'odeur de la fiente ; les lumières allaient manquer. Il n'était pas prudent de s'aventurer plus longtemps dans ces dédales, dont on ne trouvait plus la sortie. Après des tâtonnements infructueux, une bougie s'éteignit, augmentant ainsi l'anxiété des Européens comme des Canaques. Ce fut, au contraire, un bien pour tous ; car on put apercevoir, par une fissure, une lueur extérieure, et, par suite, regagner l'orifice d'entrée. Les roussettes, effarouchées, voltigeaient autour de leur asile, jusque-là à peu près impénétrable.

Nous redescendîmes de la colline par une belle allée de pins et de cocotiers, où l'on remarque encore une case canaque en ruine, et de là nous gagnâmes un limpide ruisseau voisin pour nous y reposer à l'ombre de superbes banians. Il faudrait plusieurs jours, de bons guides, des moyens d'action très complets, pour explorer dans tous leurs détails ces cavernes, que les Canaques appellent tout simplement *Néngia* (les Roches), et qu'on peut nommer *les Cavernes de la Guerre et de la Mort* à Houaïlou.

Cette coutume des Canaques d'exposer les cadavres sur les rochers, sur les montagnes, sur les arbres des forêts, entraîne de graves inconvénients pour la salubrité publique. Nous avons eu occasion d'en voir des exemples, entre autres au village de *Néia*, près de la plage, à l'entrée de la baie de Bâ. Les oiseaux de proie voltigeaient autour des restes d'un chef mort *deux mois* auparavant, et exposés sur un treillis de lianes recouvert de nattes. Il paraîtrait facile d'obtenir des chefs canaques d'enterrer leurs morts, de choisir à cet effet un terrain qui serait commun à plusieurs villages voisins. Les restes humains n'en seraient que plus respectés, et la santé des habitants indigènes ou européens y gagnerait beaucoup, surtout aux époques des chaleurs.

Pour se rendre de Houaïlou à Canala, on a le choix de suivre, pendant environ soixante-quinze kilomètres, un mauvais sentier canaque, en traversant montagnes, marais et rivières ; ou de longer la côte en bateau, en huit heures, s'il fait beau temps. Quand la route à laquelle on travaille actuellement sera faite, on pourra hésiter sur le parti à prendre ; mais actuellement on préfère la voie de mer. On passe devant les baies de Poro, Kóua, Kouaoua.

Il y a eu à Poro une centaine d'Européens ; puis les mines ont été abandonnées. De Houaïlou, il faut à peu près quatre heures pour s'y rendre, à marée basse, en longeant la mer. C'est à Houaïlou que ressortissent jusqu'à présent les mineurs de Poro, de Kóua, de Kouaoua, d'une part, et ceux de la baie de Bâ, de la baie d'Ougué et des parages de Moneo. On avait commencé aussi à exploiter bien d'autres mines que le Bel-Air, entre autres celle de Péoué. Enfin, des colons agriculteurs se groupent autour de ce centre, à *Kalawy*, dans les trois vallées voisines, sur les bords des rivières de Boama, de Du, de Ho, etc. Un avenir prospère semble donc promis à Houaïlou, dont la population s'accroît rapidement.

De Houaïlou à Bourail. — Les relations avec Bourail sont fréquentes. Elles ont lieu à cheval ou à pied, en franchissant les montagnes du centre de l'île. A pied, on compte treize heures de marche. On ne suit pas le même sentier que les cavaliers, qui mettent dix heures, non compris une halte d'une heure. On passe onze fois à gué la principale rivière de Houaïlou, nommée *Boama*, ou ses affluents. On gravit une montagne au delà de laquelle s'étend une grande plaine, où l'on remarque quelques cases européennes. Un débarcadère où les bateaux de trois tonnes peuvent accoster fait face à l'habitation Cabarre. On laisse sur la gauche les plantations de cocotiers qui entourent le village voisin, puis on passe sur la droite devant deux autres villages canaques, *Caravin* et *Vindivin*. Si l'on est à cheval, on suit la grande rivière jusqu'au village de *Coula*, dernier endroit où l'on trouve de l'eau. On y fait halte, puis on franchit les crêtes des massifs du centre. Le sentier pénètre dans quatre forêts successives. Les arbres, très gros et très élevés, sont entourés de brousse. On y a pratiqué une percée pour le bétail. Après la quatrième forêt, on descend dans la belle vallée de *Ni*, on longe une série de mamelons au milieu desquels coule un affluent de la Néra. On le laisse à gauche pour aller prendre, dans la vallée des concessions, la route qui conduit à l'usine de Bacouya, et de là à Bourail. Ce trajet peut être évalué à soixante kilomètres. Au sortir de la dernière forêt se trouve une descente rocailleuse, très dangereuse pour les chevaux et impraticable en temps de pluie. Il faut en tous cas mettre pied à terre.

De Houaïlou à Canala par l'intérieur. — Au lieu de suivre le littoral pour me rendre à Kuaua, et de là à Canala, je prends le sentier du bétail par l'intérieur. Jusqu'à *Ponérihouen*, nos guides n'avaient pas voulu nous accompagner plus de deux étapes. Ceux que nous avons pris à Tchakène voulurent nous suivre jusqu'à destination. Je ne garde que ma valise de cuir et quelques provisions, et deux Canaques me suffisent. Par suite d'un malentendu, au lieu d'aller à la tribu de Boulindeu, village de Bouéoua, s'adjoindre un bon guide promis la veille, ils me font passer cinq fois la rivière de Houaïlou, dont la plus grande branche a 200 mètres.

Rivière de Houaïlou. — J'avais de l'eau jusqu'au cou, tenant mes vêtements au bout de mon bras. Je marchais sans espadrilles. Mon pied droit glissa entre deux pierres, pendant que mon pied gauche était pincé par un crabe. Je pousse un cri de douleur et de peur, et je perds plusieurs objets dans l'eau, craignant un requin. On passe maintenant en bac ou dans des barques en face de l'hôtel. Une route longe le pied de la montagne en suivant alternativement chaque rive des cours d'eau, devenus plus nombreux. Ainsi, la *Néréga* se passe trois fois. Elle est torrentueuse et a dix mètres de large environ. Sur le plateau élevé du *Kouendeu*, les eaux de pluie forment un étang dans un grand entonnoir ferrugineux.

Village et forêt de Méré. — A droite, on laisse le village et la rivière de *Koïéa*, d'où un sentier se dirige sur Bourail par *Néwa*. Le village de *Méré* est en amphithéâtre sur le bord de la rivière du même nom, qu'on passe à gué avec de l'eau jusqu'au ventre et un assez fort courant. Après un joli torrent qui roule sur des rochers bien ombragés, on pénètre ensuite dans une forêt coupée d'un ravin sur lequel des arbres forment un pont. Au sortir de la forêt, au travers de laquelle la route sera bientôt percée, j'étais sur le col de la montagne, d'où je voyais trois arcs-en-ciel étagés au-dessus de moi, illuminant les vallées.

Gués de la Moinda. — La *Moinda* coule encaissée entre la chaîne de ce nom à droite et les crêtes du *Kaiendon* à gauche. Elle a un mètre de profondeur et cinquante mètres de large. Elle est torrentueuse et parfois infranchissable. On la traverse huit fois. On entre de là dans une plaine de niaoulis inondée.

Kuaua. — La nuit se fait. Nous marchons dans l'eau pendant cinq kilomètres, à la lueur des torches, et nous arrivons à Kuaua, au fond de la baie dans laquelle se jette la *Moinda*. On la passe une neuvième fois à gué, entre une habitation européenne et la ferme d'Ongoa, après laquelle, on suit un chemin de roches sur le flanc de la montagne, le long de la baie de Kuaua, en rencontrant de nombreux ruisseaux faciles à passer à mer basse. Le fond de la baie est un marécage de palétuviers, que l'on franchit avec de l'eau jusqu'aux genoux.

La forêt, les douze gués et la grande cascade de l'Attéka. — On passe le col de l'*Attéka*. Entre les chaînes des monts coule la rivière de ce nom, sur un lit torrentueux, qui se développe sur cinq cents mètres lorsqu'il pleut. Des pierres sont disposées en barrages à certains endroits pour en modérer le courant. On passe douze fois cette rivière, que dans le pays on appelle *la Cascade*, parce que c'est la réunion de plusieurs cascades roulant sur d'énormes rochers. On commence l'ascension de la montagne en pénétrant dans une superbe forêt. La rivière se fraye un chemin sous les arbres et entre de grosses roches, en formant des gradins et des bassins superposés qui vont en s'élevant, et que l'on franchit plusieurs fois jusqu'à ce que l'on soit en face de la grande cascade, qui tombe en quatre chutes mugissantes, larges nappes blanches d'écume sur un fond de verdure et un amoncellement de rochers bouleversés. Deux cascades plus petites se déversent un peu plus loin dans la même rivière. Nous avons rencontré là une bande de Canaques venant de Nouméa et portant des sacs de voyage, des chapeaux, des chemises, ceintures et paletots, mais pas de pantalons. L'un d'eux était mis en gentleman et faisait porter sa valise par sa femme, semblable à une guenon.

Les six gués de l'Ouangô. — Après la cascade, on traverse le col des monts *Ouangô*. Dans la descente, on remarque l'entrée d'une caverne souterraine cachée par des brousses, mais que les Canaques connaissent bien. Le *Oué-Quangô*, large torrent entre deux crêtes, se passe six fois. Puis commence l'ascension de la petite montagne de Canala, coupée de trois torrents.

Beau panorama. — De son sommet, on domine la vallée, la plaine, la rivière, les cultures et les établissements de Canala, disposés en amphithéâtre. C'est une vue splendide, une compensation aux fatigues du voyage. Nous descendons dans la plaine de niaoulis, inondée par les pluies récentes. On traverse à gué, avec de l'eau jusqu'au cou, la rivière de *Négrepo*, ou *Meghioa*, ou de *Caké*, large de cent mètres. On rencontre sur la droite la mine de nickel de la *Boa-Kaine*, dont les plans inclinés aboutissent à un tramway bordé d'une conduite d'eau, que l'on suit jusqu'à un affluent de la Négrepo, large de quinze mètres, entre les concessions agricoles et la ferme de *Nondoué*, et l'on arrive à Canala.

Village de Saint-Louis

CH. LEMIRE. — NOUVELLE-CALÉDONIE. — Challamel aîné, Éditeur.

CHAPITRE XVI

Canala. — Les caféeries. — Orangeries. — L'antimoine. — Les mines de Thio. — Les ruines d'un phalanstère. — La plaine des lacs. — La baie du Sud et ses chantiers forestiers. — Les monts Dore. — Chrome et cobalt. — Saint-Louis et les missions. — Orphelinat de Yahoué.

Canala. — Canala est un centre important, fondé en 1859 par M. Saisset. Le chef du troisième arrondissement y réside. L'hôtel d'arrondissement est un beau bâtiment à étage, avec vérandah et balcon sur les quatre faces. Une grande église a été inaugurée à la fin de 1876, ainsi qu'une nouvelle école pour les enfants européens et indigènes. Canala est la résidence d'un médecin, un aumônier, un officier de troupes, un aide-commissaire de marine remplissant les fonctions d'officier de l'état civil, un garde-mines, un maître de port. On y a établi un bureau de télégraphie et de poste, et une brigade de gendarmerie à cheval. Le camp des transportés est sur la gauche de la ville, et les concessions agricoles sur la droite, à dix minutes de marche. Une conduite d'eau à découvert, venant de Ciu, c'est-à-dire de neuf kilomètres, sillonne ces établissements, qui sont dans l'intérieur des terres, et l'on descend, par une belle route entre deux petits canaux, au débarcadère, qui est sur la baie, en face du pic des Morts. Les bancs, qui dessèchent à marée basse, n'en rendent l'accès praticable qu'à la pleine mer.

La tribu du chef *Caké*, qui réside à *Méoué*, compte 566 âmes. Elle occupe les bords de la Négrepo, à l'ouest de Canala. Le chef de guerre *Nondo* réside à *Mouangui*, et ses villages comprennent 263 habitants. La tribu du chef *Gélima*, qui réside à *Mouangou*, à l'est de la ville, le long de la route de Nakéty, est forte de 736 habitants. Ces trois chefs furent nos fidèles alliés pendant la révolte.

Canala devient une ville. On a établi le lotissement des terrains urbains. Son église pourrait suffire aux besoins du chef-lieu. Des écoles sont ouvertes ; des routes se construisent et seront poussées jusqu'à Houaïlou et Thio. Les hôtels ne suffisent plus à l'affluence des voyageurs ; les magasins n'ont pas d'approvisionnements assez complets. Des habitations convenables s'élèvent en même temps que des magasins, des hangards pour le nickel.

Il est facile de se rendre compte de ce développement en visitant, d'une part, les cultures, les caféeries, les plantations, les propriétés des colons, et, d'autre part, la mine de Boa-Kaine.

Mine de Boa-Kaine. — Pour se rendre à la mine, on remonte la rivière de Négrepo, même à marée basse, jusqu'à l'appontement qui précède le hangar où aboutit le tramway, qui a deux kilomètres de long. Les rails sont en fer, sur traverses en niaoulis. Il n'y a qu'une seule voie ; elle longe une conduite d'eau. Les wagonnets consistent en une plate-forme portant environ une tonne de minerai en sacs. Chaque wagon est poussé par deux Canaques, la pente étant d'un millimètre par mètre. Un wagon à double banquette est installé pour les voyageurs. A l'extrémité de cette voie sont les bureaux et les magasins. Le tramway se bifurque à angle droit. Il est établi sur deux voies, qui commencent au-dessus du magasin dans lequel se déverse le minerai descendant de la mine. Un câble métallique fait remonter les wagonnets sur un plan incliné, le poids du wagon plein descendant faisant compensation à la traction du wagon vide ascendant. Puis vient le premier déversoir, relié, par un tramway horizontal sur le flanc de la montagne, à un deuxième plan incliné muni d'une roue ou tambour horizontal avec frein. C'est à une hauteur de trois cents mètres que se trouve l'entrée des tunnels. Le puits a dix mètres de profondeur. On y descend en passant le pied dans le nœud d'une corde enroulée sur un treuil. Les galeries sont solidement et habilement aménagées. Le minerai en sort par des tramways intérieurs. La nature du terrain se prête à ces installations. On a percé, à cent mètres d'altitude, une galerie qui a coûté deux ans de travail. Quand on songe aux résultats obtenus jusqu'ici, on s'explique la richesse dont le nickel pourrait être la source pour cette colonie.

De Canala à la Foa. — Une route muletière de soixante-deux kilomètres conduit aussi à Uaraï, en traversant tout l'intérieur de l'île et en passant à la Foa, qui est à quarante-quatre kilomètres de Canala. En comptant la distance à partir d'Uaraï, on trouve, au cinquante-troisième kilomètre, le camp, le village et la cascade de *Ciu;* au quarantième kilomètre, le camp et le village de *Coindé*, et, au trente et unième, l'ancien camp de la transportation, établi à *Dôgny* ou Moréo et desservi par la *Foa*. Puis vient le joli site de *Piéra*, dominé par les panaches des cocotiers. Au pied de la colline coule un ruisseau très encaissé, que l'on traverse à pied. C'est là que commence le territoire du pénitencier agricole de Fonwari qui s'étend jusqu'à cinq kilomètres avant Uaraï. De Piéra à Uaraï, la route est carrossable. Elle dessert également le centre agricole de Tia, près de la Foa.

La route de Canala à Uaraï est très pittoresque : des ponts sont construits sur les ruisseaux ; elle suit les flancs des montagnes du centre par une percée dans les forêts. Les camps la divisent en étapes très commodes. On considère Dôgny, à trente-deux kilomètres d'Uaraï, comme la limite de cet arrondissement et de celui de Canala.

De Canala à Nouméa par mer. — Les communications entre Canala et Nouméa ont lieu régulièrement deux fois par mois par le vapeur, qui fait le tour de côte, une fois par semaine par le courrier de terre et par de nombreux caboteurs. J'embarquai pour Nouméa sur la *Maudoué*, dans la nuit du 1ᵉʳ janvier. Il nous restait 143 milles à faire pour gagner le chef-lieu. La journée du lendemain se passa dans la *baie de Bogota*, où coule, à travers un joli village, un ruisseau limpide chargé de magnésie. Il faut se défier de ses vertus purgatives. Nous avons visité la baie de *Nakéty* ou Nékété, puis celle de Thio, qui n'a, comme celle de Houaïlou, qu'une rade foraine. Nous entrons par un mauvais temps au *Petit-Unia*; mais un courant de foudre nous force à en sortir en virant sur place entre deux récifs en forme de champignons, dont les têtes noirâtres se couvrent d'une écume blanchissante. La *Maudoué* se conduit parfaitement. Elle a un équipage de quatre noirs des Loyalty, commandés en anglais, par un brave et digne Français, son propriétaire. Ces noirs, sujets français, parlent plutôt anglais que français. Dans leurs îles, les missionnaires anglicans et français rivalisent de zèle pour les convertir. En outre, il y a plus de colons anglais que de français. Ces indigènes sont plus intelligents, plus vaillants et mieux faits que ceux de la Calédonie même.

Depuis Canala jusqu'au sud, la côte est formée de hautes montagnes abruptes et arides, dont le pied est baigné par la mer. Quelques cascades en rompent la monotonie. Des rivières barrées de bancs de sable se font, entre deux crêtes, un passage rétréci. En beaucoup d'endroits, le rivage est bordé de magnifiques pins colonnaires.

Nous revenons mouiller au *Grand-Unia*, et nous trouvons sur la plage de magnifiques bénitiers (tridacnes). Nous pénétrons ensuite difficilement, entre des îlots boisés, battus et rongés par la mer dans la *baie de Yaté*. Elle est formée par l'embouchure d'une grande rivière coulant dans une vaste plaine de 27 kilomètres de long sur 1,800 mètres de profondeur. « Cette rivière vient, dit M. Chambeyron dans ses *Instructions nautiques*, d'un massif de montagnes situé au sud-est et s'étendant jusqu'au Humboldt. Elle traverse des vallées très profondes et escarpées. Son lit est très encaissé; ses berges sont élevées de sept à huit mètres au-dessus du fond; son cours est très sinueux. Entre ses gorges, où elle reçoit de nombreux affluents, après un parcours de cinq à six lieues en plaine et une série de chutes, elle entre dans le port de Yaté. Au milieu de cette plaine existent *deux lacs* situés au nord et au sud de la rivière. On les nomme Nétéatéa. Celui du sud a un kilomètre en tous sens au pied du massif central ; celui du nord, situé sur le sentier de Nouméa à Unia, est plus étendu ; à 150 mètres du bord, sa profondeur est de 6 mètres et va en augmentant. Ses rives et son fond sont d'un beau sable rouge et fin. Ses environs sont cultivables à partir du confluent d'une rivière venant du nord-ouest, que la rivière de Yaté reçoit entre les deux lacs, dans les gorges des montagnes. »

Canal de la Havannah. — Nous entrons dans le canal de la *Havannah*, où se fait sentir un mascaret violent. La côte se perd dans l'écume des brisants. Des pins colonnaires se dressent sur des îles verdoyantes qui nous séparent du canal de la *Sarcelle*. Le soleil couchant éclaire de ses derniers feux la pointe sud de l'île, formée de roches ferrugineuses, noires, rouges et jaunâtres. Ce spectacle n'est pas sans attrait; mais la navigation est dangereuse dans ces parages.

Nous doublons la baie du *Prony* ou baie du *Sud*, et nous allons passer la nuit dans le canal Woodin, au fond d'une anse de l'île *Ouen*, où l'on trouve de très bonne eau et où l'on remarque un très bel écho. Si l'on hèle une embarcation à terre l'écho répondra à s'y méprendre.

Ile Ouen. — L'île Ouen est habitée par 60 Canaques, pêcheurs et marins, qui savent parler le français. Ils se livraient jusqu'ici à l'industrie de la biche de mer. Il y a une mission catholique et c'est le port d'attache de la goëlette qui ravitaille les missionnaires disséminés dans toute la Calédonie. On trouve dans l'île de magnifique serpentine valant la jade, dont les Canaques faisaient autrefois des haches très dures,

Cette pierre a été remarquée à la dernière exposition et pourrait être utilisée pour des ouvrages artistiques. Il y a aussi du fer chromé et du cobalt.

De là on gagne Nouméa en quelques heures en passant devant les baies *Ngo*, *Plum*, *Boulari*.

De Canala à Nouméa par Nakéty. — J'ai fait plus tard le chemin de Canala à Nouméa par le sud. Une belle route a été construite de Canala à *Nakéty*. Après avoir passé entre les cultures européennes de maïs, de riz, manioc, visité les grandes caféeries, les vergers et les orangeries, on longe le village du chef *Gélima*; on passe à gué la rivière d'*Allalla* dont les sources forment la belle cascade de *Nouensiou* (Ciu), qu'on voit à gauche du bois de *Boagou*. On gravit les sommets du *Crève-Cœur*, d'où l'on descend dans la grande et belle vallée de Nakéty, en traversant deux fois la *Nouho*. Cette vallée est bien arrosée et forme un centre agricole et minier. Il y a une mission catholique; on compte 700 indigènes. L'antimoine est très abondant à Nakéty et de qualité supérieure. Il sert en thérapeutique et pour fondre les caractères d'imprimerie. Son extraction est très facile.

Par les bords de la mer il faut se rapprocher de la montagne de *Coundi*, reconnaissable à ses grandes taches blanches; elle est reliée à la *Corne*, portion de la chaîne de Nakéti couronnée d'un grand plateau ferrugineux. On le traverse au pied de la rivière de *Pouémata* et l'on atteint le sommet *Gouh*. « Les indigènes qui nous servaient de guides, dit M. Chambeyron, nous ont fait remarquer de vastes affaissements de sable où ont été engloutis, il y a quelques années, plusieurs indigènes qui traversaient ce plateau. Il faut passer à bonne distance de ces immenses précipices et ne pas s'écarter des sentiers. Avis à ceux que le désir d'une excursion attirerait sur ces hauteurs, d'où l'on aperçoit distinctement les îles Loyalty. »

Thio. — La route ne présente plus aujourd'hui aucun danger de ce genre et en une petite journée on se rend au village de

Komon, ou *Nemourou,* ou *Thio.* La nouvelle église de la Mission s'élève à côté d'une fontaine et d'un superbe banian. Une belle allée conduit à la rivière. Thio est aujourd'hui un centre minier important. Nous avions prédit ces développements en juillet 1875. Il y a plus d'une centaine d'Européens et 150 Néo-Hébridais employés aux mines. Des magasins et des hôtels se sont établis sur la rive gauche de la rivière. Les Canaques se groupent autour des exploitations européennes. Un officier de police et d'état civil y est installé. Il y a un bureau de poste et un télégraphe, une gendarmerie. C'est une des agglomérations les plus vivantes de la Nouvelle-Calédonie. Les Canaques y sont au nombre de 500 sous le chef Philippo.

Les indigènes prétendent qu'il est très difficile de se rendre par terre de Kuakué à Unia ; qu'il faut passer de grandes rivières à la nage, sauter de rocher en rocher, ramper dans les passages étroits ; que le voyage peut durer huit jours comme un mois ; qu'on est forcé de prendre le large en pirogue. Bref, le parti le plus prudent, surtout quand on est seul, est de traverser la vallée de Thio en marchant sur Bouloupari ou Tomo. On prend des guides payés à raison de 2 fr. par tête et par jour, du biscuit et du tabac matin et soir ; c'est le moins qu'on puisse leur donner.

Le sentier de la vallée de Thio traverse les plaines qui bordent cette grande rivière, dont le parcours est d'environ 55 kilomètres. Après avoir reconnu les villages de *Chamichoro* et de *Saint-Nicolas,* on s'installe pour la nuit au village de *Saint-Pierre.* On a passé cinq fois la Thio et trois affluents, dont un dans le sud, large de 20 mètres. Le lendemain, après avoir gravi une série de mamelons, on passe pour la deuxième fois, à un gué de 60 mètres de large, la Thio coulant avec violence entre des rochers glissants, au-dessous desquels elle s'engouffre dans des bassins profonds et poissonneux où les anguilles atteignent, paraît-il, une grosseur prodigieuse.

On entre dans la vallée de *Haoui,* débouchant à Bouloupari, dont la direction est indiquée par le pic Ouitchambô. On oblique vers le sud-ouest, vers la cuvette de *Foa* qui contient les trois villages voisins de *Tou, Nacouya, Chavindi.* Les crêtes de cette cuvette mériteraient une exploration géologique et offriraient intérêt aux prospecteurs. Laissant à droite le village de *Chambrena*, on gravit le col de *Tonhangué*, qui forme la séparation des deux versants, et l'on a devant soi le fort et le poste militaire de *Kouenthio*. A 10 heures du matin on atteint les sources de la Ouengui. On traverse au-dessous du village de *Nomboué* des pâturages peuplés de bétail, le paddock d'une ferme, et à midi 1/2 on arrive au gué de la Ouengui sur la route de Bouloupari à Nouméa. On revient au chef-lieu par Tomo, Coétempoé et Païta en deux jours de marche.

Aujourd'hui, une route est ouverte entre Bouloupari et Thio, et facilite les relations avec cette localité.

De Canala à Nouméa par la côte sud. — Voulant achever le tour complet de l'île à pied, je repartis de Thio pour la baie du Sud par la côte. La rivière de Thio n'est guéable qu'à marée basse en face de l'agglomération minière. On gagne le village de *Saint-Philippe*, résidence du chef Philippo; puis, après avoir passé à gué deux bras de rivière, on longe la mission de *Saint-François*, et l'on entre dans la plaine qui suit la pointe *Bouatameré*. On traverse la rivière de *Mé* et on arrive au village de *Saint-Gabriel* ou *N'Mouara*, centre minier. On coupe la presqu'île *Nemmiri* et l'on suit le fond du *port Bouquet* en traversant la Nemmiri.

Toupéti. — Par le travers de *Toupeti* on trouve des pirogues pour passer la profonde et large rivière de *Fouanfacia* (ou *Yémia,* ou *Orévéïa*) très hantée par des requins.

Bourindi. — On entre au village chrétien de *Mesionkoué* (ou *Saint-Jean-Baptiste*), dans le pays de *Bourindi* (ou *Brandy*). Puis viennent des plaines étroites plantées de cocotiers, d'ignames et d'énormes cannes à sucre. On passe à gué les trois bras de la *Fouamboui*, le long de laquelle un sentier se dirige vers la Tontouta. On arrive à la grande et profonde rivière du *Ni*, au fond de laquelle s'exploitent des mines de nickel. Peu après, il faut gravir et descendre à pic, non sans danger, des rochers abruptes et très élevés de *Ouondaourou*, *Ouatariché*, et *Kakorékaméa*, battus par la vague. On ne marche qu'à marée basse sur une plage rocailleuse.

Baie de Kuâkuè. — On coupe la pointe de *Koingré*, qui forme la baie *Kuâkué*, et l'on arrive au village de ce nom, évacué par les indigènes et envahi par les puces, comme tous les villages de ce littoral. Entre les deux rivières du fond de la baie sont installés des mineurs. Un sentier canaque conduit à la Dumbéa en traversant l'île.

Les indigènes se rendent de Thio à Unia, par terre, suivant les crêtes des montagnes de l'intérieur, sur lesquelles quelques huttes sont destinées à servir d'abri, en cas de mauvais temps. Ils font ce chemin en dix heures sans s'arrêter et évitent ainsi les baies et les rivières de Kuâkué et de Uinné.

Baie de la rencontre ou Uinné. — La presqu'île *Naoundou* exige six heures de marche par une percée dans les bois qui conduit à la *baie de la Rencontre*, où il faut passer la rivière de *Uinné*.

Baie du Massacre. — Une presqu'île effilée, que l'on coupe par un petit col, nous mène dans la baie du *Massacre*, de *Noé*, ou *Purina* (ou *Pudjémia*). On passe à gué la rivière le long de laquelle un sentier s'ouvre vers Saint-Louis.

La description topographique du sentier de Saint-Louis à Yaté et à Unia a été faite par le lieutenant Bourgey, en 1865 ; nous n'avons pas à y revenir. Ce sentier, qui n'offre ni village, ni habitation, traverse la plaine des lacs *Latour* et *Arnauld*, ou *Nétéaléa*. On longe le premier, long de 1,500 mètres, large de 300 mètres, et distant de Yaté de 17 kilomètres : le second est long de 1,800 mètres et large de 500 à 800 mètres, et distant de 1,700 mètres du sentier.

Le sentier d'Unia se réunit à celui de Yaté vers Nouméa, à 19 kilomètres et demi d'Yaté ; celui de *Touaourous* s'y relie à

24 kilomètres et demi d'Yaté ; celui de *Plum*, à 40 kilomètres d'Yaté.

Unia. — A partir de la baie de Noé, on suit alternativement jusqu'à Unia la plaine et le rivage, tantôt sur un bon terrain, tantôt au milieu des palétuviers. Le mieux est de rallier le plus possible le pied des montagnes. *Unia* est un village chrétien.

Yaté. — On traverse à gué de petites rivières qui coupent le facile sentier d'Yaté, où il n'y a plus que cinq habitants européens. La culture européenne ne couvre pas plus de trente ares. Il y existe un troupeau de soixante têtes de bétail et de moutons. Les orangers, les mûriers, les rosiers, les ruines de cases et de fours en briques, rappellent l'essai de phalanstère tenté en 1864, sur l'initiative de M. Guillain, alors gouverneur, et du consentement du chef de l'État. Ce phalanstère était composé de vingt colons, à chacun desquels on avait donné quinze hectares de terres. Les socialistes, associés librement à Yaté dans un communisme tempéré, ne se doutaient guère alors qu'ils seraient remplacés, dix ans plus tard, en Calédonie, par une agglomération forcée de communistes moins modérés, qui n'ont pourtant pas été amenés dans ce pays en vertu de « l'attraction passionnée » imaginée par Fourrier. Les bénéfices de l'association, au profit de laquelle l'administration coloniale avait fait de larges avances, devaient être divisés, la moitié par parts égales, et le reste au prorata des journées de travail de chacun. Mais les associés préférèrent bientôt travailler chacun pour son compte, et l'œuvre périt d'elle-même.

M. Saisset, en 1859, se rendit de Nouméa à Yaté, par terre, avec la Compagnie Taïtienne, commandée par le chef *Tariirii*. La distance est de 90 kilomètres. On va faire une route de Yaté au Prony.

La mauvaise tenue du port, les dangereux courants de la rivière, dont les sinuosités sont bordées de récifs, le manque de moyens de communication, tout contribue à enlever à

Yaté toute chance de prospérité, du moins comme centre de population.

La rivière a 400 mètres de large, 45 à 50 kilomètres de cours, et de 5 à 15 mètres de profondeur. Le gué est à 25 kilomètres de l'embouchure, sur une largeur de 20 mètres et une profondeur de 1 mètre 20 centimètres. Le fond est de gravier ; les berges sont élevées de 7 à 8 mètres.

Les Touaourous. — On prend ensuite un très bon chemin de 6 kilomètres sous bois jusqu'au village et à la mission des *Touaourous*. On fait l'ascension du versant dénudé et crevassé de cette chaîne, et l'on descend, par les bois de palmistes et de pandanus, dans la *Plaine des lacs*. Du sommet des Touaourous, on aperçoit parfaitement l'île des Pins ; mais elle se voit bien mieux du cap *N'doua* et de *Goro*.

Au cap N'doua, ou plutôt à Goro, un sémaphore serait bien placé, soit pour correspondre avec l'île des Pins, soit surtout pour les besoins de la marine.

La plaine des Lacs. — L'aspect de la région des lacs est frappant dans son ensemble. L'indication d'un volcan sur d'anciens croquis et sur celui du commandant Chambeyron, datant de 1863, n'est pas justifiée ; mais il serait impossible de ne pas remarquer que les massifs de montagnes forment un cirque enclavant une grande dépression du sol comme un vaste cratère ou comme un creuset naturel dans lequel, lors du soulèvement de l'île, les matières solides en fusion se seraient affaissées en même temps que l'eau s'y déversait. C'est ainsi que les blocs de fer fondu séparent de grands réservoirs d'eau, marais et lacs ; des flancs des montagnes sortent des sources d'eau vive qui grossissent dans les bouquets de bois parsemés çà et là. Les cours d'eau sillonnant la plaine et s'étendant sur leur passage en font un grand marais de vase noire qu'il serait dangereux de traverser après de grandes pluies. On conçoit, à cause de la forme concave de la plaine et de la perméabilité du sol dans les interstices des blocs ferrugineux, que les lacs doivent communiquer entre eux. Le second, ou *moyen lac*, envoie son trop-plein à la mer par la rivière de *Kubunie*. Il communique avec le grand lac, appelé *lac en 8*, à cause de sa forme, et celui-ci avec la rivière de Yaté par la *rivière des lacs*. En outre, il doit exister une communication souterraine entre ce lac et la *rivière des Grands-Kaoris*, qui se jette dans la baie du Sud. Les blocs ferrugineux qui constituent le sol de ces parages sont si abondants que l'aiguille des boussoles y subit des déviations considérables.

On franchit un col aride au pied duquel commence la route muletière reliant le camp de la rivière *Nécoutcho* ou des *Grands-Kaoris* au camp de la baie des Kaoris ou du *Carénage*, près duquel on trouve des eaux thermales. Ces eaux contiennent du bicarbonate de magnésie à 33°. Nous avons vu, dans la baie, plus de vingt requins à fleur d'eau. Le long d'une glissière en bois de 70 mètres de haut, on a pratiqué un escalier sinueux de 280 marches. Des ponts sont établis sur les cours d'eau, sauf sur les deux derniers bras de la rivière des Kaoris, et l'on arrive à la *baie du Sud*, la principale de celles que contient la vaste *baie du Prony*.

Baie du Prony. — Le littoral du sud-est, coupé de rivières et de baies profondes, flanqué de montagnes arides, dépourvu de population d'Unia à Kuâkué, n'offre d'autre ntérêt que celui des mines de nickel que ces montagnes renferment, peut-être avec d'autres minerais. Aussi des mineurs et des prospecteurs s'y installent de distance en distance. Il est possible aujourd'hui de s'y faire ravitailler, et l'exploration de la contrée se fera ainsi peu à peu ; mais pour un voyage le long de cette côte, c'est en bateau qu'il doit être accompli.

La route de la baie du Sud à Nouméa passe par les chantiers d'exploitation de bois du Prony, créés par le capitaine Sébert et actuellement dirigés par M. Alric. Il y a un camp de transportés chargés de ce travail. Leur nombre est actuellement de 160 et doit être augmenté. On exploite le chêne-gomme, le chêne tigré, le kaori, l'acacia, l'ébène, etc. Il y a une scierie à vapeur, des magasins, des fosses à bois. On fait aux divers services de la colonie des cessions de bois à raison de 25 fr. le mètre cube. Il y a aussi un village de bûcherons et une école. Le mouillage est excellent. L'eau ferrée des sources et de la *rivière bleue* et les eaux thermales magnésiennes et sulfureuses, chaudes ou froides, sont excellentes pour les gastralgies, les anémies et pour les personnes fatiguées du climat. Ces eaux vont être mises en adjudication. Les cascades, la mer, la brise, les bois, tout concourt à faire de cette station un lieu de convalescence.

On traverse une forêt, puis une plaine boisée, par une route muletière jusqu'à une montagne dont le plateau est nommé *Champ-de-Bataille*. On passe les trois sources de la *rivière Ngô* et l'on entre dans la plaine de niaoulis où se trouve une scierie et une exploitation de bois : on passe facilement à gué la rivière *Ngô*; on longe ensuite le rivage jusqu'à un col abrupte qui sépare la baie et la rivière Ngô, large de 100 mètres, de la *baie des Pirogues* où coule la rivière de ce nom, qui a 150 mètres de large. Le gué en fer à cheval est dangereux, aussi y construit-on une passerelle de cavalier avec rampes. On longe la mer en marchant presque toujours sur des rochers recouvrant à marée haute. On remarque dans le roc une profonde caverne naturelle où l'eau pénètre.

Le mont Dore et ses mines. — On suit la baie de *Plum* et l'on atteint le pied du *mont d'Or* où l'on a trouvé des terrains aurifères appelés les *Grosses-Gouttes* et surtout de riches gisements de fer chromé qui ont donné 32, 11 0/0 de chrome métallique ou 46, 80 0/0 de sesqui oxyde de chromium.

Le *chrome* nous venait jusqu'ici d'Amérique, de Turquie et de Norwège. Il en existe de petites quantités dans le Var et l'Aveyron. Il est employé pour la teinture des toiles, les papiers peints sans poison, pour les verts sans arsénites servant à peindre les fleurs et les feuillages. Il est exploité au pied des monts Dore. Les frais d'extraction sont de 12 francs par tonne rendue sur le bord de la mer, 50 francs de fret ordinaire, ce qui est un maximum, et la tonne se vendra 100 francs, ce qui laisse un beau bénéfice. Aussi les Compagnies qui exploitent en Calédonie le chrome et le cobalt sont-elles australiennes et à Melbourne. Depuis plusieurs années le chrome est employé en Allemagne et en Angleterre au tannage des peaux. Ce nouveau procédé est appelé à faire une révolution dans l'industrie du cuir, à laquelle la France est si largement intéressée.

Le *cobalt* est d'une facilité d'exploitation exceptionnelle. Il se récolte sur le littoral Sud de la Nouvelle-Calédonie en abondance. Il sert aux teintures en bleu pour porcelaine, émail, etc.

Depuis 1883, le cobalt est fondu dans les hauts-fourneaux de Nouméa, de sorte qu'on l'expédie maintenant, non en minerai, mais en saumons.

Des gisements de houille ont été découverts en 1854 et en 1872, expérimentés en 1858 ; les couches étaient irrégulières ; l'eau se rencontrait très vite, la consommation était très minime. Le charbon d'Australie est très bon marché. Pour ces motifs, on n'a pas exploité, mais on s'occupe de commencer des travaux qui feront ressortir l'importance de ces gisements. Les hauts fourneaux qui existent à Nouméa, les grands paquebots, les usines y trouveraient les ressources en combustible qui leur sont indispensables.

Nous ne parlerons pas des marbres, des serpentines, des jades, des ardoises. Nous nous bornerons à signaler la plombagine, les pierres lithographiques. Celles de la P. I. Ducos sont exemptes de vermicelles et de quartz, elles se présentent en liteaux praplaques de 1^m 20 de long. Elles sont situées sur le bord de la mer. Les grandes plaques de Saxe faisant maintenant défaut, notre colonie peut encore sous ce rapport satisfaire aux besoins de l'industrie nationale.

Toutes ces richesses minières devraient attirer l'attention des capitalistes français, alors que l'argent est abondant et à bas prix.

On a commencé une route de Saint-Louis à la baie du Sud

passant derrière le grand *mont Doré* ou *Goumba* et le *petit mont Doré* ou *Kouié*. Au delà de ce puissant massif aride et dénudé, mais dont le pied est garni de pâturages excellents pour les moutons, on traverse la *Coulée*, dont l'embouchure forme un vaste marécage de 5 à 6 kilomètres. On rejoint là une belle route greffée sur celle de Nouméa à Païta.

Établissement de Saint-Louis. — Si la côte sud-est n'est qu'une série de montagnes arides, la côte sud-ouest est au contraire garnie de colons. La route longe constamment des propriétés. La plus grande et la plus belle est celle de *Saint-Louis*, qui appartient à la Mission mariste. Elle comprend 3,100 hectares. Une usine à sucre et une scierie y fonctionnent à côté des écoles, où l'on apprend le français aux garçons et aux filles indigènes, en même temps que la culture aux uns et la couture aux autres. Une blanche église s'élève au milieu d'un riant paysage animé par un beau village et par la rivière de Saint-Louis, qui alimente l'usine au moyen d'un canal de dérivation creusé par les soins des missionnaires. Sur l'une des montagnes voisines est établi un calvaire qui domine les environs. Des plants de quinquina ont été plantés il y a cinq ans près du *pic de la Mission*, à une hauteur de 600 mètres dans un terrain argileux humide et fortement incliné. Dix-huit pieds ayant de 15 à 25 centimètres furent entourés d'une barrière et l'on ne s'en occupa plus. Au bout de quelque temps des porcs sauvages détruisirent la barrière et abîmèrent la plantation. La dernière fois qu'elle a été visitée, vers la fin de 1872, il ne restait qu'un seul pied qui avait 1^m 90 de hauteur et 0^m 11 de circonférence. On peut donc dire que si cet essai n'a pas réussi, c'est par le manque de soin et de surveillance.

La Conception. — Plus loin, à 11 kilomètres de Nouméa, une autre mission, appelée *la Conception*, située entre la route et la mer, offre un aspect encore plus verdoyant. Elle est entourée de cocotiers et de bananiers. On y trouve un établissement d'instruction pour les demoiselles européennes.

Ferme d'Yahoué. — La route coupe ensuite le ruisseau du *Pont-des-Français* au point où se trouve l'embranchement qui conduit à la ferme d'*Yahoué* ou d'Yaoué, où l'on récolte chaque année plus de 100,000 oranges. On y a installé dans de grands et beaux bâtiments l'orphelinat des garçons, parmi lesquels il faudrait aussi comprendre les métis abandonnés par leur père. Les produits du jardin sont mis chaque année en adjudication publique. L'établissement est traversé par la route pittoresque qui mène à la prise d'eau de la rivière de Yahoué, sous les ombrages d'une belle forêt, où la source jaillit en cascade sur des rochers. C'est de là que l'eau a été amenée à Nouméa en janvier 1876.

Après avoir franchi le ruisseau du Pont-des-Français, il faut renoncer à la verdure et à la fraîcheur. On reprend la route de Païta à Nouméa le long des montagnes desséchées, et l'on arrive au chef-lieu en regrettant les belles rivières, les cultures verdoyantes, les frais paysages et la brise bienfaisante des autres points de la côte moins encaissés par des hauteurs dénudées.

CHAPITRE XVII

L'île Nou et ses établissements. — Presqu'île Ducos. — L'île des Pins. — Les Loyalty. — Les Bélép. — Les îles Huon. — Les Chesterfield.

L'île Nou et ses établissements. — L'*île Nou* est réservée à la transportation. On y a construit une scierie, une manutention et surtout un magnifique hôpital entouré d'un jardin anglais orné de superbes banians. C'est le pénitencier-dépôt, avec magasins d'approvisionnement, ses ateliers de construction et de fabrication, ses casernes, ses télégraphes, ses fermes agricoles, ses jardins, ses quais. L'île est sillonnée de routes. Elle a été reliée le 24 octobre 1875 à la presqu'île Ducos par un câble électrique sous-marin d'une longueur de 1,800 mètres par des fonds de 16 à 17 mètres. Les navigateurs sont priés de ne pas jeter l'ancre à moins de 100 mètres dans le sud-est et le nord-ouest de la ligne qui se trouve au S. 44° O. du sommet *Kuauri*, direction dans laquelle est mouillé le câble.

Presqu'île Ducos. — La *presqu'île Ducos*, comme l'île des Pins, était réservée à la déportation dans une enceinte fortifiée. Elle a 7 kilomètres de long sur 1,800 mètres de large. Ce sont des libérés sans emploi qui y sont maintenant établis entre les gorges des montagnes. Ils y défrichent de petits potagers. La fortification d'enceinte, consistait dans la crête des montagnes, deux pièces de canon, un cordon de sentinelles, une ceinture de navires et de requins, et un policemen canaques. Les libérés peuvent avo
suivies avec les colons pour leurs travaux

diaire d'un agent spécial désigné par l'Administration. Ils obtiennent en outre la permission de venir à Nouméa. Les établissements de la presqu'île sont reliés à Nouméa par une ligne télégraphique.

Iles de Bélêp. — On avait songé un moment, comme lieu de déportation pour les blancs, aux îles des *Bélép*, mais ce projet a été presque aussitôt abandonné. Cependant, en 1879, on y a installé 350 noirs prisonniers à la suite de la révolte; Ces îles, situées à environ 70 milles au nord de la Calédonie, sont très saines, peu étendues, peu éloignées de la grande terre et comprises dans la ceinture du grand récif. » Elles sont cependant d'un abord difficile, sauf l'île *Art*, qui possède deux ports : *Ouala* dans l'ouest et *Patromé* au sud. Enfin l'approvisionnement et le ravitaillement de ces points est toujours difficile tant en raison de l'éloignement qu'à cause de l'état de la mer dans ces parages. Art a 14 milles de longueur sur 2 milles 1/2 de large. Elle est arrosée par cinq torrents. Ce groupe de deux îles, *Art* et *Pott*, se nomme quelquefois *Lébert*; mais le plus souvent Bélép, du nom de la tribu qui l'habite et dont le chef Amabili Ouaoulo est mort récemment à Balade. L'hydrographie et la topographie n'ont été faites que pour Pott. Il y restait à peine 200 indigènes ; en 1862, il y en avait 400 à Art et 200 à Pott. Ils ne formaient qu'une tribu avec un seul chef de sorte qu'avec les déportés noirs il n'y a que 500 habitants.

« En transformant, dit M. de Rochas, la population de forbans des Bélép, les missionnaires ont tranformé en même temps la localité qu'ils habitent. Des routes ont été percées, des avenues de cocotiers ont été plantées, des ponts ont été jetés sur les ruisseaux, des canaux construits pour l'irrigation. Tout cela s'est fait rapidement. De superbes plantations entourent l'habitation européenne. Les Canaques cultivent la canne et les plantes vivrières. Ils fabriquent de l'huile avec la noix de coco. Ils la vendent aux caboteurs qui achètent en même temps le tripang et l'écaille de tortue.

Le dugong. — Les récifs de ces parages sont fréquentés par les dugongs (ou halicore australis) cétacés de dix à onze pieds de long, dont la mâchoire supérieure est armée de deux défenses divergentes longues et pointues. La chair comme celle du lamantin a le goût de viande de veau ou de porc, les os sont solides comme l'ivoire. L'huile vaut l'huile de foie de morue et se vend 6 fr. le litre ; on le pêche en grand sur la côte orientale d'Australie. On en rencontre, paraît-il, dans la mer Rouge. C'est une pêche lucrative.

Les scènes de cannibalisme des Bélép sont de l'histoire ancienne ; mais aujourd'hui il n'y a plus de bras pour la culture et ces deux îles perdront bientôt leurs noirs habitants.

L'île Art. — Les Européens profiteront un jour des travaux des indigènes et de leurs cultures. Ils trouveront dans les localités les moins arides du plateau de l'île Art, dans les étroites bandes de terrain qui s'étendent au pied des montagnes, le *magnagna*, plante excellente pour les troupeaux. Les ruisseaux qui serpentent sur le plateau et remplissent de petits bassins donneront toute facilité pour abreuver le bétail et utiliser une grande portion de l'île impropre à toute autre exploitation. Il y a des champs de taros, d'ignames, de patates, de bananiers, de cannes à sucre, de papayers, et un petit nombre d'arbres à pain.

Les villages sont construits à l'abri de plantations de cocotiers. L'île avait 119 hectares de cultures indigènes. Elle est riche en minerai de fer et probablement d'autres métaux que recèlent les montagnes ; on y a découvert du minerai de cuivre et de nickel. Le sol argileux est, comme celui du Sud de la Calédonie, tout imprégné d'ocre rouge. L'île est formée par des montagnes qui circonscrivent un plateau presque aussi élevé qu'elle. A l'exception de quelques bouquets de cocotiers épars sur le bord de la mer, de quelques vallons exploités par l'agriculture et de quelques oasis disséminées sur le plateau central, l'œil attristé n'embrasse que des monticules rougeâtres et dénudés, des espaces couverts de fougères naines et de loin en loin ombragés par de malingres niaoulis. Le figuier banian s'y rencontre dans plusieurs endroits; il étale ses larges rameaux sur les rejetons qu'il projette autour de son tronc et forme à lui seul une verdoyante colonie, dont chaque membre, prenant racine dans le sol, se suffit à lui-même sans interrompre sa communication avec la souche. « Il est une variété de cet arbre que je n'ai vue, continue M. de Rochas, qu'aux Bélép et aux Nénémas. Les rameaux qu'il envoie vers la terre se dirigent très obliquement et se tendent comme une grosse corde dont ils ont la rondeur et l'uniformité, en sorte qu'on dirait autant de câbles placés par la main de l'homme pour soutenir le tronc à la façon d'un mât. La fraîcheur des plantations, le vert feuillage des bosquets ressortent agréablement sur la rouille des montagnes qui forment le fond du tableau. La nuit, les lucioles, qu'on ne remarque pas en Calédonie, éclairent les bosquets et les arbustes de leurs lueurs phosphorescentes. »

L'île Pott. — Les Canaques de l'île Pott étaient en relations constantes avec ceux de Art; ils étaient chrétiens également. Ces deux îles étant très voisines l'une de l'autre, la population se composant de pêcheurs, des pirogues allaient et venaient très fréquemment entre les deux îles. Les caboteurs y venaient échanger du tabac, des cotonnades, des haches avec du tripang.

Pour se rendre de Nouméa aux Bélép, il faut aller jusqu'au groupe des *Nénémas* au nord de la Calédonie. Ce sont des îlots habités et cultivés, et dont les principaux sont *Pââba*, *Yandé*, et *Yenguébane*. Les indigènes y vivent de cocos et de poissons. Deux Français et deux Anglais ont loué des îles de ce groupe pour y élever du bétail et des chèvres.

Les Loyalty. — Pour être complet, il faut dire quelques mots des *Loyalty* et de l'île des Pins.

Les îles *Loyalty* sont situées à environ 25 lieues de la côte calédonienne et élevées seulement de 70 mètres au-dessus de la mer. Le groupe se compose de trois îles principales : Lifou, Maré et Uvéa peuplées de 14,600 habitants. Le niaouli n'y croît pas et le sandal y est rare et rabougri. On y rencontre un crabe (le Birgus latro de Milne Edw.), qui grimpe aux cocotiers et en ouvre les noix pour s'en nourrir.

Lifou est à peu près grande comme la Réunion ; on y compte 55 villages peuplés par 8,500 habitants. La proportion des cultes est de 1,670 catholiques pour 6,830 protestants. Tout ce petit monde vit maintenant dans la paix la plus grande.

Le colon européen, dit M. Balansa, botaniste et géologue, ne trouvera que déception dans ces îles, où l'on ne peut labourer un seul hectare de terrain sans se heurter à des roches d'affleurement. La culture la plus productive et la plus facile est celle du cotonnier. Les indigènes de ces îles sont mieux faits et plus intelligents que ceux de la grande terre. Le pays étant dépourvu d'eau douce, les habitants font avec l'écorce d'orange une liqueur enivrante. Ils n'ont pour se désaltérer que la noix de coco. Ils ont creusé des puits de 40 mètres de fond. Ils sont excellents marins et les caboteurs les prennent volontiers pour former leurs équipages. L'exportation du bois de sandal est actuellement défendue. Les champignons de bois provenant de Lifou se vendent avec avantage à Sydney, qui les expédie en Chine, où ils sont très estimés.

Il y a à *Chépénéhé* un résident français représentant l'Administration coloniale et un bureau de poste.

L'île *Maré* a 34 kilomètres de longueur sur 29 de largeur. Elle est plus fertile et plus boisée que Lifou. Il y a un bureau de poste. Sur 4,455 habitants, 3,480 sont protestants et 975 catholiques. L'envoi récent d'un pasteur protestant français était réclamé pour calmer les luttes trop fréquentes et toujours sanglantes entre ces deux éléments de population.

L'île *Ouvéa* est couverte de cocotiers. Les habitants, habiles constructeurs de pirogues, sont au nombre de 1,740, dont 990 catholiques et 750 protestants.

Tandis que la population canaque dépérit sur la grande terre, celle des Loyalty, bien qu'ayant trop peu d'espace pour es plantations, s'accroît de jour en jour. Il n'est donc pas possible, comme le voudrait le projet de loi sur les récidivistes, d'y implanter un nombreux contingent d'Européens, qui ne pourraient y vivre ni du sol, ni du commerce et les indigènes des Loyalty sont trop attachés à leur pays pour que l'on puisse songer à les déplacer.

Ile des Pins. — L'*île des Pins* (*Kunié*) est à 10 lieues sud. Sa population est d'environ 600 indigènes, son étendue de 13,000 hectares et sa circonférence de 62 kilomètres. La tribu canaque est gouvernée par une femme indigène, que l'on appelle la *reine Hortense*, qui réside à *Ischdâ*, avec le prince son époux Samuel. Elle est fille de l'ancien chef auquel elle a succédé. Les missionnaires catholiques sont installés dans l'île depuis vingt-cinq ans. Leur établissement comprend une église et une fort jolie chapelle dans un site pittoresque. Autour de l'église sont groupés les écoles de garçons et de filles, le presbytère, la scierie hydraulique, les jardins. Presque tous ces Canaques parlent le français. Ils sont robustes et bons marins. Ils possèdent des pirogues doubles avec lesquels ils viennent sur la grande terre. On a placé auprès d'eux 720 déportés canaques provenant de l'insurrection de 1878.

L'île est entourée d'une zone madréporique qui paraît dépourvue de terre végétale et qui cependant est couverte de forêts, de superbes banians, de pins colonnaires magnifiques qui ont fait donner à l'île le nom qu'elle porte. Des cavernes souterraines formées de calcaires et de stalactites, s'étendent sous ces forêts et servaient autrefois de cimetières aux indigènes. La deuxième zone longe la précédente : c'est là que sont échelonnés d'une part la mission et les villages indigènes, d'autre part les établissements de la déportation. Les déportés simples y étaient au nombre d'environ 2,000, dont 80 familles environ, et occupaient 178 hectares. Ils étaient divisés en cinq communes ayant chacune leur mairie et leur caserne de surveillants. A peu près au centre se trouve l'hôpital et l'église, sur le flanc d'une colline où l'on a amené l'eau d'une petite rivière. Plus loin se trouvent le marché, les importants chantiers et magasins du génie, et, dans la presqu'île de Kuto, le siège du commandement et des établissements militaires, dans le fond d'un médiocre mouillage. Une belle route relie la 5ᵉ commune, celle de Gadgi, où résidaient des déportés arabes, à Kuto, en même temps qu'une série de sémaphores desservait le littoral. Une brigade de gendarmerie était établie à Uapan. L'île est sillonnée de routes qu'on va compléter; un tramway longeait une partie de la route principale. Les maisons, en bordure sur la route, portaient une enseigne indiquant le nom et la profession des déportés qui y habitaient. Enfin, le centre de l'île est occupé par un plateau vague, aride, ferrugineux, où ne poussent que la fougère et quelques bouquets de niaoulis. On y a trouvé des indices de nickel et de cuivre. Aujourd'hui ces établissements sont occupés par les forçats impotents ou âgés de plus de soixante ans, auxquels le Gouverneur fait concéder des terrains tout défrichés.

Les communications de Nouméa avec l'île des Pins et les Loyalty ont lieu régulièrement par vapeur une fois par mois, et dans cet intervalle, aussi souvent que le service administratif l'exige, par des navires de l'État.

Archipel Huon. — Quant aux quatre îles de l'*archipel Huon*, explorées par le commandant Chambeyron, elles ne présentent pas un intérêt considérable. Le *Curieux* les a de nouveau visitées en septembre 1877. Voici les renseignements rapportés par le commandant Laguerre : « Sur toutes les îles, le guano (c'est ainsi que, jusqu'à plus complète analyse, l'on peut appeler l'engrais que l'on trouve sur ces îles) est mélangé avec du sable et des débris de végétaux : les couches sont variables de qualité et d'épaisseur. Les remarques suivantes faites sur le terrain et sur les facilités de mouillage et d'accostage seront utiles aux caboteurs.

« L'île *Surprise* est la troisième en étendue. Bon mouillage (sable et corail), sous le vent de l'île. Le rivage quoique défendu par des pâtés de coraux est facilement abordable pour les embarcations ; un chenal naturel, entre les deux branches du récif de côte, conduit à la partie la plus abritée de l'île.

« L'île est boisée sur les deux tiers environ de sa surface, abstraction faite des plages.

« Au centre de l'île, qui est à peu près circulaire, se trouve une clairière d'assez grande étendue : il y pousse une herbe grasse et touffue sur un terrain noirâtre parsemé de trous atteignant souvent 60 à 80 centimètres de profondeur.

« Le guano de cette clairière paraît de bonne qualité, mais n'est pas partout d'égale valeur. Entre les touffes d'herbe, on aperçoit de nombreuses pierres de corail, recouvertes d'une mince couche de guano de très bonne apparence. Quelquefois ce guano de surface est mélangé avec du sable, des débris de végétaux, des coquilles brisées.

« Sous les arbres, le guano atteint 30, 60 et même 70 centimètres d'épaisseur. Il est, plus que celui de la clairière, chargé de sable, de débris de végétaux.

« Il y a pas de traces apparentes d'exploitation du sol ; une douzaine de piquets desséchés, rangés sur la lisière, sont les seuls indices de cantonnement qu'on trouve à Surprise. On a rencontré quelques chèvres appartenant aux Australiens établis sur l'île Leleizour. Surprise est de toutes les îles celle qui contient le plus d'herbes. Les différents sondages permettent d'évaluer à 50 centimètres l'épaisseur moyenne de terrain exploitable, ce qui donne 85,000 mètres cubes pour volume approximatif de ce terrain.

« L'île *Fabre* est la deuxième en étendue. Mauvais mouillage ; accostage encombré de pâtés de coraux. Sur la plage, sous le vent, se trouvent les restes du wharf primitivement établi sur cette île. Un chenal pour les embarcations est indiqué par des piquets plantés dans le corail. L'île, de forme elliptique allongée, est très boisée. On ne voit qu'une très petite clairière naturelle.

« Près du wharf aboutit une route sous bois qui traverse l'île dans presque toute sa largeur ; elle est élargie en plusieurs endroits par des coupes transversales. Le sol de ces clairières artificielles a été exploité ; c'est de l'île Fabre qu'a été expédié le premier chargement pour Melbourne. On voit à nu la pierre de corail ; l'épaisseur de la couche exploitée ne paraît pas dépasser 40 centimètres. La sonde employée indiquait souvent 60 et 70 centimètres à des points différents de l'île. En prenant 55 centimètres pour épaisseur moyenne de terrain exploitable, on trouve 105,000 mètres cubes pour volume approximatif de ce terrain.

« L'île *Leleizour* est un peu plus étendue que sa voisine dont elle est séparée par un détroit d'environ deux milles. Elle est aussi boisée et le guano paraît de meilleure qualité. Comme sur les deux îles dont nous avons déjà parlé, le guano est d'épaisseur, de couleur et de qualités variables.

« Sur la côte N.-O., où l'on mouille par 32 mètres (sable et corail), on voit un wharf très solidement construit de 7 mètres environ de longueur. La maison en planche habitée par Harry Kennard est à quelque pas du wharf. Près d'elle s'ouvre une route d'environ 5 mètres de largeur et qui traverse l'île d'un rivage à l'autre dans le sens du petit axe. A mi-longueur de cette route est une clairière de 20 à 25 mètres de côté, où gisent quatre à cinq amas de guano préparé, de différentes qualités. L'épaisseur de la couche exploitée ne dépassait guère 45 centimètres ; mais il faut ajouter que le terrain avoisinant était battu, piétiné par les travailleurs. On estime à près de 200 tonneaux le chargement préparé ; il a été tamisé et ne contient plus de débris végétaux. En opérant comme pour les autres îles, on trouverait 130,000 mètres cubes pour volume approximatif du terrain exploitable.

« L'île *Huon* est la plus petite du groupe, très bon mouillage dans le lagon intérieur.

« Il y a très peu de guano ; on n'en trouve qu'à la pointe nord et au centre. Les oiseaux sont pourtant aussi nombreux que sur les autres îles, mais on comprend facilement pourquoi le guano ne peut s'accumuler. Très étroite, balayée dans le sens de sa largeur par les vents alizés S.-E., peut-être même submergée par la lame dans les ouragans, cette île ne se trouve pas dans les mêmes conditions que ses voisines. C'est l'île des Tortues ; nos hommes en ont pu prendre 28 en trois quarts d'heure.

« On voit, au centre de l'île tout un matériel de fabrication d'huile : grandes marmites suspendues à des traverses reposant sur des arbres, pièces pleines d'une eau déjà fétide, pièces vides destinées à recevoir l'huile, etc. Ce sont des hommes venant de Nouvelle-Calédonie paraît-il, qui se livrent à cette industrie peu coûteuse. »

Ces îles avaient été louées aux enchères pour deux ans, en novembre 1877. La mise à prix était de 4,500 francs. La location est montée à 59,000 francs par an pour l'exploitation du guano, qui contient, suivant l'analyse jusqu'à 67.34 % de chaux, magnésie, soude, potasse, protoxyde de fer, acide chlorhydrique, etc., et 35 % d'ammoniaque. La quantité de guano est d'environ 300,000 tonnes et l'on croyait que la tonne vaudrait 75 francs rendue à Melbourne.

On avait adjugé :

L'île Huon,	2,500 fr.
L'île Surprise,	25,000 fr.
L'île Leleizour,	25,000 fr.
L'île Fabre,	6,000 fr.

L'exploitation de ces îles a été abandonnée peu après.

Les îles *Chesterfield* forment un groupe d'îles coralligènes à 500 milles dans le nord-ouest de la Calédonie. Le transport de guerre la *Seudre* en prit possession officiellement en 1878. L'exploitation du guano qui s'y trouve a donné lieu à une exportation de 4,000 tonnes. Les tortues, le poisson, les oiseaux de mer y sont en grande abondance.

Les principaux îlots du groupe sont, l'île Longue, l'île Passage, l'île Mouillage, l'île Loop et les îlots Avon.

CHAPITRE XVIII

L'archipel des Nouvelles-Hébrides. — Explorations françaises. — Description. — Population. — Cultures. — Commerce. — Les récidivistes. —

Développements de la colonie. — L'initiative personnelle, si grande en Cochinchine, à Java, en Australie, ne s'est pas jusqu'ici rencontrée au même degré en Nouvelle-Calédonie, sans doute à cause du peu de ressources financières.

Bien qu'on subisse à Saïgon un climat pernicieux, qu'on n'y ait pas le levier de la main-d'œuvre économique des Pénitenciers, bien qu'il y ait partout des rivières navigables, les Annamites avaient su mieux que nous construire des routes praticables à cheval. On a créé des centres prospères ; on a élevé des monuments. Cependant la prise de possession de la Calédonie date de 1853 et le premier traité de Cochinchine est de 1862. La Calédonie est un beau pays, — sain, fertile, bien doué de la nature. Seulement sa population indigène disparaîtra fatalement, malheureusement, et sera remplacée par l'élément européen.

Cette transformation du pays demandera beaucoup plus de temps que la colonisation de la Cochinchine ; mais elle assurera au pays une vitalité propre et une place honorable au milieu des possessions anglaises si vastes et si prospères dans cette partie du monde.

Nous ne pouvons toutefois voir cette situation assurée que si la possession française ne se laisse pas englober et étouffer au milieu des possessions britanniques.

Nouvelles-Hébrides. — La triple nécessité d'éviter une occupation anglaise des Nouvelles-Hébrides, d'y recruter des travailleurs, d'y rejeter l'inquiétant trop-plein de la libération des forçats et de la relégation des récidivistes, donnent à cette question un intérêt capital. La vitalité de la colonie en dépend.

Certains géographes ont porté la population de cet archipel à 200,000 âmes. Ce chiffre est exagéré et n'atteint pas plus de 50,000.

Découverte. — L'archipel des Nouvelles-Hébrides fut découvert en 1606 par l'Espagnol Fernandez de Quiros, qui y débarqua en compagnie de Luiz de Tórrès, le même qui donna plus tard son nom au détroit par lequel il revint en Europe. Ces deux marins prirent cette terre pour le continent austral qu'ils cherchaient et la nommèrent Terra Australia del Spiritu Santo. Ils en appelèrent le port Vera-Cruz et la baie où ils mouillèrent, baie de Saint-Philippe-et-Saint-Jacques.

Bougainville, après de nombreuses explorations, reconnut, en 1768, que le continent découvert par Quiros n'était autre qu'une grande île faisant partie d'un groupe important. Il donna à ce groupe le nom si bien approprié de Grandes Cyclades.

En 1774, le célèbre navigateur Cook reconnut la longueur du groupe et, après en avoir déterminé avec une habileté peu commune la situation topographique, il imposa à cet archipel le nom de Nouvelles-Hébrides, le considérant comme le plus occidental du Grand-Océan, et il distingua chacune d'elles en leur donnant un nom particulier. Ces noms furent des noms de chefs indigènes, espagnols et anglais.

Cook portait dans ses observations une profondeur de vue et une rareté de coup d'œil telles que le plus petit îlot, le plus petit rocher ne lui échappait pas ; et si l'on se reporte à sa carte originaire, on verra qu'elle est vierge de toute correction.

Dumont-Durville aussi les visita et donna des noms français à plusieurs îles.

L'amiral Dupetit-Thouars sur la *Victorieuse* y fit en 1879 une reconnaissance aussi rapide que superficielle. Enfin depuis 1880, les bâtiments de la division navale de Nouméa fréquentent très souvent ces parages.

Description. — L'archipel entier forme une chaîne étroite de cent quarante lieues environ du nord-nord-ouest au sud sud-est, entre le 14° et le 20° degré de latitude méridionale, et entre le 164° et le 168° de longitude à l'est de Paris. Il se divise en deux groupes d'îles : l'un méridional, l'autre septentrional.

Le groupe méridional comprend :

Anatom, Erronan ou Foutouna, Tanna, Immer ou Niua, Erromango. Ces îles sont élevées, à l'exception de celle d'Immer. Tanna possède un volcan.

Le groupe septentrional comprend :

Sandwich, Api, Mallicolo, Ambrym, Pentecôte, île des Lépreux (Aoba), Aurore, Saint-Esprit, Sancta-Maria.

Nous avons négligé, à dessein, dans cette énumération, les îlots et rochers, qui sont en assez grand nombre.

Tanna. — L'île de Tanna a 4,000 habitants. Elle est très fertile et abonde en cocotiers. Elle possède un volcan toujours en activité, des sources thermales et des solfatares qui remplaceront avantageusement dans notre industrie les soufres de Sicile. Ces vastes dépôts de soufre sont maintenant acquis à la société commerciale française des Nouvelles-Hébrides. Le port Résolution a été dévasté en 1878 par des tremblements de terre, et il est de mauvaise tenue pour les gros navires.

Ambrym. — Ambrym renferme aussi un volcan en ignition. Elle est très fertile.

Erromango. — Cette île a 4,000 habitants. On n'y trouve qu'un ancrage dans la baie de Cook à l'est et dans la baie Dillon à l'ouest ou celle d'Ourouva. La population y est d'un caractère inhospitalier.

Anatom a 1,200 habitants. Elle est insalubre.

Mallicolo a 75 kilomètres de long et 6,000 habitants. Les ports sont dans la baie de Bangou et celle de Sandwich, à l'est. On y trouve de l'eau douce, un abri et un fond excellents. On remarquera que la similitude de noms donnés à des îles et à des baies est la cause d'une confusion qu'il sera utile de faire cesser en adoptant des dénominations nouvelles et uniques.

Espiritu-Santo. — La terre du Saint-Esprit, la plus grande de l'archipel, a 100 kilomètres de long et 50 de large. Elle est très montagneuse et bien boisée. L'amiral Dupetit-Thouars vint y mouiller au port de Palikouro et à la baie des Cochons. Il faut citer aussi les ports Olry et San-Felipe.

Sandwich. — Enfin l'île Sandwich (qu'il ne faut pas confondre avec les îles Hawaï) a 40 kilomètres de tour et 3,000 habitants. Le littoral est sain. La fertilité du sol est prodigieuse. Les cultures s'étendent au pied des montagnes. Les légumes, le café, la canne, le maïs y viennent parfaitement. Le bétail, les chevaux, la volaille y prospèrent. Les deux ports principaux sont ceux de Portvila et de la Havannah. Il y avait en 1882 dans l'île 22 colons dont 12 Français, 8 Anglais et Allemands et 2 Suédois. Les maisons de commerce de Nouméa y entretenaient des relations suivies. On payait 150 fr. la tonne de cobra (amande sèche de coco servant à faire de l'huile).

Le principal trafic se fait avec Nouméa, et il ne fallait plus que la protection tant désirée de la France pour développer es liens qui unissaient ces îles à la Calédonie.

Recrutement. — Lorsque survint l'arrêté ministériel du 30 juin 1882 supprimant toute immigration océanienne en Nouvelle-Calédonie, ce fut un coup terrible porté à la colonisation française au profit de nos rivaux Australiens du Queensland, des Anglais des Fidjis et des Allemands des Samoa qui purent ainsi bénéficier du recrutement des travailleurs dont l'accès en Calédonie était interdit.

Les Allemands aux Samoa et aux Tonga font un commerce

de 1,200,000 francs à l'importation et de 2,100,000 francs à l'exportation. Ils avaient besoin de bras. Ils allaient en trouver, à l'exclusion de nos compatriotes découragés.

C'est alors que se forma à Nouméa, en septembre 1882, la Compagnie commerciale des Nouvelles-Hébrides. Elle acheta les comptoirs déjà existants, en prit les gérants comme ses propres agents et fit l'acquisition en octobre de 200,000 hectares de terres, afin de prendre possession pacifiquement de ces îles, de les exploiter, de les coloniser. Fondée au capital de 500,000 francs, le capital fut souscrit en peu de jours par les négociants de Nouméa. Ce fut un mouvement général d'opinion. C'est l'action des particuliers qui va commencer l'entreprise en attendant l'action gouvernementale. C'est ainsi que s'est fondée en 1836 la colonie de Victoria. Une semblable entreprise si patriotique a été accueillie comme une manifestation nationale des habitants de la Nouvelle-Calédonie pensant bien que la France n'a qu'un pavillon et qu'une fois planté sur ce sol hébridais, elle le maintiendrait désormais.

Déjà l'influence du Haut Commissaire anglais des Fidjis, qui a à sa disposition de nombreux bâtiments de guerre anglais, s'imposait aux Hébrides à notre détriment, comme elle s'impose dans tous les archipels mélanésiens qui ne sont occupés par aucune nation européenne. Ce commissaire juge les différends entre européens et indigènes, promet à ceux-ci la protection britannique, inscrit les contrats, protège ses nationaux et les nôtres, montre son pavillon et ses canons, en un mot fait ses affaires et les nôtres, le cas échéant, au profit de la Grande-Bretagne.

Il était temps que nos compatriotes calédoniens fissent voir que les Hébrides sont dans nos eaux, dans notre champ d'action.

Ces îles seront donc en partie françaises et l'administration coloniale est intervenue dans les traités et les acquisitions, qui ont eu lieu. A la France incombera le soin de protéger et de reconnaître officiellement comme lui appartenant les territoires où vont s'exercer les exploitations d'avenir.

On poursuit en ce moment des négociations à ce sujet avec l'Angleterre, en raison de la convention de 1878 entre les deux puissances, déclarant que pour le moment aucune d'elles n'avait l'intention de changer l'état d'indépendance de cet archipel.

Cette convention malheureuse, semblable à celle qui nous lie, depuis 1842, pour Raïatéa et les autres îles du groupe de Taïti, n'engage pourtant pas notre liberté d'action et n'entraîne pour l'occupation par nous que la formalité d'un avis préalable et non une demande d'autorisation vis-à-vis de l'Angleterre, qui pour elle-même prend sans demander et sans prévenir personne.

Il y a donc tout lieu d'espérer que ces négociations aboutiront à notre occupation définitive de cet archipel. Pour être complète en vue de l'avenir, elle devrait comprendre les archipels de Banks et de Santa-Cruz qui forment un groupe compact dans nos eaux.

Aspect et constitution. — Les Nouvelles-Hébrides nous montrent deux aspects bien différents. Nous trouvons certaines îles formées de plateaux de corail successifs, représentant ainsi des gradins de 30 à 40 mètres de hauteur et se coupant à angle droit. Ces gradins ou terrasses forment très souvent de petites îles désignées sur les cartes anglaises sous le nom de Hat (chapeau), ainsi dénommées à cause de leur forme de champignon. D'autres îles ont une véritable constitution montagneuse et renferment plusieurs volcans en activité : telles sont Tanna, Lopevi (5,000 pieds), Ambrym et Vanna-Lava.

Le groupe septentrional se subdivise lui-même en deux autres groupes, tous deux formant : le premier, à l'ouest, avec l'île Mallicolo et l'île Saint-Esprit, le second, à l'est avec l'île Pentecôte et l'île Aurore, une large baie. Le groupe d'îles de « Bank Island » sert d'entrée à cette baie.

Il ressort de leur position géographique et géologique, que les Nouvelles-Hébrides, situées au nord et à l'est de la Nouvelle-Calédonie, en sont l'annexe naturelle et se prêtent merveilleusement à l'extension de notre colonie pénitentiaire. Elles pourraient naturellement suffire à un grand nombre de colons. La civilisation serait facile à introduire chez ce peuple où il existe un grand nombre d'indigènes ayant travaillé chez les blancs. La main-d'œuvre se trouverait sur les lieux-mêmes, et la Nouvelle-Calédonie deviendrait, pour ces îles, l'entrepôt des produits agricoles, la plupart desquels ne réussissent pas en Calédonie à cause des sauterelles et des inondations.

De même le coup d'œil féerique que les Nouvelles-Hébrides offrirent aux regards du capitaine Cook, lui fit jeter un cri d'admiration; il avoua n'avoir jamais rencontré sous aucun ciel un aspect plus pittoresque dans son élégance, une végétation plus riche dans sa variété. Aussi n'hésita-t-il point à lui donner la préférence sur Taïti, éden chanté par tous les navigateurs! Taïti! terre promise que tout marin entrevoit dans ses rêves. C'est que, sillonnées par de longues chaînes de collines ornées de forêts vierges et entrecoupées de larges vallées, ces îles semblent être en effet l'éden de l'Océanie.

Voici une pièce très curieuse et fort rare. C'est un extrait du rapport présenté au roi d'Espagne Philippe III, par le capitaine Fernandez de Quiros à son retour des Nouvelles-Hébrides en 1608.

La description de l'étendue des terres qu'il avait découvertes dans le Pacifique, du nombre et des mœurs de leurs habitants, de leurs produits et de leurs richesses, paraît se ressentir beaucoup de la joie de l'explorateur heureux et de l'enthousiasme castillan. Fernandez de Quiros s'exprime ainsi :

« La baie de Saint-Philippe-et-Saint-Jacques dans la terre du Saint-Esprit, a 20 lieues de rivage. Elle est si tranquille et d'un accès si facile, qu'on peut y entrer la nuit comme le jour. Tout autour de cette baie il y a une population nombreuse et, à une très grande distance, on aperçoit beaucoup de fumée pendant le jour et des feux nombreux pendant la nuit. Le port de Vera-Cruz est assez grand pour contenir à l'ancre 1,000 vaisseaux. Le fond est clair ; il consiste dans du sable grisâtre. Nous n'y avons pas vu ces vers qui détruisent les navires. Les vaisseaux peuvent jeter l'ancre par 40 brasses de profondeur, à mi-chemin entre deux rivières aussi larges que le Guadalquivir à Séville. Ils sont protégés par une barre qui a un peu plus de 2 brasses et que les frégates ainsi que les navires d'un tonnage ordinaire peuvent traverser, ce qui fait que ce port est le plus beau que j'aie vu dans aucune partie du monde.

« Les côtes, pendant plus de trois lieues, sont couvertes de pierres petites, mais très lourdes, qui sont excellentes pour faire le lest des navires. Sur les bords de la mer, on ne voit ni débris, ni rochers mais partout un gazon vert. On n'y entend pas le bruit de la marée. Les arbres de ce pays sont droits, d'où l'on peut en conclure qu'il n'y a pas de grandes tempêtes. Le port Vera-Cruz est gai et assez agréable pour récréer l'esprit. Dès la pointe du jour, vous entendez une très grande harmonie provenant du gazouillement des oiseaux. Les uns ressemblent aux rossignols, d'autres aux merles, quelques-uns aux alouettes, d'autres aux chardonnerets. Il y a beaucoup d'hirondelles et de perruches. J'ai vu un perroquet et une foule d'autres oiseaux d'espèces différentes. On y entend le cri de la sauterelle et du grillon. Tous les jours, matin et soir, on respire les parfums les plus suaves qui s'exhalent de toutes sortes de fleurs, parmi lesquelles on distingue celles de l'oranger et du citronnier. Je pense que tous ces avantages sont les effets d'un climat excellent.

« Dans le voisinage de ce port, entre beaucoup d'îles du plus gracieux aspect, on en distingue sept qui ont une douzaine de lieues ; l'une d'elles en a même cinquante. Elle est très fertile, très populeuse, et n'est distante que de 12 lieues environ du port de Vera-Cruz.

« Ma conclusion sûre est que, dans ce port, qui est situé au 15° de latitude sud, on peut fonder une grande ville, dont la population posséderait les richesses et jouirait de tous les avantages que je renonce à vous énumérer. Mais le temps prouverait, je n'en doute pas, que ces pays peuvent soutenir la comparaison avec les provinces du Chili, du Pérou, de Panama, du Mexique et des Philippines, que possède Votre Majesté. Et si Votre Majesté voulait prendre les terres que je lui offre, elle ouvrirait à l'Espagne un commerce aussi utile qu'étendu avec la Chine, le Japon et une foule d'autres provinces situées sur les côtes occidentales de l'Asie. C'est là ce que je me propose de prouver dans une assemblée de savants. Au reste, il ne serait pas nécessaire de s'étendre davantage, et il suffit de dire que ces pays peuvent contenir 200,000 Espagnols. D'où je conclus, Sire, que vous serez le maître du monde si vous réunissez ces contrées et celles dont j'ai parlé plus haut en une seule, en leur donnant l'Espagne pour centre. C'est un point digne d'attirer l'attention de Votre Majesté.

« La salubrité du climat résulte évidemment de ce que j'ai déjà dit. On peut en juger aussi par ce fait que pas un de nous, quoique étranger, n'y est tombé malade, malgré nos travaux et nos fatigues, et bien que nous ayons bu de l'eau et mangé les produits du pays, sans chercher à nous abriter contre la pluie, ni les rayons du soleil. La chaleur, qui n'est pas très grande durant le jour, baisse au milieu de la nuit; elle très supportable avec des habits de toile. Ce qui prouve combien le climat est sain, c'est que les indigènes sont généralement forts et que beaucoup deviennent très vieux.

« Ils habitent des maisons bâties sur la terre : ce qui est une preuve de salubrité ; car si le terrain était insalubre, les naturels construiraient leurs maisons au-dessus du niveau du sol, comme on le fait aux Philippines et dans d'autres contrées que j'ai vues. En outre, le poisson et la viande se conservent facilement pendant deux jours. Les fruits que nous mangeons ici sont très sains, comme on peut le conclure de deux fruits que j'ai encore et qui ont été cueillis hors saison. Nous n'avons vu ni banc de sable, ni chardons, ni épines, ni arbres dont les racines paraissent au-dessus de la terre, ni plaines sujettes à l'inondation, ni marais, ni neiges sur les hautes montagnes, ni crocodiles dans les rivières, ni reptiles venimeux sur les hauteurs, ni fourmis blanches, ni celles qui détruisent les fruits, ni vers, ni moustiques, ce qui rend ce pays préférable aux autres pour le but que nous nous proposons ; car la plupart des îles sont inhabitables à cause des insectes. »

Cette description enthousiaste dut bientôt céder à la réalité. Cette exagération naïve ou calculée, dont les explorateurs ne sauraient trop se défier, tomba d'elle-même : Fernandez de Quiros éprouva sur les lieux même de grandes désillusions : son navire donna sur les écueils, nombreux dans ces parages ; son équipage fut décimé par la maladie, et les impressions du premier moment firent place, lorsqu'il s'éloigna, à de pénibles souvenirs.

« Les missionnaires français ont pénétré deux fois aux Hébrides. La première fois, ils s'établirent même plus d'une année à *Annatom*, l'île la plus rapprochée des Loyalty ; mais, soit à cause des conditions climatériques du sol où ils posèrent leur tente, soit par ignorance des précautions hygiéniques prises aujourd'hui par les Européens, tous furent atteints d'une fièvre paludéenne qui usa rapidement leur santé et les força à se retirer sous le climat plus sain de la Nouvelle-Calédonie.

« Les colons calédoniens ont depuis longtemps demandé que les Nouvelles-Hébrides soient occupées par la France. Elle y trouverait, disent-ils, un sol fertile, de belles forêts, des minerais, des gras pâturages et beaucoup d'objets de commerce. Sans elles, disent-ils, la Nouvelle-Calédonie est *une tête sans corps*, et si par aventure elles venaient à lui échapper, cette colonie serait condamnée à végéter. »

L'appréciation de la *Revue maritime et coloniale* sur cette question en 1876 était toute différente : « L'annexion des Nouvelles-Hébrides, y est-il dit, n'est pas très désirable ; car si ces îles sont très fertiles et abondent en animaux utiles et en productions végétales, elles sont, en revanche, affligées d'un climat des plus meurtriers. En outre, les insulaires sont nombreux et féroces. La colonisation de ces îles serait donc très difficile et très onéreuse. » L'opinion de Quiros était optimiste, celle de la *Revue maritime* était pessimiste. Il est certain que parmi les îles de ce groupe, il en est, comme l'île Sandwich, qui ne sont pas malsaines ; les indigènes ne se sont montrés féroces que lorsqu'ils ont voulu exercer des représailles ; ils sont bien disposés en faveur des Français, qu'ils connaissent par ceux des leurs qui reviennent de la Nouvelle-Calédonie après un séjour de plusieurs années et qui n'ont eu, en général, que de bons traitements à subir. La fertilité du sol et le voisinage de la Nouvelle-Calédonie, le grand nombre de condamnés libérés et de récidivistes disponibles pour l'exploitation de la terre et pour l'installation des premiers établissements, sont des éléments économiques de colonisation. Si l'on joint à ces moyens les trois motifs indiqués au début et qui ont la gravité de « raisons d'État », on comprendra combien il semble nécessaire que cette extension se réalise et le plus tôt possible.

Nous empruntons à M. Lechartier, ancien commissaire français de l'immigration aux Nouvelles-Hébrides en 1875, les renseignements détaillés qui suivent.

Saisons et climat. — Les saisons ne peuvent guère se définir aux Nouvelles-Hébrides, et si ce n'était une légère élévation dans la température, on se croirait en Nouvelle-Calédonie.

Les Nouvelles-Hébrides jouissent, en général, d'un climat excellent; le vent frais du sud-est qui caresse presque toute l'année la côte Est, la préserve de toute espèce d'épidémie. Mais il n'en est malheureusement pas de même de la côte ouest, visitée seulement par des vents passagers. Là, depuis des milliers de siècles, ont grandi des forêts vierges impénétrables. Dans quelques endroits, les joncs, les bambous sont très serrés ; les lianes reliant entre eux des arbres séculaires, colosses du monde végétal, y arrêtent la circulation de l'air et y produisent des miasmes fétides. Rien d'étonnant donc qu'un tel amas de détritus engendre parfois de légères épidémies, qui disparaîtraient d'ailleurs à l'apparition de l'Européen.

On a représenté le climat des Nouvelles-Hébrides comme malsain, mais il ne l'est pas autant que l'on a bien voulu le dire, d'après les missionnaires qui ont habité quelque temps Annatom, île marécageuse et la plus malsaine de l'archipel et qui ont trop souvent manqué des premières choses nécessaires à la vie.

Nous n'avons jamais entendu parler de cas un peu important de fièvre paludéenne, tels qu'il s'en présente à Madagascar, au Sénégal, à la Guyane. Mais, même dans l'état actuel, les quelques colons européens que nous eûmes le bonheur de rencontrer sur l'une de ces îles (Sandwich) nous ont affirmé ne s'être jamais mieux portés sous le ciel de la mère patrie. Nous pouvons donc affirmer que le climat des Nouvelles-Hébrides serait très supportable pour le blanc qui, toutefois, saurait se conformer aux principes d'hygiène auxquels les pays chauds nous astreignent.

La hache du pionnier aurait bientôt donné de l'air à ces immenses forêts. Quelques coupes sombres, quelques tranchées d'une côte à l'autre, et toute appréhension disparaîtrait, et la côte ouest rivaliserait de salubrité et d'exubérance avec la côte est.

Ces îles étant, la plupart, étroites, l'opération n'offrirait pas de bien grandes difficultés ; mais en revanche, sans parler de l'amélioration du climat, quels immenses revenus ne viendraient pas rétribuer les peines du travailleur, si l'on songe que ces forêts abondent en bois les plus rares ; que le santal, le bois de rose, l'ébénier en constituent la principale essence !

Puis les indigènes ne nous procurent-ils pas un moyen facile d'atténuer la fièvre ? les parties qu'ils habitent ne sont pas malsaines, cela tient au débroussaillement qu'ils font autour de leurs cases, tout en conservant les gros arbres pour s'abriter de la trop forte chaleur.

Quand nous aurons ajouté que le vent du sud-est, régnant dix bons mois, favorise la navigation, nous aurons donné un aperçu de la situation climatérique de ce monde austral ; on lui pardonnera facilement les cyclones qui parfois le visitent dans les mois de décembre et de janvier.

Cultures. — Terre d'alluvion, le sol des Nouvelles-Hébrides possède une fertilité sans égale. Le prix de revient d'un hectare de terrain était de 35 c. en objets d'échange dans l'île Sandwich, il y a peu d'années.

Les colons qui y sont établis n'ont mis que peu de plantes à l'étude ; voici celles qu'ils cultivent :

Maïs. — Le maïs réussit au delà de toute espérance ; on fait quatre récoltes par an et l'on obtient 2,500 à 3,000 k. à l'hectare.

Café. — Le café donne des espérances magnifiques. On le cultive à l'abri de quelques arbres à pain, de bois de rose et autres. Le terrain est fumé avec des étoiles de mer provenant du lagon d'Erakor. On peut évaluer le nombre de pieds plantés à une centaine de mille (1882).

Coton. — Le coton était cultivé à Sandwich et venait bien, le produit était joli ; mais les frais de transport et de commissions absorbaient tous les bénéfices que le colon aurait pu faire. Aujourd'hui tous les colons de Sandwich, plus nombreux, vont replanter le coton, comptant, pour exporter cet article en Europe, sur les messageries nationales, qui font le service entre la Nouvelle-Calédonie et la France et sur les navires de la Société Calédonienne.

Ils n'auront, en effet, que deux frets à payer : celui de Sandwich à Nouméa et celui de Nouméa en France. Ils espèrent ainsi réussir dans la culture de cette plante qui enrichit aujourd'hui les Fidjis.

Le cacao viendrait très bien dans les îles du nord, où la noix muscade vient à l'état sauvage. Le manioc, la vanille, le ricin, le rocou réussissent partout.

Cannes à sucre. — Le sol convient à la canne à sucre dans tous les endroits, plaine ou montagne, nous en rapportant seulement à la beauté des cannes cultivées par les indigènes.

Riz. — Le riz trouverait quelques plaines bien arrosées, surtout à Mallicolo et à Saint-Esprit.

Tabac. — Le tabac pousse abondamment, il est devenu aujourd'hui une nécessité pour les Canaques; il n'est pas rare de les voir aller à la rencontre d'un navire jusqu'à cinq ou six milles au large pour se procurer cet objet. Aujourd'hui, tous les colons européens et beaucoup d'indigènes, ayant travaillé chez les blancs, cultivent cette plante, qui est splendide et pourrait rivaliser avec celle que produit la Virginie.

Cocotier. — Le cocotier constitue dans certaines îles de véritables forêts, surtout à Aoba, Apy, Ambrym, Mallicolo, Tanna, et nous ne croyons pas nous tromper en assurant que ces îles, d'une superficie à peu près égale au tiers de la Calédonie, pourraient exporter chaque année de 5,000 à 6,000 tonnes de coprah, surtout si l'on arrivait à créer des besoins à l'indigène et à lui faire faire lui-même le coprah. La fibre de coco doublerait la valeur commerciale de cette plante. On exploite aujourd'hui le coprah à Api, à Ambrym, à Aoba et à Sancta-Maria. On le paye sur place aux agents cent cinquante francs. On achète les cocos, dix ou quinze pour une pipe de tabac, et on les transforme en coprah par la main-d'œuvre indigène. Sept mille cocos font une tonne de coprah.

Tous les légumes de France sont cultivés avec succès et servent pour les usages journaliers des colons.

On exporte à Nouméa des porcs et des volailles dont l'élevage se fait sur une grande échelle.

Les limoniers, citronniers, orangers, pommiers de Cythère, y donnent d'excellents fruits; le figuier, l'amandier et l'ananas s'y rencontrent en grande quantité. L'arbre à pain fournit à l'indigène la base de sa nourriture. De gras et abondants pâturages y permettraient l'élevage de nombreux troupeaux, et nous répétons que les colons de Sandwich ont pu faire dans la même année jusqu'à quatre récoltes de maïs.

Dans certaines îles et notamment à Tanna, jaillissent des sources d'eau sulfureuse.

Si nous sondons le flanc des collines, nous y trouvons du soufre, du nickel, du cuivre, de l'argent, même nous en avons rapporté, à titre d'échantillon, quelques minérais, présent d'un indigène autrefois engagé comme mineur en Australie. Don Quiros constate la présence de l'or à Saint-Esprit, dans sa requête à Philippe II, roi d'Espagne. Nous aurions donc là, sous la main, le soufre pour le traitement du minerai de nickel. Quelle immense carrière ouverte à l'activité commerciale ! Encore aurons-nous, sous ce point de vue, à joindre aux ressources de la terre tous les trésors de la mer, qui fournirait au pêcheur le poisson, le corail, la nacre, et une huître perlière de moyenne valeur, la Biche de mer (*holuteria*), la tortue de mer, d'innombrables légions de monstres marins.

Forêts. — Le débit du bois de sandal, du bois de rose, de l'ébénier, parmi les bois rares, du cocotier parmi les arbres fruitiers et les bois utiles, pourraient constituer immédiatement une des branches les plus importantes du commerce. Dans l'intérieur des forêts que nous avons pu visiter, nous avons remarqué qu'elles étaient composées d'une assez grande variété d'arbres, parmi lesquels nous avons reconnu un très beau myrte fort odorant qui s'élève à soixante-dix et soixante-quinze pieds, le gaïac, le sassafras et divers arbres à bois rouge, dont ont pourrait tirer de bonnes courbes pour le radoub des vaisseaux.

Mais l'arbre qui domine toutes les forêts de ces îles est une espèce de cèdre à feuille d'olivier. Nous en avons vu qui s'élevaient à une hauteur prodigieuse et sur une seule branche ; ils seraient excellents pour faire des mâts de grands vaisseaux.

Presque tous les arbres sont très résineux ; la résine en est blanche, transparente. Comme nous nous servions pour les cuisines du bois que nous allions chercher à terre, il nous a été permis de respirer l'odeur agréable d'encens qu'elle dégageait. Ayant passé à plusieurs époques de l'année dans toutes ces îles, nous n'avons jamais vu aucun arbre qui eût perdu ses feuilles. Les forêts étaient aussi vertes qu'elles le sont en France dans le milieu de l'été.

Tel est sommairement l'aperçu des richesses qu'il nous faudrait conquérir sur l'indigène, si nous ne préférions les partager avec lui.

Cette dernière alternative, qui de beaucoup nous semble être la meilleure, nécessite une peinture des mœurs, usages et coutumes des Néo-Hébridais.

Types. — Coutumes. — Usages. — Caractères. — On ne saurait assigner un type commun aux insulaires des Nouvelles-Hébrides, tant ils se ressemblent peu de groupe à groupe, d'île à île ; l'ensemble toutefois se rapprocherait du type polynésien.

La race habitant le groupe méridional est uniformément petite, vigoureuse, musculeuse, au teint noir, mais tirant sur le brun.

Celle qui habite le groupe septentrional a la taille, au contraire, élevée, élancée, et offre les aspects les plus variés.

Dans plusieurs îles, telles que Aoba, Saint-Barthélemy et Saint-Esprit, on rencontre une race supérieure beaucoup moins noire que les habitants des autres îles et principalement de Santo. A l'aspect d'un indigène, il est assez facile de reconnaître son pays. Leurs traits ouverts et prononcés leur donnent un air mâle et guerrier.

Certaines îles, telles que Tannéa, Api et Mallicolo, au contraire, ont une population laide et différant beaucoup des autres. Les naturels sont d'une couleur bronzée et petits. Ils ont les jambes et les bras longs et grêles, la tête oblongue, l'os frontal très étroit et comprimé en arrière, les pommettes saillantes,

Planche VII.

Pirogue à balancier (Houaïlou).   Page 181

Néo-Hébridais.   Page 236

le visage plat, le nez large et écrasé. Ils ont la barbe forte, noire, bouclée ; très peu la portent entièrement, la plupart même la rasent complètement. Quant à leur chevelure, je n'ai remarqué aucune coupe de fantaisie. Les vieillards la gardent entière et très longue. Elle est très épaisse et droite comme les dards de porc-épic ; ils ont soin de l'orner avec des rubans de poil de roussette (*vespertilio immensa*) ou d'une dent de porc sauvage, dans laquelle ils passent une mèche de cheveux enduite de résine et qu'ils laissent croître ; plus souvent crépue que droite, elle est parfois, dans les îles du nord, longue et soyeuse.

Tous ont dans la chevelure de longs peignes, qui ne sont autre chose que plusieurs petites côtes de feuilles de cocotier fixées ensemble et auxquelles sont attachées de longues plumes de différentes couleurs ; pour s'en servir, ils se piquent les cheveux et parviennent ensuite à les démêler parfaitement.

Un grand luxe consiste, chez eux, à se teindre les cheveux en roux, avec de la poudre de corail, qui a pour but de détruire la vermine. Grâce à ce système de propreté, ils perdent quelque peu de leur aspect sauvage ; du reste, la coquetterie règne aussi aux Nouvelles-Hébrides.

S'ils ont, comme nous, leurs barbiers, leurs coiffeurs, en revanche, les tailleurs leur sont complètement inconnus. Tous leurs vêtements consistent à envelopper leur nudité d'écorce d'arbre ou de feuilles relevées par une espèce de ceinture ; encore n'est-ce point la pudeur qui les guide, mais le besoin de se garantir contre la piqûre des insectes et les accidents.

Comme on le voit, l'habillement du Néo-Hébridais se rapproche beaucoup de celui du Néo-Calédonien quant à la forme, et ne diffère que par la manière dont il se porte, ce qui varie d'une île à l'autre.

A Sandwich, ils usent beaucoup d'étoffes, et un homme en a quelquefois sur lui jusqu'à 10 et 12 mètres. Dans presque toutes les îles, ils ont des ceintures soit en écorce d'arbre, soit en fibres de cocotier tressées et dont ils se servent le ventre très fortement. Quelques bracelets, quelques colliers et brassards en perles achèvent leur parure. A Mallicolo, Ambrym et Pentecôte, le bon ton est de se traverser la cloison nasale ou d'un petit bâton, ou d'une petite pierre de corail, ou enfin d'un rouleau d'écaille de tortue. Quand ils vont à la guerre, ils se peignent le corps de rouge et de noir, s'ornent la tête de plumets et semblent s'étudier à paraître le plus hideux possible.

Tous les indigènes des Nouvelles-Hébrides sont anthropophages. Leur caractère est grave, leur curiosité excessive, leur intelligence rare. Belliqueux et peu sensibles, ils se passionnent pour la chasse et la pêche ; ils aiment beaucoup le tabac, non tant pour son odeur que pour la rêverie que provoquent les tourbillons de fumée ; car, à défaut de tabac, peu leur importe l'herbe qu'ils fument.

La finesse de leur vue et de leur ouïe est prodigieuse : souvent ils découvrent en mer ce que nous n'apercevons même pas avec les jumelles marines.

On ne peut dire cependant, quant à présent, que ce peuple est essentiellement féroce ; à notre point de vue, il serait au contraire doux, mais fourbe et voleur, et toutes les querelles qui surviennent de tribu à tribu ou de noir à blanc proviennent généralement du vol.

Se levant au point du jour, avant de se livrer à toute autre occupation, ils vont se baigner à la mer ; là, ils se gargarisent consciencieusement d'eau salée, probablement par mesure d'hygiène et se frottent ensuite les dents avec la coque de la noix de coco. Aussi leur denture est-elle superbe.

Rentrés dans leurs cases, ils s'oignent d'huile de coco. Dans quelques îles du nord ils la parfument, soit avec l'essence de certaines fleurs, soit plus souvent avec du bois de sandal. Le reste du jour, si la guerre ne les réclame point, ils s'allongent sur le sable, s'il fait beau ; s'il pleut, ils restent dans leurs cases étendus sur des nattes, écoutant les récits du plus éloquent ou du plus bavard. Quand vient le soir, ils se précipitent autour des feux scrupuleusement entretenus par les femmes ; il semble que leur nudité s'accommode mal des fraîcheurs du sol.

La vengeance, chez eux comme chez la plupart des sauvages, n'est jamais assouvie tant qu'elle n'est pas éteinte dans le sang de leur adversaire. Malheur au blanc qui les offense, il n'est pour lui ni repos ni pardon. Souvent même, dans ce cas, leur colère s'exerce sur le premier qu'ils rencontrent. N'espérez plus jamais leur inspirer confiance si vous les avez une fois trompés. Ne les frappez surtout jamais, car leur haine serait tenace et leur vengeance lente et sûre ; ils vous épargneraient d'autant moins que vos dépouilles leur fourniraient un excellent festin. Dans vos relations avec eux, restez calmes ; pas d'épouvantes ni de menaces, affectez la sérénité et la confiance.

Dans l'intérieur de leurs tribus, ces peuples ne se portent jamais à des actes de fureur sans y être provoqués par des motifs très sérieux, leurs dispositions naturelles étant d'une humeur égale et pacifique. Le courage, cet attribut caractéristique de toutes les nations sauvages, leur est propre à un degré éminent, et il n'est jamais adouci ni tempéré par la pitié.

L'âge leur inspire un profond respect, mais l'affection ne règle jamais leurs actions.

Ils vivent en tribus ou plutôt en familles, réunies par groupe, quelquefois de 300 à 350 personnes.

Dans toutes les îles, il existe deux catégories d'individus : le *man salt water* (l'homme de la mer), et le *man bush* (l'homme de la brousse). L'homme de la mer est plus civilisé, plus dégourdi que l'homme de la brousse, et ce n'est que par son intermédiaire que ces derniers peuvent acquérir quelques objets européens.

La race d'Aoba et de Saint-Barthélemy est bien plus civilisée que celle des autres îles ; elle est plus douce, mais, en revanche, plus rusée. Les mœurs sont bien plus relâchées dans ces deux îles qu'ailleurs, et l'indigène ne se fait aucun scrupule de tirer profit du libertinage des siens.

Les chefs ont de l'autorité, mais ce n'est que d'accord avec les principaux de la tribu qu'ils prennent une décision. Les indigènes professent cependant pour eux la plus grande vénération et leur obéissent au moindre signe. Ils sont distingués par une foule d'oripeaux plus bizarres les uns que les autres. Eux seuls ont des manteaux ; nous en avons vu d'assez curieux, avec des lanières très fines en peau de chien, adroitement rapprochées les unes des autres, avec symétrie dans les couleurs et paraissant ne faire qu'une seule et même peau.

Mais la manière la plus frappante que ces chefs de sauvages aient imaginée pour se distinguer, a été de s'orner la tête d'un énorme coquillage, de se graver le visage de la façon la plus hideuse, et encore de se faire sur le front, sur les joues et jusque sur le nez des dessins avec de l'ocre rouge ou de la terre ocreuse et calcaire. On croirait qu'ils s'étudient à imaginer des dessins qui les rendent plus affreux et leur donnent un air plus effrayant.

Quelques chefs paraissaient heureux de nous tendre la main ; d'autres affectaient de nous dédaigner et refusaient de répondre à nos avances ; mais c'était le plus petit nombre.

Nous n'avons jamais vu de chef portant ses propres armes, ni isolé ; toujours entouré de ses sujets, au contraire, et s'asseyant sur le sable au milieu d'eux.

Femmes. — On n'a vu figurer parmi les occupations de l'homme des Nouvelles-Hébrides aucun de ces travaux manuels qui occupent la majeure partie de nos populations européennes. Ces sauvages ont eu soin de les réserver rigoureusement à leurs femmes.

Pauvres femmes ! la vie n'est pour elles qu'un long esclavage. Elles ne sont point parvenues à adoucir l'humeur farouche de leurs époux et maîtres.

Généralement petites, avec un sourire assez doux, leurs

traits réguliers, la finesse exquise de leurs pieds et de leurs mains, elles mériteraient à tous égards un meilleur sort.

Elles portent pour tout vêtement un pagne court, de confection presque uniforme, tressé comme des nattes, mais beaucoup plus finement ; il est souvent d'un travail fini et offre des dessins très jolis et très variés. Elles se parent aussi de brassards, de colliers et de ceintures en perles et en coquillages. Le peigne de bambou, qui est toujours piqué dans leur chevelure, ressemble beaucoup au peigne à chignon des Françaises, bien qu'il soit plus court, plus large et armé de plus de dents. Il s'en trouve de magnifiquement gravés. Presque toutes sont tatouées, légèrement d'ailleurs, au moyen d'arêtes de poisson trempées dans la suie et chauffées à blanc. Elles sont, les malheureuses, assez industrieuses et confectionnent avec goût des instruments de musique avec des roseaux. Aux Nouvelles-Hébrides, à l'exception de deux ou trois îles du nord, Aoba et Saint-Barthélemy, les femmes semblent confinées dans leurs rudes travaux ; pour elles jamais de danses, de chants, rien qui puisse alléger leur misérable condition. Fait-il beau, il leur faut défricher la plantation, se livrer à la pêche, fabriquer des pirogues en creusant le tronc des arbres et ramer sur la pirogue où se prélassent les maîtres. Vient-il à pleuvoir, vite à la case, où les attendent les vivres à préparer, les filets à tisser, les armes, les instruments de musique à façonner, les nattes à tresser, et cependant elles trouvent encore le temps de songer à la coquetterie ; ne faut-il pas essayer d'adoucir leurs seigneurs ? elles se chargent et surchargent de colliers, se font des boucles d'oreille avec l'écaille de tortue.

Chaque année ajoute son contingent à ces précieux joyaux, et les plus vieilles cachent leur laideur sous des monceaux de bijoux, pendants de nez et d'oreilles, colliers et brassards.

Il ne faut pas croire que la vie de famille les récompense de tant de peine. La femme, être inférieur, ne mange pas avec l'homme, ne repose pas dans la même case. Repoussées par leurs époux, incapables d'aucune affection, elles se réfugient dans l'amour maternel. Elles se consacrent avec passion à l'éducation de leur progéniture jusqu'au jour où l'âge de puberté vient mettre entre elles et leurs fils devenus guerriers une barrière infranchissable et font de leurs filles leurs compagnes d'esclavage.

Enfants. — Les enfants sont généralement robustes, d'un caractère ouvert, gai, sociable ; ils déploient la plus grande agilité dans leurs exercices. Nous nous plaisions souvent, notamment à Saint-Esprit, à les voir balancer leurs sagaies entre la jointure inférieure du pouce de la main droite sans les toucher des doigts et ne jamais, ou presque jamais, manquer le but.

Les enfants des deux sexes grandissent, jusqu'à un âge assez avancé, sans faire usage de vêtements. Ils s'emploient à aider leur mère dans la confection des armes et des filets, et les accompagnent à la pêche.

Jusqu'au jour où ils passent guerriers, leurs mères leur rasent la tête, au moyen de coquilles de nacre finement préparées et défiant le meilleur rasoir, et ne leur laissant seulement sur le front qu'une petite mèche de cheveux. Mais ce jour venu, adieu, pauvre mère ! Ton fils te traitera avec le même mépris, le même despotisme que son père.

Nous avons eu souvent l'occasion de nous apercevoir qu'ils ne reconnaissaient pas toujours celle qui leur avait donné le jour ; car, en nous montrant plusieurs femmes, un indigène rapatrié nous disait : « Ce sont mes mamans ; » et, comme nous insistions pour tâcher de savoir laquelle était sa vraie maman, il nous répondait : « *Mi no savais, voilà mes mamans.* »

Population. — Il est impossible de pouvoir connaître le chiffre de la population de l'archipel des Nouvelles-Hébrides. Tout ce que l'on peut affirmer, c'est que, principalement dans les îles du nord, où les maladies épidémiques sont encore inconnues et où la guerre est un peu abandonnée, chaque île offre une apparence de population très nombreuse.

Les indigènes eux-mêmes, dans l'état actuel de leur numération ne sauraient guère renseigner le blanc à cet égard ; car ils comptent par lunes et par ignames, probablement parce que l'igname met un an à mûrir. Les indigènes comptent à peu près dans toutes les îles de la même manière jusqu'à dix (10). Cependant à Tanna ils ne comptent que jusqu'à cinq et d'une manière toute différente. On comprend alors que ce genre de supputation se prête mal aux opérations de la statistique.

Langage. — Le dialecte change d'une île à une autre, mais partout la prononciation confuse et nasale déroute le philologue le plus expérimenté. Quelquefois dans la même île l'on trouve plusieurs dialectes ; telle est l'île des Trois-Monts, qui ne renferme qu'un millier d'habitants et a trois langages différents.

Heureusement pour l'Européen qui visite ces îles, le voisinage de la Nouvelle-Calédonie et de l'Australie a permis à quelques-uns des indigènes d'apprendre le français et l'anglais suffisamment pour fournir quelques renseignements élémentaires, que le voyageur est toujours désireux de se procurer.

Deux missions, l'une catholique et française, l'autre australienne et protestante, ont entrepris de civiliser ceux de ces sauvages qui consentent à s'expatrier. Mais la mission protestante, beaucoup plus riche, comble ses catéchumènes de cadeaux et possède pour l'immigration des bateaux nombreux et bien gréés, ressource que ne possède point et dont ne jouit pas au même degré la mission catholique. Aussi, ne le cachons pas, l'influence anglaise a d'abord été prépondérante sur les indigènes de l'archipel des Nouvelles-Hébrides, qui sont à 860 milles de la Nouvelle-Zélande, à laquelle les Anglais voulaient les rattacher en 1840, tandis qu'elles sont à deux jours de Nouméa.

Il importait donc pour ne pas laisser nos rivaux prendre pied aux Nouvelles-Hébrides d'y faire immédiatement flotter notre drapeau à titre privé d'abord et à titre officiel ensuite.

Maladies. Longévité. — Probablement par suite de leur sobriété et du régime de nourriture, les indigènes sont généralement bien portants, vivent très vieux, droits, n'ayant perdu que peu de cheveux et ayant les dents plutôt usées que gâtées.

Il est rare de voir un indigène, passé douze ans, sans cicatrice ; mais ces cicatrices ne sont autres que la marque des blessures occasionnées, à la guerre, par les flèches et les sagaies.

Nous ne saurions l'affirmer pour l'avoir vu, mais un indigène de l'île Tanna nous a assuré qu'ils guérissaient les piqûres des flèches empoisonnées au moyen d'une certaine plante qu'ils mâchaient et étendaient ensuite sur la blessure.

A part quelque cas assez rares d'éléphantiasis nous n'avons rencontré aucune de ces infirmités et maladies qui dévorent notre vieux monde.

Les maladies contagieuses sont rares et n'existent que depuis que l'Européen les a apportées. Les malheureux trop peu scrupuleux d'empoisonner ainsi une existence y regarderaient peut-être si, comme nous, ils savaient que la contamination expose la malade à être mise à mort par les siens. C'est ce qui nous a été assuré par l'indigène Amenoto.

Propreté. — Grâce à l'habitude qu'ils ont de se baigner chaque jour, souvent plusieurs fois, ces naturels sont très propres. Le soin qu'ils ont de se frotter fréquemment tout le corps avec de l'huile de coco fait contracter à leur peau une douceur et une beauté assez remarquable, mais quelquefois fort désagréable pour l'Européen, surtout lorsqu'il n'y est pas encore habitué.

Nourriture. — L'igname, le taro, la banane, le fruit de l'arbre à pain, la racine de fougère, la noix de coco, le poisson, les coquillages forment leur nourriture habituelle pendant toute l'année. Le porc, la volaille, le gibier, la tortue de mer sont des friandises.

La chair humaine ne se sert qu'aux festins de gala, après les combats. Quoiqu'ils n'ignorent point toute notre aversion pour les cas d'anthropophagie, ils n'ont jamais nié que ce fût une de leurs coutumes ; au contraire, ils expriment leur prédilection pour leur semblable noir ou blanc.

Le lait de coco, l'eau fraîche sont leur boisson ordinaire ; mais dans les fêtes, pendant la guerre, on absorbe des liqueurs fermentées, qui ont les effets les plus pernicieux. Un des hommes de notre équipage ayant bu le contenu d'un petit verre de liqueur, était devenu si terrible que nous dûmes le garrotter ; cet état lui dura 14 heures environ, après quoi il dormit d'un sommeil de plomb. On constate que l'ivrognerie a commencé à exercer parmi eux ses terribles ravages.

Quant aux autres usages relatifs aux superstitions, aux morts, à la polygamie, ils sont analogues à ceux des Calédoniens, avec lesquels d'ailleurs les Hébridais ont des points très nombreux de ressemblance.

Tous ces renseignements recueillis sur place par M. Lechartier seront très précieux pour ceux qui sont appelés à habiter les Hébrides.

Condamnés libérés et récidivistes. — La Calédonie a bien assez de terres pour délivrer aux condamnés libérés les concessions auxquelles ils ont droit ; mais l'administration ne dispose en ce moment que de 800 concessions et 2000 libérés attendent qu'on leur délivre un lot de terrain. C'est qu'aux termes de la loi de 1854, tout individu condamné à moins de 8 ans de travaux forcés doit, sa peine faite, résider dans la Colonie pendant un temps égal à la durée de sa condamnation. Si la peine est de 8 ans ou plus, il est astreint à la résidence perpétuelle.

Or le nombre des forçats en cours de peine était en 1883 de 7000 et augmentait de 700 par an.

Le nombre des libérés astreints à la résidence était :

En 1871 de 275	En 1874 de 881
1872 de 437	1875 de 1,089
1873 de 632	1877 de plus de 1,500

1882 de 2,800, soit une augmentation de 600 par an.

Cette progression, qui se produit sous l'influence de causes permanentes, ira en augmentant encore pendant de nombreuses années. Or la Nouvelle-Calédonie ne peut déjà plus assurer des moyens d'existence à ses 3000 libérés. A ce nombre, il faut ajouter les 5,000 récidivistes dont la France va se débarrasser au profit de la Calédonie chaque année.

Une pareille situation impose l'obligation de chercher un lieu où l'État enverrait les libérés et les récidivistes auxquels la Calédonie n'aurait pu donner du travail et ceux dont l'inconduite compromettrait la sécurité des habitants. Le choix de cette nouvelle colonie est naturellement indiqué : c'est l'archipel des Nouvelles-Hébrides, qui répond à tous les besoins qui viennent d'être signalés.

Le voisinage de Nouméa en fera le quartier général des récidivistes, au point de vue militaire, naval, administratif, et au point de vue du matériel et des approvisionnements. On aura sous la main une administration pénitentiaire centrale fonctionnant depuis 20 ans, avec son personnel, ses bureaux, ses magasins, ses bâtiments, son corps de surveillants. De là économie, ordre, facilité d'installation. Les 1800 hommes de troupes et la division navale assureront la sécurité. Les paquebots, les télégraphes, la poste assureront les communications.

Si donc nous prenions possession des Nouvelles-Hébrides, il en résulterait une prospérité mutuelle pour les deux pays, de plus grandes facilités pour y recruter la main-d'œuvre indispensable à la Calédonie, un débouché pour les libérés et les récidivistes, et enfin la sécurité et l'intégrité de notre possession calédonienne. Ce sont trois questions d'État, dont la solution est capitale, si l'on veut assurer la vitalité de nos colonies et de nos établissements dans l'Océanie.

CHAPITRE XIX

La population blanche. — Population noire. — L'immigration. — La déportation. — La transportation. — Les libérés. — Les pénitenciers. — Les récidivistes. — Colonisation.

Il est intéressant de voir ce qu'était la population blanche en 1870 et en 1875.

En mettant le tableau de 1870 en regard de celui de 1875, ils montrent que la population civile de Nouméa et ses environs, qui était de 1,273 habitants en 1870, non compris les fonctionnaires, s'était élevée à 2,752 au commencement de 1876.

En résumé, la population totale de la colonie a été évaluée ;

à 1,447 habitants en 1869 \
à 1,562 — en 1870 \
à 2,132 — en 1875 \
et à 2,752 — en 1876

non compris les troupes, ni les noirs, ni les transportés, ni les déportés, et sans compter les Loyalty.

Du 1ᵉʳ juillet 1869 au 1ᵉʳ janvier 1877, la population civile n'a donc augmenté que de 1,305 personnes, soit à peu près 186 personnes par an, y compris les naissances dans le pays.

Dans le cours de 1876, un mouvement d'immigration s'est produit en raison des découvertes de mines. Beaucoup de mineurs sont venus d'Australie et la plupart sont de nationalité anglaise. En résumé, l'élément libre n'atteint pas encore 6,000 personnes. Il est donc urgent d'appliquer le plan d'immigration projeté en juin 1883 pour 400 colons français à appeler moyennant une dépense de 6,350,000 francs.

On verra au tableau des entrées de navires que la colonie

recrute peu de nouveaux arrivants. La seule colonie de New-South Wales, en Australie, s'augmente chaque année de 25,000 habitants. Il serait indispensable que le bureau d'immigration de la Calédonie fût en rapport constant avec les bureaux d'émigration dans les centres populeux et même qu'elle eût un agent accrédité en France.

Depuis la révolte des noirs en 1878 et le départ de plus de 3,000 déportés en 1880, la population blanche se détermine comme il suit : la population civile est de 2,500 personnes seulement. Les familles de fonctionnaires, d'officiers et agents donnent un total de 1,000 personnes. Il faut y ajouter 2,000 hommes de troupes et 10,000 condamnés. Le total est donc de 15,500 personnes.

La population civile de 2,500 personnes ne s'accroît que de 200 personnes par an. Il faudrait deux *siècles* pour porter la population à 40,000 habitants. Aussi ne saurait-on trop encourager l'envoi des 4,000 colons libres, auxquels on concèdera 96,000 hectares. Là est le salut pour la colonie, car il n'y a pas d'immigration suffisante.

Chaque colonie australienne, sauf Victoria, dépense par an 2,500,000 fr. pour amener des recrues valides. Il en arrive par an une *trentaine de mille* dans chaque colonie. La Calédonie n'a jamais su préparer à l'avance des terres pour recevoir les immigrants. Elle n'a pas eu, comme l'Australie, ses *bandes défrichantes,* afin de mettre à la disposition des arrivants des champs tout défrichés, dont les colons payaient en *produits* le prix fixé à tant par hectare. Elle va combler cette lacune.

D'autre part, nous avons en France des colonies agricoles et industrielles des deux sexes, des maisons de jeunes détenus, des orphelinats, des bureaux de l'assistance publique, d'enfants trouvés. Comment toutes ces œuvres ne travaillent-elles pas au même but ? Préparer et former des éléments d'immigration, les aider, les protéger, les patronner et fonder ainsi dans les colonies françaises d'excellents noyaux de colonisation ? Ces éléments, la colonie va les appeler à elle.

Mais jusqu'ici les colonies ont formé comme des États étrangers par rapport à la métropole, et rien n'est tenté pour y *faire des Français*, comme le disait naguère un homme d'État. La création d'un ministère des Colonies est donc une nécessité devenue incontestable aujourd'hui.

La population *noire* est de 35,000 indigènes, y compris celle des Loyalty, c'est-à-dire 21,000 sur la grande terre et 14,000 dans ce dernier groupe d'îles.

Les *Néo-Hébridais* sont au nombre de 800.

Les Malabars, Chinois, Africains au nombre de 700, ce qui donne pour la population de couleur 52,000.

La colonie, avec ses 2 millions d'hectares, n'a donc à nourrir pour le moment que 52,500 personnes, soit, à raison de 450,000 hectares cultivables, 1 habitant par 8 hectares. En France, il y a près de 80 habitants par 8 hectares. Quand aurons-nous un million d'habitants en Calédonie?

Les déportés étaient au nombre de 3,000 avec 450 femmes et enfants. Les grâces et l'amnistie ont fait rentrer en France cet important contingent, et il n'est resté dans le pays que quelques familles qui y vivent honnêtement.

Les condamnés aux travaux forcés sont au nombre de 7,000 et les forçats libérés au nombre de 2,900, et non pas 300 comme on l'a écrit récemment. On compte à peine 200 femmes condamnées. On en appellera 6,000 en dix ans.

Émigration pénale, déportation. — En France, les expressions *déporter* ou *transporter* étaient devenues synonymes et s'étaient confondues. La transportation était une faveur s'appliquant à des émigrants volontaires ou forcés, la déportation à des condamnés politiques. « La déportation, a-t-on dit, a créé la plupart des colonies australiennes ; la transportation les a peuplées. » Mais la distinction s'est faite de nouveau, et depuis l'envoi des condamnés politiques en Nouvelle-Calédonie, on a appliqué le mot *déportation* à l'expatriation forcée des prisonniers politiques et celui de *transportation* à l'envoi aux colonies des prisonniers condamnés.

par les tribunaux civils. Ces deux catégories de condamnés formaient deux services séparés sous une direction commune appelée *Administration pénitentiaire*. Cette distinction n'avait pas eu lieu dans le système pénal anglais, et c'est un tort. Dans les colonies françaises elle fut appliquée dans le fond comme dans la forme, et, bien que la surveillance soit la même, le régime est différent. Pour les *récidivistes* on a adopté le terme de *relégation*. On réserve avec raison pour les expatriations libres et volontaires le mot d'*émigration*. Ce qui est certain et ce qui constitue la différence précise et fondamentale, c'est que la déportation est une *peine*, laquelle suit de près la sentence, tandis que la transportation et la relégation, une fois le temps d'épreuve subi, sont une *amélioration de la peine;* une transition vers la réhabilitation relative. L'un des principaux gouverneurs de Sydney, Macquarie, considérait même cette réhabilitation comme absolue, puisqu'il accueillait les familles des libérés avec les mêmes égards et la même courtoisie que celles des émigrants libres. On lui en fit un reproche, qu'il ne méritait pas, son devoir étant d'appliquer la lettre et l'esprit de la loi pénitentiaire. Bien que cette parité de traitement fût la conséquence d'un principe, il est difficile de la faire entrer dans nos idées et nos usages. Les libérés eux-mêmes le sentent bien, tendent à former une caste, et c'est là qu'est le danger pour l'avenir de la colonie, parce que l'état de moralisation des libérés français n'est pas le même que celui des Anglais transportés autrefois en Australie, pour délit contre l'État ou la religion.

La venue des familles de déportés n'a pas suivi la progression à laquelle on était en droit de s'attendre en présence des nombreuses demandes qui s'étaient produites au début de la déportation. Une soixantaine de familles seulement comprenant 160 personnes, se sont expatriées.

Beaucoup de femmes qui, dans les premiers temps de la déportation, n'auraient pas hésité à s'expatrier, poussées qu'elles étaient par une misère momentanée, ne songèrent bientôt plus au départ. Beaucoup de déportés ont dissuadé leurs femmes de quitter la France. D'un autre côté on pourrait citer de louables exemples de familles installées dans le pays et qui y prospèrent honorablement.

Transportés et libérés. — Nous avons vu qu'en Australie les deux catégories de la déportation et de la transportation n'avaient pas été établies, et nous en exprimons le regret en raison de la grande différence qui peut exister entre les deux régimes. C'est ce qui explique comment, en Australie, il fut un temps où les libérés formaient la classe la plus nombreuse et la plus riche. La première entreprise des paquebots de Sydney est due à un libéré. Un chirurgien condamné à mort pour faits politiques dans sa jeunesse, était devenu magistrat. Dès 1853, les libérés qui jouissaient d'un revenu de 750 fr. pouvaient faire partie d'un jury criminel. A Hobart-Town, en 1830, le directeur de la banque, nommé à l'élection par une majorité libre, était un libéré. Ce fut là le résultat de l'absence de citoyens libres au début de la colonisation et l'inconvénient s'en fit longtemps sentir en formant deux partis hostiles dans la société coloniale : les *émancipistes* et les *exclusionnistes*, néologismes australiens dont il y a lieu de craindre l'introduction chez nous. Les libérés livrés à eux-mêmes tendent à revenir vers les villes, et l'on agit sagement en les en éloignant. Les paresseux, qui sont sans ressources, mènent une vie de vagabondage et se font *maraudeurs de buissons* (bushrangers). C'est une nécessité pour tous qu'ils soient l'objet de la surveillance de l'autorité.

On est porté à se demander si la présence des condamnés est un bien ou un mal pour le pays. Qu'était-il avant leur arrivée ? Q'est-il depuis ? Que leur doit-on ? Sur 39,000 habitants en Australie en 1821, la moitié étaient des condamnés ou des libérés ; ce furent les familles de ceux-ci qui, en 1830, repoussèrent le plus vivement l'envoi des condamnés. C'étaient les artisans, les industriels ; tandis que les agriculteurs et les éleveurs demandaient le maintien de la transportation. Les premiers craignaient l'abaissement du taux des salaires; les seconds redoutaient la privation d'auxiliaires habitués à la culture ou à l'élevage des troupeaux.

En Nouvelle-Calédonie, la main-d'œuvre pénitentiaire est également utile aux centres de population, comme aux travaux des champs. Mais le but du législateur était de faciliter par la vie agricole et en famille la moralisation du condamné. Or ce résultat est une infime exception. Le condamné sort le plus souvent du bagne plus mauvais que lorsqu'il y est entré. Un danger permanent pour le pays consiste en ce qu'il y a près de 300 forçats en évasion. Les libérés, au nombre de 2,900, ne sont que des forçats de la veille avec la liberté en plus de bien ou mal faire, et le nombre est très faible de ceux qui se tournent vers le bien. A ce nombre de libérés, il vient s'en ajouter près de 600 par an, et ce flot montera toujours. Il en résulte une lutte entre l'élément libre et l'élément pénal. Si la population libre augmentait comme en Australie, il y aurait mélange et absorption des deux éléments. Dans le cas contraire, ceci tuerait cela. Il n'y a en ce moment que 700 libérés engagés chez les colons comme travailleurs et 300 condamnés. Il y a dans l'intérieur 1,300 libérés et 900 à l'asile de la presqu'île Ducos, soit près de 3,000 établis ou à la recherche d'emploi. Quel sera l'effet de l'introduction annuelle de 5,000 récidivistes dans ce milieu? La colonisation libre se développera-t-elle à côté de la colonisation pénitentiaire? Oui, a répondu la commission des colons, consultée à ce sujet en 1883; c'est une grave question dont dépend l'avenir de la Colonie.

D'autre part, la colonie ne doit pas oublier que c'est grâce aux millions envoyés annuellement par la métropole pour l'entretien de ses pénitenciers, que les colons doivent le placement de leurs produits, les fournitures diverses, en un mot, tout le mouvement commercial et agricole indispensable pour assurer la vitalité du pays, et leur propre fortune, qui, sans ce contingent, manquerait d'aliment.

Les réserves territor. pénitentiaires sont de.	42,760 hect.
Les réserves indigènes (y compris 115,000 hectares aux Loyalty)	313,734 —
Les terres concédées comprennent. . .	235,777 —
Il ne reste, en terres à cultures disponibles, que.	7,071 —
En terres à pâturages disponibles . . .	208,426 —
En forêts et bois réservés.	110,500 —
Forêts à mettre *en culture*	17,500 —
Mines concédées.	4,820 —
Mines demandées.	63,033 —
Terrains miniers ou cultivables	1,096,074 —
Total	2,099,695 hect.

Pénitenciers agricoles. — Des pénitenciers agricoles avaient été fondés à Canala, à Bourail, à Fonwary et à l'île des Pins. Tous ont travaillé à perte. On n'a conservé que les fermes de Bourail et de Fonwary.

« Désormais, dit le gouverneur, M. Pallu, dans son programme de novembre 1882, les fermes agricoles se désintéresseront d'une manière absolue de toute culture usuelle et connue, et elles réserveront leur action pour les cultures nouvelles et incertaines, où les particuliers ne peuvent s'engager sans courir le risque d'une perte totale. Il est assurément inutile et même nuisible de faire venir de France des agents spéciaux pour cultiver du maïs, des fayols ou même de la canne à sucre. Lorsque nous aurons des routes, l'initiative libre saura bien discerner parmi les productions connues, celles qu'elle sera sûre d'écouler. Il n'est pas bon, en outre, que l'État se fasse industriel et commerçant; il y a là un engrenage qui le conduit fatalement à se munir de tous les organes qui conviennent à une maison de commerce, et il faut bien dire que, quel que soit le dévouement des fonctionnaires pour les deniers de l'État, il lui manque, dans une opération semblable, l'aiguillon du risque de la perte individuelle.

Enfin les meilleurs condamnés sont ainsi drainés pour le compte de l'opération entreprise par l'administration pénitentiaire ; ce qui est la négation même du vœu de la loi sur la transportation, et rien n'est plus contraire à la base de la colonisation pénale que cette colonisation apparente.

Les fermes entreprendront ce que les particuliers ne peuvent pas faire ; les questions qui s'imposent dans cet ordre d'idées sont les suivantes :

L'avenir agricole du pays semble devoir se fixer sur la culture du café, qui est à l'abri des sauterelles : la colonie devrait être en possession d'une marque destinée à lui assurer une des premières places dans le monde entier. On répand partout, en ce moment, une espèce peut-être inférieure : il faut que ce point soit fixé, et ce sont les fermes qui en ont la charge.

Les fermes ne doivent pas non plus laisser à la seule initiative individuelle le soin de déterminer si la culture de l'ananas, pour l'extraction de l'alcool, est appelée à compenser les pertes des pays ruinés par le phylloxera. Ici encore, il y a une culture qui est à l'abri des sauterelles et qui s'approprie admirablement aux parties du sol impropres à la culture du café.

L'indigotier vient en abondance et sans effort en Nouvelle-Calédonie, mais les particuliers ne peuvent pas tenter une expérience suffisamment étendue. Ce sera encore l'affaire des fermes ainsi que pour les autres recherches. »

Pénitencier agricole de Bourail. — Nous avons indiqué très sommairement ce qu'était le centre de Bourail à ses débuts.

Le premier groupe de concessionnaires y a été établi en 1869. Régénérer par le travail et la famille les hommes que la société a repoussés de son sein, voilà quel a été le but de la loi de 1854 ; c'est le résultat que cherche l'Administration. Elle savait qu'au travailleur fatigué qui, le soir, rentre sous son toit, il fallait les consolations d'un intérieur, autant comme récompense du travail fait que comme encouragement pour la tâche du lendemain.

Les concessionnaires de Bourail sont donc exclusivement des libérés des travaux forcés ou des condamnés en cours de peine : tous, dans un temps plus ou moins éloigné, doivent être chefs de famille, les uns par la venue en Nouvelle-Calédonie des leurs les autres par des mariages contractés à Bourail.

Ils sont formés à la culture, en vue de leur mise en possession d'une concession.

Le centre s'est développé sous le rapport de la population, du nombre des concessionnaires, de l'étendue des cultures, de la production, du nombre des têtes de bétail, de chevaux, etc... Les résultats acquis après quelques années d'expériences ont été comparés dans un concours agricole qui a eu lieu en septembre 1877 à Bourail, auquel ont pris part 197 concessionnaires.

Pénitencier agricole de la Fonwari. — Une autre ferme est celle de la Fonwari, à 8 kilomètres de Ouaraï. Une avenue de cocotiers et de bois noirs conduit à un arceau portant d'un côté la devise : *Labor improbus...* et de l'autre : *O fortunatos nimium*..... C'est l'entrée d'un jardin anglais, orné de chaque côté de deux kiosques servant de volières. Plusieurs petits bassins avec jets d'eau, sont disséminés au milieu de parterres plantés d'eucalyptus, de cycas, de fougères arborescentes, de palmistes, de coleus, de dupraisias importés de Cochinchine, et de plantes variées. En face de l'habitation, un fort joli kiosque sert de salle à manger. Les tables, buffets, canapés, sont en bois du pays; les ouvrages de serrurerie sortent des ateliers de l'établissement, qui comprennent la fabrication d'objets de vannerie, de forge, de menuiserie, d'ébénisterie, de charpente, de sculpture sur bois, une distillerie, une soierie, une huilerie.

Derrière la maison s'étend une pépinière d'arbres fruitiers et d'ornement, du pays et d'importation. Un peu plus loin, un vaste verger et potager longe un petit cours d'eau. Enfin viennent les grandes cultures parfaitement aménagées. Tous ces terrains, qui sont de bonne qualité, sont bien arrosés. En outre, une conduite d'eau d'une longueur de 1,500 mètres alimente l'établissement.

Un beau pont en bois, sur culée en pierres, mène au raccordement de la route de Uaraï à Canala.

Six kilomètres plus loin commencent les concessions dans les vallées de la Fokola et de la Fonwari; elles s'étendent au pied de montagnes très boisées couvertes de bancouliers, d'acacias, de tamanous, et autres essences très variées. Les replis d'une certaine altitude recèlent du chêne tigré, des cycas, et même des sandaliers. Des scieurs de long sont établis dans ces parages pour débiter les bois abattus, dont le transport s'opère par chariots à bœufs.

Une jolie route carrossable, bordée de bois, conduit aux fermes succursales de Tia et de la Foa, établies sur les bords de ces deux cours d'eau. De magnifiques plantations de maïs, haricots, caféiers, vanilliers, etc., se succèdent dans un site très pittoresque, où dominent les pins colonnaires et les cocotiers. Les embarcations viennent jusqu'à Tia et à la Foa.

Ménages de transportés. — L'établissement agricole compte environ 1,000 hectares propres à la culture. Il s'étend sur une superficie de plus de 3,766 hectares traversée par 25 kilomètres de route, et longeant la rivière de la Foa jusqu'auprès du village de Piéra. L'ancien camp de la Foa, dont il est parlé au chap. IV, est devenu un centre de concessions. Les condamnés de la ferme sont au nombre d'environ 200. A ceux qui ont mérité d'être mis en concession, on donne un terrain contenant de 5 à 10 hectares et une maison en bois comprenant deux pièces. Ils sont actuellement une quarantaine. Lorsqu'ils sont en mesure de satisfaire eux-mêmes à leurs besoins, les concessionnaires de Fonwari, comme ceux de Bourail, demandent que leurs familles viennent les rejoindre. Ces familles sont envoyées sur des transports de l'État. Les intéressés les attendent au point de débarquement. On appelle chaque condamné et on le réunit à sa femme, à ses enfants, à ses parents, en lui donnant les moyens nécessaires pour les conduire sur sa concession.

Les mariages entre condamnés ou libérés et des filles condamnées ou libérées ont lieu principalement sur l'établissement de Bourail. Le mari sait la valeur de celle qu'il épouse. C'est pour lui l'inconnu avec une prévention défavorable. Pour la femme, c'est la liberté relative de ses actes et de sa conduite. Cependant l'expérience a démontré que ces ménages pouvaient donner de bons résultats. La plupart sont féconds. De mauvais époux peuvent devenir de bons parents. Si la première génération d'enfants est médiocre, la seconde sera bonne.

Pour le condamné mort civilement, la réintégration au milieu de sa famille venue du pays offre au contraire des avantages moraux plus certains. La famille arrive de France ; n'a pas subi les rigueurs de la détention ; elle connaît son chef, qui connaît sa femme et la mère de ses enfants. Il retrouve ceux-ci grandis, sans préjugés contre lui, et on sait que les condamnés s'attachent beaucoup à leurs enfants. Il a devant lui des moyens d'existence, un soutien légal ; il sait qu'il travaille pour ses enfants et pour les siens.

C'est donc dans la réintégration en famille plutôt que dans les alliances sur place que se trouvent les meilleures conditions pour tenter la régénération du condamné. On voit par tout ce qui précède l'immense intérêt matériel, moral et social que présentent pour l'avenir les établissements pénitentiaires agricoles. Mais comment coloniser et moraliser avec 250 femmes pour 10,000 hommes ? La proportion parmi les convicts australiens était de près de la moitié et l'on s'en plaignait. En Calédonie, elle est du 40°. Il faut donc absolument relever le nombre des ménages et adopter la *relégation des femmes récidivistes*.

Enfin si le régime militaire des transports est du domaine de la Marine, le régime moralisateur à appliquer aux débarqués, aux relégués est du domaine du ministère de l'Intérieur.

Est-ce que des hommes et surtout de jeunes femmes et des filles peuvent être gouvernés *manu militari ?* Donc l'administration pénitentiaire, coloniale et métropolitaine, doit être une et réunie dans la même main.

Colonisation. — Pour coloniser dans de bonnes conditions, il faut, quel que soit l'élément de population, lui prêter secours et protection dans les circonstances imprévues ou difficiles. C'est ce qu'a si bien compris Mrs Chisholm, femme d'un officier des Indes. Elle vint, avec son mari, de Madras, où elle avait déjà fondé un asile d'orphelines, et établit une école de bonnes ménagères dans sa propre maison. C'est elle qui créa en Australie, vers 1838, l'admirable institution des *Prêts pour la colonisation en famille.* Elle plaça dans les campagnes d'Australie plus de onze mille jeunes filles.

Je le répète, nous avons en France des colonies agricoles et industrielles pour les orphelins des deux sexes, pour les enfants pauvres ; des colonies de jeunes détenus, garçons et filles ; refuges, asiles, ouvroirs, sociétés de patronage, de placement, d'apprentissage, d'enfants des faubourgs, de frères agriculteurs, des bureaux de bienfaisance, une société de protection des libérés, hommes ou femmes ; une administration de l'assistance publique, des enfants abandonnés, des hospices d'enfants trouvés ; toutes ces œuvres pourraient concourir au même but : préparer les éléments d'immigration, les former à l'avance, les aider de leurs ressources financières, leur procurer les renseignements nécessaires, les protéger jusqu'à leur destination, fonder dans les colonies des ouvroirs, non pas pour des orphelines de quarante ans (on en a vu, dit-on, débarquer une de cet âge), mais pour des enfants de dix à douze ans. Ne se trouvera-t-il pas une personne de dévouement pour patronner les familles d'immigrants ? Mrs Chisholm, en débarquant, servit d'interprète à tout un clan écossais nouvellement arrivé et sans aucun guide. Un bureau d'administration ne suffit pas en pareil cas. Il faut une intervention plus active, plus indépendante, plus affectueuse. Il faut un notable

Planche VIII

Hôtel du Gouvernement.

Place des Cocotiers et Sémaphore.

CH. LEMIRE. — NOUVELLE-CALÉDONIE. — Challamel aîné, Éditeur.

colon qui prenne à tâche de recevoir les immigrants, de les guider, de les encourager, de leur procurer un moyen de trouver un emploi ou un établissement dans la colonie. Les condamnés qui entrent en concession trouvent sur leur terrain une case toute prête. Les immigrants libres n'y trouvent aucun abri. On sent que l'honnêteté a tout à envier au vice.

Lorsque les émigrants anglais s'embarquaient avec leurs familles pour l'Australie, leurs amis les conduisaient au port d'embarquement et ils partaient au bruit des salves des navires pavoisés et des hurrahs de leurs compatriotes. Combien ces démonstrations seraient touchantes et encourageantes pour nos émigrants français! Si cette sollicitude les attend encore au débarquement, et si leur installation est facilitée, ils sauront le reconnaître en adoptant la devise : *Ubi bene, ibi patria.*

Quant aux libérés, une Société générale de patronage a été fondée à Paris en 1871 en leur faveur. Elle exerce son action dans les départements et désire l'étendre aux colonies. En Nouvelle-Calédonie, où cette classe devient très nombreuse, un syndicat a été formé par les soins de l'administration locale et sera le protecteur direct de ces individus, auxquels la loi du 3 juillet 1852 donne le bénéfice de la réhabilitation.

Bureau de bienfaisance. — Il existe à Nouméa un bureau de bienfaisance. Les membres de ce bureau et les dames de charité sont chargés des secours. Un médecin, une sage-femme et deux religieuses sont attachés à l'œuvre. Parmi les indigents secourus temporairement, on admet: les malades, les blessés, les femmes, les nourrices; enfin tous les cas fortuits ou imprévus.

CHAPITRE XX

Retour à Nouméa. — Édilité. — Conduite d'eau. — Institutions. — Justice. — Instruction publique.

De retour à Nouméa, après 70 jours de marche, on apprécie mieux la capitale de la colonie, on la trouve magnifique et animée. On est porté à croire que c'est une grande ville; dans l'intérieur, en effet, la population libre est très disséminée. C'est un inconvénient obligé dans un pays de grands pâturages et de grandes cultures. Sur la côte Ouest sont les grands espaces occupés par l'élevage; sur la côte Est, les cultures les plus variées. On s'explique que la plus nombreuse population en Australie comme en Calédonie, soit dans les villes. Melbourne a 270,000 habitants sur 900,000 dans la colonie, plus du tiers. Nouméa en a 2,000 sur 2,500 dans la colonie. On forme cependant en ce moment des centres agricoles, des villages sur divers points de l'île.

Le chef-lieu de la colonie ressemble à la fois à une ville nouvelle, à un camp, à une caserne, à un bourg, à une agglomération de nomades. Dans un pays où les enfants sont propriétaires, on voit des tramways alors qu'il n'y a pas de route. Les télégraphes ont été achevés avant la poste. Les grands travaux ont précédé la viabilité. Ainsi la ville était séparée de la rade et de ses faubourgs par la Butte-Conneau : on a rasé la montagne qui abritait le port. Les déblais ont servi à remblayer les marais et à faire les quais. La dépense a été de 300,000 francs. On a coupé les montagnes pour y percer des rues.

Édilité. — Treize ans après la fondation de Sydney, le gouvernement ne permettait de construire que sur un alignement régulier et les maisons en bois devaient être remplacées par des maisons en pierres. Ce n'est qu'en 1875 que l'alignement des rues de Nouméa commença à se tracer, que les noms des rues furent indiqués et l'éclairage installé à l'huile de pétrole. La ville va être éclairée au gaz prochainement.

Conduite d'eau. — Nouméa était privé d'eau potable et la population en souffrait beaucoup dans les moments de sécheresse prolongée. D'autre part, l'eau de pluie recueillie sur les toitures en zinc n'était pas très salubre. On amena donc l'eau de Yahoué, de 13^{k}500, dans des conduites souterraines qui aboutissent à un château-d'eau placé dans la partie du jardin du Gouvernement qui domine la ville. Cette eau est distribuée en ville par 32 bornes-fontaines et ensuite dans les maisons particulières. Il a fallu deux ans et demi, comme pour la butte Conneau, pour achever ce grand travail, inauguré par le Gouverneur, l'amiral de Pritzbuer.

Le barrage de prise d'eau sur le ruisseau d'Yahoué est à la cote 59 au-dessus du niveau de la mer au lieu de la cote 120 que prévoyait le projet Ferron. La charge la plus forte que les tuyaux aient à suppporter n'est donc que de six atmosphères, alors qu'ils sont éprouvés pour douze. Il a fallu établir entre ce barrage et le jardin de la ferme un chemin de 1,700 mètres de longueur, dont un tiers a été gagné sur des roches excessivement difficiles à attaquer. On a dû construire 18 aqueducs ou murs de soutènement et 13 ponts ou ponceaux. Des tuyaux ont été posés dans une tranchée plus ou moins profonde de 11,000 mètres de longueur. Ils sont en fonte de 20 centimètres de diamètre intérieur et raccordés avec grand soin. Ils sont percés sur leur parcours de sept orifices pour l'évacuation de l'air dans les points hauts de la conduite, et de huit autres dans les points bas pour le nettoyage. Huit robinets d'arrêt, placés de distance en distance, permettent les réparations, sans nécessiter la vidange complète du tuyau.

Le réservoir d'arrivée à Nouméa comprend deux compartiments d'une contenance de 800 mètres chacun, couverts de voûtes en briques et dans lesquels l'eau peut monter à la hauteur de 4 mètres. L'altitude du fond du réservoir est de 27 mètres, celle du tuyau d'arrivée de 31 ; on a donc 28 mètres de hauteur de chute. En supposant que le ruisseau fournisse au tuyau toute l'eau que celui-ci peut absorber par succion, on peut s'attendre à voir couler 30 litres à la seconde soit 500 litres par jour et par habitant pour une population de 5,000 âmes.

Après une sécheresse qui n'offre qu'un exemple dans ces dix dernières années, le débit est encore de 7 litres à la seconde, soit environ 120 litres par personne pour la même population.

La conclusion est facile à tirer : si la population double ou triple, il suffira pour assurer ses besoins, même en temps de sécheresse, de doubler ou de tripler la quantité d'eau à l'origine, et les moyens d'obtenir ce résultat existent, puisque l'on peut faire arriver dans le ruisseau d'Yahoué, sans beaucoup de frais, des eaux qui s'écoulent ailleurs. La conduite telle qu'elle est, est donc un instrument suffisant et qui, de longtemps, ne demandera pas à être doublé d'une conduite parallèle.

On a planté dans les rues des bouraos et des acacias ; mais il faut attendre encore avant de jouir en ville des ombrages qu'on a su aménager à Saïgon dès les premiers jours et qui sont indispensables à une capitale coloniale.

On a établi des trottoirs ; percé quelques égouts ; achevé un square public sous le nom de place des Cocotiers avec un kiosque pour la musique.

Il existe une école communale pour les filles. Ses bâtiments sont complètement insuffisants par rapport au grand nombre d'enfants qui les fréquentent. On a élevé une très belle école communale de garçons. La mairie, les établissements pénitentiaires, les quais, les chaix des subsistances, l'hôtel du Commandant militaire et du directeur de l'Administration pénitentiaire, la gendarmerie, l'hôpital militaire, les prisons civiles et militaires, la caserne d'infanterie, le cercle, quelques habitations particulières sont à noter. Les établissements les plus importants sont ceux de l'artillerie comprenant des ateliers, des forges et machines, une salle d'armes, etc. On va construire une salle de théâtre et de réunions.

Il y a en Calédonie 1,800 hommes de troupes. Il s'agit de garder plus de 10,000 condamnés. On conçoit que les casernes soient l'une des constructions les plus considérables et les plus urgentes.

On a suspendu le projet de construction d'une cathédrale dont l'emplacement était adopté ; les devis étaient d'ailleurs hors de toute proportion, non pas avec l'œuvre à exécuter, mais avec l'importance de la ville et même du diocèse. On a bâti un palais épiscopal, où l'on jouit d'une aération excellente et d'une vue splendide. Le culte protestant n'a pas encore de temple.

De l'inauguration du conseil municipal en 1874, date une ère d'amélioration pour la cité, et Nouméa, si longtemps village et camp, devient une ville qui s'embellit chaque jour. Elle aura ses quinconces et ses boulevards. Ses squares ne pourront être comparés à ceux des moindres villes d'Australie ; mais un jardin d'acclimatation y suppléera plus tard. Le service de la voirie est organisé.

Dans l'intérieur du pays, il faut citer à Canala la construction d'une belle église et de nombreux bâtiments ; à Bourail une église, un hôtel d'arrondissement, une ferme ; à Uaraï une grande et belle caserne, des magasins, une manutention ; à Païta des écoles ont été édifiées. Des centres se sont formés et se développent rapidement, au Diahot, à Koné, à Moindou, à la Foa, à Houaïlou, à Thio, à Bouloupari. Le mouvement, loin de se ralentir, ne fera que s'accentuer.

Cet exposé démontre qu'il s'est effectué depuis quelques années et malgré les événements survenus, un très grand progrès.

Budget communal. — Nouméa a aujourd'hui 1800 habitants (civils), dont 390 étrangers. Le total de la population est de 2,500 personnes avec les familles des fonctionnaires civils.

Les recettes du budget communal se composent de droits d'octroi, d'une part dans le produit des patentes et licences, d'une subvention du service local et de produits divers. Il s'élève, pour 1883, à environ 350,000 francs, plus 70,000 francs pour les 9 commissions municipales de l'intérieur. Il y a en outre 14 officiers de l'état civil.

Justice. — La justice est organisée comme en France. Il y a à Nouméa un tribunal de première instance, un tribunal supérieur, à la fois cour d'appel et cour d'assises. Le tribunal de commerce a été rétabli en 1882. Des juges de paix à compétence étendue et se déplaçant périodiquement, sont installés à Bourail, Oégoa et Lifou.

Progrès intellectuels et sociaux. — L'une des créations les plus urgentes en Australie, a été celle d'écoles pour les garçons et surtout pour les filles, qu'il fallait soustraire aux exemples de parents vicieux. Cependant, pour ne pas parler d'humbles asiles ouverts par de pauvres femmes, la première école ne fut fondée qu'en 1801 pour 60 jeunes filles ; elle reçut une dotation de 6,000 hectares et des troupeaux. Ces jeunes filles étaient mariées aux frais du trésor. Parmi les souscripteurs de cette institution, on trouve le nom du capitaine français Baudin. L'école des orphelines ne fut organisée qu'en 1819. Les institutions primaires recevaient une concession de 100 hectares. Une amende frappait tout père de famille dont l'enfant à l'âge de sept ans n'avait encore fréquenté aucune école. En Calédonie également, dans les établissements pénitentiaires, l'instruction est obligatoire pour les enfants des deux sexes, sous peine de suppression de la ration qui leur est allouée. La Nouvelle-Galles du Sud qui a 700,000 habitants, possédait, en 1881, 1600 écoles, fréquentées par 140,000 élèves, et la dépense annuelle était de 5,000,000^f. La colonie de Victoria, qui a 900,000 habitants, comptait 230,000 élèves. La dépense annuelle était de 13,000,000' d'une part, et 7,000,000', d'autre part pour les bâtiments (1).

Écoles. — Au commencement de 1859, il existait à Nouméa une école primaire dirigée par un sous-officier d'infanterie. Cette école était ouverte aux enfants européens et indigènes. Elle fut ensuite placée sous la direction d'un prêtre mariste, en même temps qu'une école des filles était fondée à la Conception sous la direction d'une religieuse.

En juillet 1862, M. Guillain créait à la Direction d'artillerie une école professionnelle pour les jeunes Calédoniens. Cette institution devait avoir une salutaire influence sur la race indigène et contribuer aux progrès de la civilisation. Elle était dirigée par un prêtre mariste, et partagée en deux sections de vingt élèves chacune. La première se composait des *élèves interprètes* et la seconde des *apprentis-ouvriers*.

Une école analogue fut fondée, sous la direction d'un sous-officier, à Canala en 1864 et dans les diverses localités où se trouvait un poste, comme Wagap, Lifou. Elles ont produit de bons résultats.

L'administration créa, avec les concours des colons, une école à Païta, et la Mission en établit une pour les indigènes, à Saint-Louis et à l'île des Pins. Enfin, en avril 1866, l'école indigène du chef-lieu fut fermée faute de fonds. Ce fut une regrettable économie, dont les conséquences ne sont pas à la charge du fondateur de l'école. On ne conserva à Nouméa que trois élèves indigènes à l'école des garçons. En 1869, tous les garçons sans distinction de couleur, de religion, de nationalité, pouvaient être reçus gratuitement aux écoles de Nouméa et de Païta à partir de l'âge de quatre ans. En 1870, une école mixte fut créée à Bourail par l'Administration pénitentiaire. Les enfants des colons libres et les enfants indigènes pouvaient

---

(1) Voir la brochure *l'Instruction publique nationale, gratuite, laïque et obligatoire en Australie*, en 1883, par C. Lemire. Challamel, éditeur, Paris. Prix, 1 franc.

y être admis ; mais elle se composait surtout d'enfants de transportés.

C'est en 1874 que pour la première fois le service de l'instruction publique a été convenablement doté. Jusque-là la subvention accordée s'était confondue avec le service des cultes. Cette double subvention n'atteignait que :

15,100^f en 1870
10,470 en 1871
18,460 en 1872
21,600 en 1873
43,500 en 1874

Les écoles des filles sont dirigées l'une par les laïques, l'autre par les religieuses, qui reçoivent les métis et les indigènes. Les écoles de l'intérieur sont surtout composées de garçons et de filles indigènes. Elles sont donc très intéressantes à ce point de vue. On y enseigne le français, la lecture, l'écriture, le chant, même en latin, les travaux manuels.

L'établissement construit pour l'école communale des garçons, à Nouméa, a une valeur de 100,000^f. Quant aux rétributions scolaires, elles ne s'élèvent qu'à 5,500^f dont 3,000 proviennent des filles de l'externat à raison de 20^f par famille et par mois pour les élèves de la 1re classe, et de 10^f pour la 2e classe. Des bourses ont été instituées par l'Administration coloniale en faveur des garçons et des filles; mais on peut dire que la plus grande partie des dépenses de l'instruction publique est à la charge de la colonie. L'administration consacre à l'instruction publique 98,000 francs et la municipalité de Nouméa 56,000^f, soit 154,000^f pour 5,000 habitants.

On se propose de rétablir l'école des arts et métiers sous les auspices de la Direction d'artillerie et de fonder une école d'apprentis-mineurs, dont le besoin est tout spécial au pays.

Le nombre des écoles en 1883 est de 45, et les élèves des deux sexes y sont au nombre de 1,500, y compris les écoles des missions pour les Canaques.

Nouméa possède une école secondaire pour les garçons. Elle est dirigée par deux professeurs de l'Université, licenciés l'un pour les lettres, l'autre pour les sciences. Elle est subventionnée par le service local, qui accorde des bourses et des demi-bourses, après examen, en faveur des fils de fonctionnaires.

Une classe du soir pour les adultes avait été ouverte à l'école publique des garçons. Voici quel était le programme d'enseignement : lecture, écriture, langue française, poids et mesures, arithmétique, histoire, géographie, notions de physique et d'histoire naturelle, d'agriculture, d'industrie, d'hygiène, arpentage, nivellement, dessin linéaire. Il serait très important de maintenir ces cours du soir pour les jeunes gens de la ville.

Telles sont les institutions scolaires pour une population de 5,000 blancs et de 40,000 indigènes.

Une bibliothèque communale doit bientôt être créée par la municipalité. La bibliothèque paroissiale est ouverte pendant une heure le dimanche et le jeudi. L'abonnement est facultatif, il ne s'élève qu'à un franc par mois et on peut emporter les livres chez soi.

S'il est intéressant de voir figurer dans les grands concours universels des *devoirs français* faits par des *Japonais*, combien il serait plus utile et plus encourageant d'y trouver des devoirs *français* faits par des *Asiatiques*, des *Indiens*, des *Canaques* sujets français. La Nouvelle-Calédonie possède des écoles laïques pour les garçons et les filles, qui doivent concourir à cette importante exhibition, avec les écoles congréganistes. Ces dernières ont seules des élèves canaques, indigènes ou métis des deux sexes. Ce sont les résultats de l'instruction de ces enfants qu'il est désirable de constater, de comparer avec les résultats obtenus dans les autres colonies et chez d'autres races. Il serait utile de recueillir, de classer, de mettre en évidence tous ces documents et de provoquer par tous les moyens le développement de l'instruction chez les jeunes Français de race noire ou blanche, en les plaçant en parallèle avec les écoliers de la métropole.

Bibliothèques. — Chaque localité d'Australie a sa bibliothèque, formée par souscription, et une salle où l'on fait des conférences publiques. Dans les premiers temps, ce fut une heureuse spéculation d'envoyer en Australie des livres et des journaux achetés au poids en Angleterre et revendus aux colons avec de gros bénéfices. Voici un fait qui montre combien était vif ce besoin de culture intellectuelle. Il s'agit des descendants des révoltés du *Bounty*, issus de leurs alliances avec des femmes taïtiennes réfugiées avec eux sur l'île Norfolk. En 1853, la *Clio* ayant été forcée de dérader par un fort coup de vent, était sur le point de prendre la route de Sydney, lorsqu'on vit une embarcation pousser de terre et se diriger vers le bord. On supposa qu'une affaire très grave avait seule pu déterminer un pareil esquif à prendre la mer par un temps aussi mauvais. La *Clio* dut mettre en panne et attendre toute la nuit que l'embarcation battue par des vagues énormes pût l'atteindre. Lorsque les colons furent à bord, le commandant Stirling s'empressa de les questionner : « J'espère, leur dit-il avec sollicitude, qu'aucun malheur ne vous est arrivé. — Tout va bien, merci, répondirent les hardis bateliers ; mais nous avons une chose à vous demander : avez-vous à bord un exemplaire de *Lothaire* ? » Il s'agissait du dernier roman de M. Disraëli (Lord Beaconsfield). On dit les Anglais « positifs » et les Français « spirituels ». Nos compatriotes Calédoniens en eussent-ils fait autant ?

Les bibliothèques des pénitenciers calédoniens sont bien composées et très attrayantes. La moitié des condamnés sont complètement illettrés, et cependant un nombre considérable de livres sont mis en circulation par ces bibliothèques. Quel est le nombre de volumes mis en lecture par la bibliothèque de la ville de Nouméa ? Il est insignifiant, et c'est là une déplorable lacune. Il n'est pas nécessaire de fonder une bibliothèque communale coûtant 3 millions comme celle de Melbourne, avec 120,000 volumes. Nous ne pouvons espérer 500 lecteurs par jour ; mais il faut constater que les livres, les journaux, les revues, les publications qui arrivent d'Europe à chaque courrier, restent entre les mains d'un petit nombre de privilégiés, tandis que la communauté est privée de cet aliment intellectuel, précieux surtout aux colonies.

Les bibliothèques de la colonie doivent pouvoir présenter d'abord aux lecteurs la collection des publications parues sur le pays et sur nos voisins. On a dû s'étonner en lisant la bibliographie néo-calédonienne, d'y trouver tant d'ouvrages publiés et si peu connus.

Journaux. — Nouméa possède quatre imprimeries, un journal officiel et trois journaux politiques. Il faut, surtout dans une colonie pénitentiaire, exclure rigoureusement les pamphlets, les écrits de scandale, les théories byzantines, la critique passionnée et violente ; mais les comptes rendus des comités d'agriculture et d'industrie, les faits commerciaux, les données générales sur la colonisation, la main-d'œuvre, le produit des terres sont des éléments instructifs pour tous. Le régime libéral actuel de la Presse va enfin contribuer au développement du pays, d'autant plus qu'on s'intéresse maintenant en France aux publications et aux affaires coloniales.

Sociétés savantes. — Le concours le plus précieux pour cette presse utilitaire serait celui des sociétés savantes de France. Tout officier ou fonctionnaire devrait, sur sa demande, en partant de France, recevoir le titre de membre correspondant des diverses sociétés savantes de Paris.

C'est ainsi que les missionnaires, avant de partir pour la Chine, au temps de Louis XIV, recevaient le titre de membres des académies. La solde des employés du gouvernement ne leur permet pas de faire partie, ni de plusieurs, ni même d'un seul corps scientifique exigeant une cotisation annuelle. De là, bien des talents et des connaissances perdus et ignorés. Cependant, dans toute association commerciale, il y a les commanditaires et les agents actifs chargés des opérations sur place. Combien plus grand serait encore le profit pour une association dont les membres actifs travailleraient dans l'intérêt de tous. Quelle source féconde de lumières jaillirait de cet ensemble de correspondants dans toutes les parties de l'univers. Ces réflexions ont déjà été soumises à la Société de géographie de Paris. Elles s'adressent de même à la Société d'acclimatation, aux sociétés d'agriculture et d'horticulture, à la société des bibliothèques Franklin, à toutes les institutions qui ont pour objet le développement des connaissances utiles et l'intérêt moral et matériel des nations. Les corps savants bénéficieraient du concours de toutes ces forces vives, comme les individus profiteraient de l'expérience déjà acquise par les associations dont ils se feraient les auxiliaires désintéressés. C'est là un progrès facile à accomplir et dont l'application comme les résultats seraient immédiats.

Missions religieuses. — Si les missions anglicanes, en Australie, ne se signalèrent au début que par des échecs, la société Wesleyenne fondait, au contraire, des missions importantes dans les archipels voisins de la Calédonie dès l'année 1840. Le révérend Williams fut victime de son dévouement dans l'évangélisation des indigènes des Nouvelles Hébrides, à peu près à la même époque qu'un évêque français, Mgr Epalle, dans l'île Saint-Georges. Plusieurs missionnaires protestants furent massacrés à l'île des Pins. Les Wesleyens obtinrent des résultats très satisfaisants à Maré et surtout à Lifou (groupe des Loyalty). Des chiffres ont été donnés ; on y voit que ces peuplades ont aujourd'hui adopté la foi chrétienne, malgré les différences de doctrine orthodoxe ou réformée. Constatons encore une fois que partout où règne l'influence française, la race indigène a été l'objet d'une sollicitude bien plus éclairée, bien plus civilisatrice qu'en pays anglais, américain ou espagnol. Aux Indes comme à Maurice, au Canada, les naturels se façonnaient à nos mœurs, s'habituaient à nos usages et s'attachaient à nous.

CHAPITRE XXI

Le commerce. — Marine. — Postes et télégraphes. — Ressources financières.

La chambre de commerce et les divers comités commerciaux, industriels et agricoles, institués au chef-lieu ont beaucoup contribué à développer les relations de la colonie avec l'étranger ; il en est de même de la presse locale.

Un consulat général d'Italie a été créé. Malheureusement il ne fut établi qu'après le passage des familles italiennes, victimes de l'entreprise avortée du Port-Breton à la Nouvelle Irlande.

Marine, Commerce et Produits. — Au point de vue maritime et commercial, la colonie est restée dans l'enfance, jusqu'en 1881.

Les entrées et sorties de navires n'ont donné en 1865 que les chiffres suivants : 68 navires jaugeant 16,971 tonnes et montés par 687 hommes, dont 13 navires français, jaugeant 5,150 tonnes et montés par 188 hommes.

Les importations atteignaient 2,222,300 francs dont 818,000 francs par navires français ; les exportations se chiffraient par 144,106 francs, dont 30,000 francs par navires français. Parmi les articles exportés, il y a lieu de remarquer 17 tonneaux de bois de sandal et du tripang pour la Chine, du coton et de l'écaille pour l'Europe.

En 1873 les produits de la colonie et des îles figuraient à

l'exportation pour l'étranger pour 644,108 francs et pour 719,795 francs en 1874. La France ne recevait absolument rien de ces produits, dont l'Australie absorbait la plus grande partie, comme elle contribue encore pour plus d'un cinquième aux importations dans la colonie. Aussi y a-t-il a Nouméa un consulat britannique.

La France nous a expédié en 1873 des marchandises pour 2,200,000 francs et en 1874 pour 3,062,500 francs par navires français et étrangers.

Les transactions commerciales sont maintenant en grand développement: ainsi le montant des exportations n'était que de 93,000 francs en 1866, et les importations de 2,223,000 francs seulement. Le mouvement général des affaires s'est élevé à 10,873,000 francs en 1872, et il était de 13,471,550 francs en 1874, soit un progrès de 2,600,000 francs sur l'année précédente et de 11,000,000 francs sur 1866. Les produits importés des îles étant de 289,100 francs, la véritable production de la Nouvelle-Calédonie n'atteignait à l'exportation que 430,580 francs. Mais cette production va chaque jour se développant et elle a pour base la mise en rapport des terres et surtout l'exploitation des mines. De sorte que les exportations tendent à rétablir l'équilibre.

En 1882 le mouvement commercial a été de 15 millions et demi, dont 9,060,000 francs à l'importation, et de 5,650,000 francs à l'exportation. En 1883 l'exportation est de plus de 10 millions, grâce à l'industrie des mines, qui a augmenté le chiffre des exportations de minerais. Le commerce d'échanges entre Nouméa et les autres ports de la colonie s'est élevé en 1881 à 4 millions de francs. On évalue à 40 millions le mouvement général des entreprises minières actuelles.

Une ligne de navigation française directe a été inaugurée en novembre 1882, et l'on réclame dans cette vue un *bassin de carénage* et des ateliers de réparations pour les navires marchands. Les navires de guerre vont chaque année se réparer à Sydney et dépensent plusieurs centaines de mille francs au profit des Australiens. Si nous voulons que Nouméa, port français, reste tête de ligne des paquebots français, il faut créer sans retard le bassin de carénage depuis si longtemps nécessaire et agrandir les quais et appontements.

Une ligne directe de steamers va fonctionner entre la Cochinchine et la Calédonie avec escales en Australie et à Batavia. Désormais d'ailleurs tout navire à vapeur faisant le voyage entre Nouméa, Sydney et Saïgon, sera dégrevé des droits de phare, balisage, ancrage, etc. Cette sage mesure va mettre en relation la Nouvelle-Calédonie et l'Australie avec la Cochinchine et facilitera entre ces pays l'échange de leurs produits.

Un transport spécial fait le service de Nouméa à Taïti. Les transports de Bordeaux par les deux Caps, qui avaient lieu par des trois-mâts à voiles, se transforment en service à vapeur. Ce sont des steamers qui touchent en même temps en Australie et qui préparent ainsi la création de la ligne à vapeur par le cap de Bonne-Espérance.

Postes et télégraphes. — Outre les facilités offertes aux transactions commerciales à l'extérieur par des services réguliers à vapeur et à voiles sur l'Australie, sur Bordeaux et par les paquebots-poste français de Marseille, un service de paquebots à vapeur relie entre eux tous les points de la côte au moins deux fois par mois. Ces paquebots reçoivent une subvention de 180,000 francs que la métropole fournit à la colonie.

Un réseau télégraphique comprenant 26 bureaux met en communication avec le chef-lieu tous les ports de la côte et toutes les localités de l'île. On s'occupe de relier par un câble sous-marin, de Brisbane à Nouméa, la Calédonie à l'Australie, et par suite à la France.

Un service postal dessert tous les points habités.

Dès l'année 1860, on avait tenté d'organiser des courriers terrestres entre Nouméa et Canala. Le trajet est de moins de 200 kilomètres et devait se faire en quatre jours. Une boîte en fer-blanc contenant les correspondances était remise au chef canaque ; celui-ci, pour rendre inviolable la boîte aux lettres, avait mis le *tabou* sur cette boîte, c'est-à-dire l'avait rendue sacrée aux yeux des Canaques ; mais, soit superstition, soit paresse, soit mauvais vouloir, la boîte n'arrivait que bien longtemps après le départ. On la retrouvait dans les relais ou les étapes suspendue à un arbre ou déposée sur la lisière de la forêt. On respectait la boîte, mais elle restait en route.

Voilà qu'au mois de décembre 1860, l'une des tribus que traversait le courrier avec sa boîte fut décimée par une terrible épidémie qui commença à sévir au moment du passage du courrier. Les sorciers déclarèrent que le mal ne pouvait provenir que du contenu de la boîte aux lettres. Cette cause étant ainsi connue, il n'y avait plus qu'à la supprimer pour supprimer l'effet. Aussi, dès que les courriers suivants passèrent, ils furent arrêtés, massacrés et mangés. Comme cette fois, on ne retrouva pas les lettres, on envoya une expédition contre ces cannibales, mais ils avaient fui dans la montagne. En 1878, la même tribu fut des premières à massacrer les blancs, de sorte qu'elle a été détruite et son territoire magnifique est libre pour la colonisation.

Il y a aujourd'hui 27 bureaux de poste qui fonctionnent régulièrement.

Caisses d'épargne. — Mieux que les mineurs, les ouvriers et les gens de métier font fortune plus sûrement. L'Australie doit considérer comme un bonheur inespéré pour elle qu'à la fièvre de l'or ait succédé le retour à l'élevage et à l'agriculture avec des artisans en plus et des industries nouvelles. On a dit avec raison qu'il était « plus difficile de conserver la fortune que de l'acquérir », surtout quand on entre subitement en possession de l'argent. L'épargne régulière est le plus sûr moyen de s'enrichir.

Il n'y a pas encore à Nouméa de caisse d'épargne. Celle de Sydney date de 1819 et s'ouvre à tous les dépôts au-dessus de 3 shillings (3f60), avec intérêt de 7 1/2 0/0 à partir d'un dépôt de 25 francs. Déjà à cette époque des banques facilitaient les transactions.

Les caisses d'épargnes australiennes se chargent d'envois de fonds en Europe aux parents des déposants ; elles accordent un taux d'intérêt plus fort aux dépôts remboursables en terre du domaine. C'est un exemple à imiter.

Ressources financières. — Jusqu'à présent, la Calédonie n'a pas eu les ressources financières nécessaires pour faire face à toutes les exigences du développement d'une colonie naissante.

Voici quelles ont été les recettes locales de 1867 à 1882 :

Exercice	1867.	245,037f 38
—	1870.	318,470 40
—	1872.	595,039 31
—	1873.	1,226,308 54
—	1874.	1,478,730 26
—	1875.	1,914,173 42
—	1876.	2,056,475 62
—	1882.	1,910,440 00

Les subventions de la métropole ont été, depuis 1872, de 250,000 fr. plus 150,000 francs pour le service des transports maritimes.

Le budget des dépenses coloniales, qui était en 1863 de 352,000 fr., s'éleva en 1873 à 1,184,865 et dépassa 2,068,000 en 1883.

Emprunt. — La colonie a contracté à Paris, au commencement de 1876, un emprunt qui devait être de 1,500,000 francs mais qui a été réduit à 500,000 francs. Cette somme a été affectée aux grands travaux d'utilité publique suivants : conduite d'eau, école des garçons, caserne de gendarmerie, rues, chaussées et trottoirs, construction des quais, lazaret. L'emprunt du complément d'un million nécessaire à la colonie est en projet. Il sera consacré à la voirie, aux quais et appontements et au marché couvert.

Établissements de crédit. — On avait créé en Nouvelle-

Calédonie, comme nous l'avons indiqué précédemment, une banque, qui pouvait, à l'exclusion de tous autres établissements, émettre des billets au porteurs reçus comme monnaie légale par les caisses publiques et les particuliers. Ces billets pouvaient atteindre le triple de l'encaisse métallique. Ces privilèges assuraient à la Banque des bénéfices aussi sûrs que considérables sur ses opérations d'escompte. Mais cette banque fut déclarée en faillite en janvier 1878. Les conséquences de cette liquidation forcée furent de restreindre les facilités de transaction du public et de porter un nouveau coup au commerce et à l'industrie, déjà si éprouvés par la crise minière. On fut donc obligé d'en revenir aux bons du Trésor, dont l'émission devait s'élever à 1,500,000 francs. Ces bons eurent cours légal et forcé dans la colonie pour le Trésor, comme pour les particuliers.

La circulation monétaire se trouve assurée actuellement jusqu'à ce qu'un autre établissement financier, qui aura peut-être son siège en Australie, se fonde dans la colonie, en dehors de tout privilège et de tout monopole. On conçoit qu'une question vitale pour le commerce calédonien est celle des remises à faire à l'extérieur, et particulièrement en Australie et en France. Il est donc nécessaire de recourir pour obtenir des traites à un établissement de crédit solide. Maintenant que la colonie a recouvré son équilibre financier, les affaires suivent leur cours normal et le pays reprend un nouvel essor.

Expositions. — Le comité industriel de Nouméa a organisé déjà deux expositions : la première a eu lieu en mars 1876 et la seconde en mai 1877. Elles ont donné d'excellents résultats, qui sont un grand encouragement pour l'avenir.

La colonie a envoyé des produits et objets aux différentes expositions d'Australie. Des récompenses ont été obtenues et l'attention publique a été appelée sur nos envois. Mais les prix élevés que demandaient les auteurs ou fournisseurs étaient, toutefois, de nature à atténuer les offres d'achat. Il est regrettable que les spécimens de nos minerais ne soient pas envoyés à toutes les grandes expositions de l'Europe.

Les déportés de la Nouvelle-Calédonie avaient exécuté pour leur compte personnel, de mars en septembre 1875, des travaux libres dont la valeur a atteint environ 22,700 fr. et qui se rapportent à près de 48 industries différentes. Ces travaux ont été en partie perdus avec le départ des amnistiés.

Nous avons déjà à Paris l'Exposition permanente des colonies, au Palais de l'Industrie, œuvre créée par le Département de la Marine et qui devrait être mieux vulgarisée.

Des installations analogues devraient suivre ce grand et utile mouvement dans les villes maritimes, telles que Marseille, le Havre, Bordeaux, Nantes, etc. Pour nos colonies, ce serait un réel bienfait. Des États étrangers fondent de semblables musées pour faire connaître leurs produits en Europe.

Commerce du vin. — On a dit, à propos de la fondation des colonies, que « les Anglais commençaient par une banque, les Espagnols par une église, les Français par un café ». Le commerce le plus lucratif et le plus développé a toujours été la vente des liqueurs spiritueuses, surtout en Australie. Le corps des officiers de la Nouvelle-Galles du Sud avait obtenu de 1835 à 1840 l'exploitation de ce monopole. Cet abus dura peu. On vit du reste en Cochinchine les officiers du corps espagnol allié exploiter le monopole de la vente des cigares de Manille, dont le produit servait à leur solde.

Un commerce qui prend une grande extension en Australie, c'est celui des vins du crû; les produits s'améliorent chaque année. Des vignerons du Bordelais et de la Bourgogne avaient été amenés dans la colonie dès l'année 1800 pour la culture de la vigne. En 1852, 500,000 francs ont été mis à la disposition du gouvernement, pour une nouvelle introduction de vignerons européens, hommes et femmes. Des plants choisis du Midi de la France, des bords du Rhin, du Cap, ont été apportés, et l'on imite divers crûs français, surtout en vins blancs.

En Nouvelle-Calédonie la vigne a été importée et pousse très bien ; les petits vignobles de la Dombéa, de Païta et de Saint-Louis donnent des résultats dignes d'encouragements. Le phylloxéra y est inconnu. Nous avons vu qu'on distillait l'ananas pour en faire de l'eau-de-vie. Chaque hectare contient 1500 ananas, qui fournissent 750 litres d'eau-de-vie à 52° et à 1 fr. 50 c. le litre. Les frais étant de 250 francs par hectare, il reste 875 francs de bénéfice au minimum.

Navigation. — Le mouvement de la grande navigation augmente ; mais le cabotage de la côte ne prend pas l'extension qu'on espérait. Le pays offre pourtant des facilités exceptionnelles à la petite navigation, à cause de la ceinture de récifs qui arrêtent la mer loin des côtes. Le port de Nouméa, par suite des exigences pénitentiaires et douanières, est encore le seul que les navires puissent fréquenter, sauf Pam, au nord. Cependant le littoral présente bien d'autres ports d'où les minerais sont exportés. L'école de pilotins facilitera l'armement des caboteurs français.

CHAPITRE XXII

La colonisation australienne et la colonisation française. — Résumé et conclusion.

Les conclusions à tirer d'une étude sur la Nouvelle-Calédonie découlent d'un rapprochement entre ce pays et l'Australie. Les moyens de comparaison nous sont fournis par les publications et les statistiques les plus récentes, que chaque colonie australienne met à la disposition des visiteurs étrangers.

Les travaux publiés par des Français sur le *Continent sans pareil*, honorent notre pays et doivent être pour nous un encouragement à appliquer dans nos possessions océaniennes les leçons que nous ont données nos habiles voisins d'Australie.

Les Français ont, dans le principe, contribué autant et même plus que les Anglais, — les faits le prouvent, — à faire connaître cette partie du monde. Nous avons été à la peine sans être au profit ; pourquoi nous en dispute-t-on l'indiscutable honneur ?

Il n'y aurait qu'une vaste colonisation pénale à Madagascar qui puisse, par la suite, entrer en comparaison avec la colonisation australienne. « Aucun peuple, avait dit Barbé-Marbois, n'est assez riche ni assez puissant à la mer pour imiter ce que les Anglais ont fait à la Nouvelle-Hollande. » Cependant la colonisation de la Nouvelle-Calédonie pourrait réfuter cette opinion ; car il ne s'agit pas d'égaler, mais d'imiter.

L'examen des voies et moyens de la colonisation australienne doit être un sujet constant de méditations sérieuses, impartiales et de bonne foi pour tous ceux qui s'intéressent à l'avenir de nos colonies pénitentiaires.

« Ce sont, a dit Mirabeau, les enfants de misérables expatriés qui, oubliant les vices ou les préjugés de leurs parents, produiront une génération de bons citoyens, et c'est assez pour dédommager l'État. »

Non, cela ne suffit pas : il faut encore et surtout que l'émigration volontaire trouve profit à ses efforts, tout en contribuant à agrandir la sphère d'action de la mère-patrie, et enfin que la race indigène soit un exemple vivant des bons effets de la civilisation française aux antipodes de la métropole.

De 1822 à 1853, nous sommes restés dans l'indécision par rapport à la création de colonies nouvelles, soit pénitentiaires, soit maritimes et commerciales, abstraction faite de toute influence politique.

Malgré les avis de Malte-Brun, en 1821, les mémoires de Duperrey, d'Urville et Lesson, en 1825, les plans préparés par M. Jules de Blosseville ; malgré les facilités offertes et démontrées de s'établir où s'élève aujourd'hui Perth, Freemantle et Albani, malgré la fondation à la Nouvelle-Zélande (maintenant anglaise) d'un établissement français de 15,000 hectares par le capitaine Langlois, secondé par le capitaine Cécile (depuis amiral), ce n'est qu'en 1853 que la France se décida à prendre possession de la Nouvelle-Calédonie.

Occupation de l'Australie, de la Nouvelle-Calédonie, de la Cochinchine. — Les Anglais avaient planté leur pavillon en Australie depuis 1788. Dans un espace de moins de dix ans, notre nation a été conduite, plus par la *force des choses* que par sa propre *initiative*, à l'occupation de deux territoires, qu'elle s'applique à coloniser. En 1853, disions-nous, elle prenait possession de la Nouvelle-Calédonie et de ses dépendances ; en 1862 un premier traité lui abandonnait les provinces de la Basse-Cochinchine.

Depuis cette dernière date, vingt ans se sont écoulés.

Que sont devenues ces deux acquisitions précieuses ? Quel est leur état présent ? Quel est leur avenir ?

Telle est la question qu'une étude de deux pays nouvellement français, faite sur les lieux, provoquera dans tout esprit jaloux de voir les progrès étonnants des possessions étrangères voisines, spécialement l'Australie, et le développement rapide de nos possessions indo-chinoises.

Bases de comparaison. — La comparaison avec ces territoires étrangers, pour rester logique et équitable, devrait avoir pour bases la même étendue de sol, la même population, soit européenne, soit indigène, les mêmes ressources d'argent et de production.

Tel n'est pas le cas, malheureusement, pour nos possessions océaniennes, qui ne seront jamais des rivales bien à craindre pour leurs voisines régies par d'autres maîtres.

Aptitude et indifférence des Français en matière coloniale. — Si l'inaptitude des Français en matière de colonisation était chose démontrée, comme on le prétend trop souvent, il serait fort inutile d'établir cette comparaison ; mais les faits antérieurs sont là pour prouver le contraire et c'est là un premier encouragement, un espoir fondé pour l'avenir. Ce que l'on pourrait plutôt reprocher à nos compatriotes, c'est l'indifférence en matière coloniale. Un réveil national s'est heureusement produit dans ces derniers temps.

Celle de nos deux nouvelles colonies que nous avons surtout en vue dans cet examen général, c'est la Nouvelle-Calédonie.

Résultats obtenus dans les trois colonies précitées. — Notre nouvel ouvrage sur la Cochinchine française (1), a

---

(1) *L'Indo-Chine française : Cochinchine, Tonkin, Camdodge*, avec des cartes et des illustrations par C. Lemire. Ouvrage adopté par le Conseil de l'Instruction publique, les ministères, la Société Franklin, les lycées et pensions, etc. etc. Paris, 1884. Challamel, éditeur, 5, rue Jacob.

montré la situation de ce pays, auquel les ressources financières et l'esprit d'entreprise n'ont pas manqué. La Cochinchine se développera d'elle-même, grâce à l'acquisition du fleuve du Tonkin, qui nous assure les débouchés du commerce de ce pays et de la Chine méridionale. D'autre part le peu de salubrité du climat, plus que la distance, sera pour l'émigration européenne une cause justifiée d'éloignement, d'autant plus que la population indigène relativement civilisée est assez dense et est restée maîtresse du sol. Les avantages à retirer de cette colonie avaient un caractère politique, maritime et commercial ; ce triple but est dès à présent atteint.

Laissons cette importante possession à elle-même et n'envisageons que la Nouvelle-Calédonie, par rapport à l'Australie, toutes proportions gardées, et par rapport aux voies et moyens de colonisation. Les résultats en Australie sont tellement considérables et tellement connus que nous n'aurons même pas besoin de les énumérer. L'expatriation forcée a eu pour résultat, au profit du Royaume-Uni, un prodigieux accroissement de grandeur, de puissance et de prospérité commerciale. Il s'agissait en effet d'un continent nouveau, plus grand que l'Europe, où l'élément britannique s'est établi sur des bases aujourd'hui inébranlables.

Pour nous, il ne s'agit que de quelques îles ne pouvant contribuer qu'à développer, par leur transformation, les transactions commerciales et la colonisation pénitentiaire. L'influence politique extérieure entre moins dans la question : colonisation restreinte et avantages commerciaux, voilà tout ce que nous avons à retirer de la Nouvelle-Calédonie et des Nouvelles-Hébrides. Le but, bien que plus limité, étant donc identique et les moyens devant être analogues, voyons quels sont, dans un espace infiniment plus étroit, les résultats obtenus et l'avenir offert. C'est là un problème du plus grand attrait, à cause du voisinage de l'Australie, notre modèle et notre devancière.

Situation de la Nouvelle-Calédonie. — La Nouvelle-

Calédonie, située sous les latitudes correspondant à celles du midi de l'Europe, le climat est sain ; pas de fièvres ni de maladies endémiques. La température n'est pas soumise aux grands abaissements des hivers européens, ni aux ardeurs de la zône torride, ni même aux variations du climat d'Australie. De sorte que le travail des champs et la végétation ne subissent pas d'arrêt. Cet établissement se trouve à égale distance entre notre grande colonie de Cochinchine et l'Amérique, à quatre jours du continent australien. Comparativement à nos autres colonies, elle est comme elles un débouché commercial, et elle sera bientôt une terre de produits. Mais le caractère qui la distingue actuellement, c'est qu'elle est un lieu de transportation et de relégation.

Les Anglais avaient su, à l'exclusion de toute autre puissance, s'emparer de l'Australie, que le Portugal et la Hollande pouvaient se disputer. Ils n'avaient invoqué que le droit de premier occupant et avaient mis en action la fable des plaideurs. Ils fondaient un établissement appelé à d'immenses destinées. Nous sommes arrivés enfin pour recueillir quelques fruits de nos travaux scientifiques et maritimes dans ces parages. Il était temps, car, en 1874, les îles Fidgi se sont données aux Anglais qui vont prendre la Nouvelle-Guinée, comme les Sandwich se livreront aux États-Unis, qui en convoitent le port principal, et les îles Tonga aux Allemands. Enfin l'Australie réclame, sous menace de scission entre elle et la Métropole, l'annexion des Nouvelles-Hébrides et propose de garder à sa charge les frais de l'occupation. Que l'Australie s'annexe la Nouvelle-Guinée ; mais qu'elle ne nous dispute pas un pays qui nous revient de fait et de droit.

La Calédonie est habitée par des noirs dont la place est aux degrés inférieurs de l'échelle humaine, sans vêtements, sans industrie, sans écriture, sans tradition, sans union, sans uniformité de langue, jadis sans respect pour la vie des naufragés, pas même pour celle de leurs compatriotes.

La prise de possession, utile à la France, a été un bienfait pour les marins de toutes les nations, pour le commerce, pour la race indigène, pour l'humanité entière, qui a horreur de l'état de sauvagerie ; on verra plus loin combien l'action de a France sur ces insulaires a été plus salutaire que celle de l'Angleterre sur l'indigène australien.

Élément libre. — La Nouvelle-Calédonie est une colonie pénale, mais non un pénitencier exclusivement. Ici, contrairement à ce qui s'est passé dans les débuts de l'Australie, l'élément libre domine quant à présent dans la colonisation. Les condamnés y contribuent surtout par des travaux d'utilité publique dans les centres de population ; cependant la terre leur est donnée conditionnellement et dans une proportion raisonnable. Ils feront souche de petits propriétaires et couvriront le sol de stations allant toujours en s'agrandissant. Ils formeront des villages, mais se mélangeront peu à l'émigration volontaire. Ici la grande propriété et par suite la colonisation devraient rester entre les mains des colons libres, et c'est à cet élément qu'il faut faire appel si l'on ne veut pas que le contraire ait lieu dans un temps très rapproché.

La colonisation pénale doit être à la fois un but et un moyen. Sans remonter jusqu'à la fondation de Rome, qui fut, d'après l'histoire, peuplée d'un ramassis de brigands ne devant leurs femmes qu'à des enlèvements de vive force, il est certain que l'Amérique anglaise fut colonisée d'abord par des malfaiteurs, puis par des exilés fuyant l'intolérance politique et religieuse.

Un grand progrès s'est accompli dans notre siècle : ce que nous poursuivons aujourd'hui, c'est l'amélioration du sort des condamnés et non leur disparition inique. En 1720, les transportés anglais étaient cédés pour cinq ou sept ans, aux Antilles, à la Jamaïque, à la Barbade, à la Caroline et au Maryland, à des planteurs qui, eux-mêmes, les revendaient de 250 à 1,000 francs, selon la profession de ces malheureux, dont le seul crime était souvent d'avoir porté le plaid écossais. Nous sommes loin de cette époque, et l'on répudie, comme traite des noirs, le trafic qui se fait des travailleurs océaniens ou chinois, lorsque ce commerce d'hommes n'est pas pratiqué conformément aux lois qui le régissent dans un sentiment d'humanité. Cette protection s'est, à plus forte raison, étendue aux transportés blancs, quelle que soit leur criminalité.

C'est ainsi que, par opposition à ce qui s'est passé en Australie, la colonisation française, dans un pays déjà habité comme la Calédonie, doit comprendre trois éléments : les colons libres, les récidivistes et condamnés libérés et les indigènes. L'élément indigène ne peut être utilisé que lorsque la colonisaion est déjà en bonne voie. C'est ce qui se produit actuellement. A l'élément libre, nous l'avons vu, appartient l'initiative ; enfin l'auxiliaire économique, c'est l'élément pénal. Ce dernier élément se modifie profondément et peut s'améliorer en bien des points. L'intérêt personnel est si puissant, en effet, qu'il développe des qualités méconnues, et l'on a vu en Australie des libérés demander eux-mêmes une police et une prison pour les malfaiteurs et contribuer de leur argent et de leurs mains à la construction de l'édifice. L'élément pénal se transformait par le mélange avec des déportés politiques, des Écossais nombreux : des Irlandais, partisans actifs de l'autonomie de leur pays, non de sa ruine et de la ruine de toute société, et surtout avec des immigrants volontaires nombreux.

Les transportés anglais comptaient dans leurs rangs une forte proportion d'hommes qui n'étaient pas des malfaiteurs, des criminels, des gens corrompus. Après leur libération, il leur fut possible de se mélanger à l'élément libre, par lequel ils furent absorbés.

Contrairement à ce qui a eu lieu en Australie, où le premier établissement indépendant a été créé par un libéré, l'immigration libre a précédé en Calédonie la transportation de condamnés. Mais cette immigration fut et est encore trop restreinte et l'on peut prévoir actuellement qui prendra le dessus plus tard de la population pénale ou des émigrants volontaires.

C'est pourquoi il faut faire le plus pressant appel, aux colons libres et encourager par tous les moyens leur introduction avec leurs familles. L'avenir est à ce prix. Dans notre opinion, d'ailleurs, aux colons libres appartient la colonisation, aux transportés la tâche de la faciliter, de l'activer. Pour ceux-ci, il en résultera l'amélioration de leur situation morale et matérielle ; aux premiers reviendra le profit mérité de leur initiative, de leurs efforts volontaires, de leur mise de fonds, de leur industrie persévérante, de leur activité personnelle, de leur moralité indiscutée ; mais nous pensons qu'une ligne de démarcation bien plus grande qu'en Australie existera toujours entre le colon volontaire et justement fier de son honnêteté, et les autres qui deviendront les plus nombreux, puisqu'il faut peupler la Colonie avec les libérés et les récidivistes.

L'élément pénal est précieux dans toute colonie où les bras manquent ; l'immigration libre ne peut s'y suffire à elle-même. Ainsi l'Australie occidentale, en 1829, devait être colonisée par les soins d'une puissante compagnie, qui s'engageait à mettre en culture en dix ans 250,000 hectares, transporter en quatre ans 10,000 colons, importer immédiatement 1,000 têtes de bétail. Les concessionnaires avaient de l'argent et des moyens d'installation. De nombreux ouvriers les accompagnaient ; mais nul ne voulut accepter le salaire d'autrui ; les contrats de louage furent rompus ; tout le monde voulut être propriétaire ; toute la terre resta en friche. Ou encore beaucoup de petits concessionnaires revendaient à vil prix leur concession, si une clause contraire n'était insérée au contrat. C'est sur la demande des habitants eux-mêmes que la colonie fut déclarée *établissement pénal* et que des convicts y furent envoyés. Récemment, j'ai pu voir les derniers de ces malheureux restant encore à Albani. C'étaient des féniens irlandais, dont l'aspect n'excitait que la compassion.

L'Australie méridionale, fondée par l'élément libre, réclama des condamnés en 1846.

Débuts de la colonisation. — En Australie, les premiers colons libres furent, en 1791, dix matelots et deux soldats de marine, qui reçurent une concession de plus de 25 hectares, et épousèrent des femmes transportées. Quelques familles libres arrivèrent d'Angleterre en 1793.

En Calédonie, les missionnaires maristes furent les premiers colons et fondèrent, en 1843, un établissement à Balade.

La Nouvelle-Calédonie placée, de 1853 à 1860, sous les ordres du gouverneur des Établissements français de l'Océanie, fut déclarée colonie distincte le 1ᵉʳ juillet 1860, et un capitaine de vaisseau, M. Guillain, en fut nommé gouverneur, et bientôt après chef de la division navale. Un détachement d'artillerie avait été débarqué à Balade en 1854. Les premiers travaux d'établissement avaient commencé à Nouméa au mois de juin de la même année; mais ce n'est qu'en 1855 qu'un personnel français d'administration résida dans l'île avec quelques troupes. En même temps s'y établissaient des Anglais, des Français et des Allemands.

Pour une colonie exclusivement pénale, un gouverneur militaire semble indispensable, contrairement à ce que réclament les autres colonies. Les premiers gouverneurs de l'Australie furent des hommes d'épée et, grâce à leurs aptitudes spéciales et aussi à ses parlements, en un mot au self-governement, à l'autonomie, elle ne s'en est pas mal trouvée. Mais comme on a institué en Calédonie un Commandant militaire spécial, il en résulte un double emploi avec un gouverneur militaire alors qu'un gouverneur civil paraît plus apte en effet, par un séjour prolongé, à développer la colonisation. La colonie se compose d'une population civile, libre, foncièrement bonne et qui demande à être administrée civilement et non militairement; c'est ce qu'a d'ailleurs si bien compris le gouverneur actuel M. Pallu de la Barrière. C'est à son programme relatif au développement simultané de la colonisation libre et pénale que la Calédonie transformée doit « *l'improvisation de sa puissance coloniale.* »

Demandes de concession. — Des demandes de concessions considérables se produisirent bientôt en Nouvelle-Calédonie. Plusieurs Français allaient jusqu'à solliciter 40,000 hectares dans un pays d'environ 2,000,000 d'hectares disponibles. Une seule personne, un étranger, a demandé récemment 100,000 hectares dans les conditions de la loi actuelle.

Les grandes compagnies assurent la vitalité d'une entreprise et par suite d'un pays, mais elles se réservent le monopole des avantages et des profits. Des concessions de 50 hectares avaient été données dès le début de la colonie de New-South Wales à tout officier civil ou militaire. En Calédonie, le gouvernement français ne fait de concessions aux officiers et fonctionnaires, aux militaires ou marins qu'après leur retraite.

Pâturages. — Ici, comme en Australie, grâce à la nature même du sol, l'élevage du bétail a précédé l'agriculture. C'est la conséquence du manque de bras et de la présence des sauterelles ou du fléau des inondations. Cette méthode n'est pas mauvaise, si elle n'est que momentanée. Il n'y a pas, sous ce climat bienfaisant, à préparer d'approvisionnements pour l'hiver aux troupeaux. Ils paissent toute l'année en liberté et passent la nuit en plein air dans le *paddock*, où il est bon de les rassembler régulièrement. On sait comment les troupeaux ont prospéré en Australie ; comment de 2 taureaux, 5 génisses et 29 bêtes à laine en 1788, le nombre s'en est élevé, en 1883, à 8 millions de têtes de bétail, 66 millions de moutons et 1,100,000 chevaux. — C'est que rien n'était négligé pour l'introduction dans la colonie d'animaux apportés par tous les navires qui y abordaient. C'est un capitaine-payeur irlandais, Mac-Arthur, qui contribua le premier au développement des races ovine et bovine, par l'introduction des mérinos et par la concession qu'il obtint de vastes pâturages choisis par le bétail échappé dans les premiers jours et vivant à l'état sauvage.

Cultures. — Ce furent également les officiers et fonctionnaires qui donnèrent la première impulsion à l'agriculture. Cinq ans après la fondation de la colonie, ils expédiaient à frais communs, au cap de Bonne-Espérance, un bâtiment de transport pour en rapporter des animaux domestiques et divers objets d'approvisionnement. Ils renouvelèrent souvent cette entreprise; ils fondèrent des établissements agricoles avec dix convicts chacun et donnèrent l'impulsion à la colonisation.

Les officiers anglais dans la colonisation australienne. — Ces officiers avaient formé entre eux une association pour la conservation des troupeaux ; mais cette mesure, bonne au début, dégénéra forcément en abus en élevant le prix des bestiaux. Il est bon de remarquer que le *tabac* était introduit par le *major Goulburn;* la *cire* et le *miel*, par le *capitaine Wallis*, qui avait apporté des ruches d'abeilles ; *l'olivier* par le *capitaine Mac-Arthur*, qui s'était procuré des plants au *Jardin public de Toulon*.

Pourquoi chaque paquebot et chaque transport ne continueraient-ils pas à apporter des graines à distribuer dans toute la colonie, des plants, des végétaux de tous pays ? On l'a déjà fait, mais sur une échelle trop restreinte. Chaque jardin botanique de France, les sociétés d'agriculture, d'acclimatation, devraient profiter de toutes les occasions pour faire des envois et des échanges.

Le transport de ces objets délicats serait placé sous la protection spéciale des officiers qui, en se rendant à leur poste colonial, recevraient gratuitement le titre honorifique de correspondants de l'une ou l'autre de ces Sociétés. Celles-ci décerneraient des prix aux officiers qui auraient réussi à débarquer en bon état et à confier dans de bonnes conditions, à une terre nouvelle, les plantes les plus utiles et les plus précieuses. Dans ces circonstances, ne serait-il pas possible d'allouer à chaque officier un jardin, non pas de plusieurs hectares, ni même d'un hectare, mais de quelques ares seulement pour s'y livrer à l'étude des plantes d'ornement ou de rapport qu'ils auraient apportées avec eux. Les potagers affectés à la troupe pourraient encore servir à ces essais. On ne saurait cesser de le répéter ; nous n'utilisons pas assez en France l'initiative individuelle, et nous perdons ainsi des auxiliaires de bonne volonté, tandis qu'il y a encore tant de cultures à créer, à développer ou à utiliser ; le chêne, le poivrier, l'olivier, le mûrier, le châtaigner, etc., sont à acclimater ou à cultiver. Il faut semer pour récolter.

Quant aux immigrants australiens, ils débutèrent, et c'est la conduite que doit tenir tout nouveau colon, par la création de potagers dont l'excédent, échangé contre des provisions fraîches ou salées du gouvernement, leur assurait une existence indépendante à très peu de frais.

Il y a toujours dans les colonies australiennes une étendue considérable de terres cadastrées prêtes au lotissement et offertes au choix des immigrants. Des cartes à bon marché des terrains disponibles se vendent partout, sur place, dans les villes et même en Europe dans les bureaux d'émigration. Rien ne paraît s'opposer à ce que nous adoptions ce mode pratique de renseignements, tant pour les terrains à aliéner que pour ceux qui sont déjà distraits du domaine. Le procédé est fort simple et le résultat est aussi important pour l'administration que pour le public.

Terrains urbains. — De même que la fièvre de l'or, il y a eu, en Australie, la fièvre des terrains. Ces deux influences se sont fort peu fait sentir jusqu'ici en Nouvelle-Calédonie, pour les mines comme pour le sol. La culture et l'industrie n'ont pas été abandonnées pour l'or. Le prix des terrains urbains, qui était de 20 fr. l'are en 1855, ne s'est élevé qu'à un maximum de 4,000 fr. l'are au chef-lieu, en 1876.

Le prix du mètre carré dans la ville de Nouméa a oscillé depuis 1875 entre 5 fr. et 22 fr. Dans les faubourgs il varie de 1 à 5 fr. L'affluence du personnel administratif et commercial résultant de l'envoi des récidivistes va surélever le prix des terrains et des logements.

A Melbourne, un terrain, au centre de la ville, fut vendu 50,000 fr. en 1851, 500,000 fr. deux ans après, et quelques mois plus tard, 1,575,000 fr. Le prix des loyers était décuple de celui de Londres. Puis vint la réaction, la ruine, l'incendie, le vol et l'émeute. Ce fut une crise effroyable dont la vitalité, l'énergie, la persévérance et le bon sens anglais triomphèrent enfin.

A Adélaïde, la ville était à peine fondée que le prix des terrains dépassait bientôt celui du sol de Sydney. Le demi-hectare montait jusqu'à 50,000 fr. Cette spéculation entraîna des désastres. Les habitants furent réduits par la force des choses à se faire colons, et ils eurent la sagesse de comprendre qu'en désertant les villes pour les champs, la nécessité de pourvoir à leur existence assurait en même temps l'avenir. Ils virent que l'argent ne suffit pas pour fonder une société et pour satisfaire à des besoins divers. Les villes ne doivent pas précéder les villages. Les riches ne sont rien sans le cultivateur qui les nourrit, sans la facilité des échanges de première nécessité. C'est ainsi que les gens qui continuèrent leurs petits métiers au milieu de la fièvre de l'or s'enrichirent plus sûrement que les mineurs et que les spéculateurs de terrains.

En Australie, on donnait à tout colon autant de concessions de 50 hectares que de condamnés dont il prenait l'entretien à sa charge.

Main-d'œuvre. — La première et la plus grave difficulté, la seule peut-être qui se dresse en face de tout cultivateur ou industriel, c'est la question de la main-d'œuvre. Nous avons vu précédemment où et comment on recrute les ouvriers européens libres, condamnés, libérés, les Océaniens, Malabars, Néo-Calédoniens. Cette variété est tout à fait insuffisante encore. Il semble qu'on pourrait utiliser davantage les indigènes encore fort nombreux dans l'île. Il a été reconnu qu'ils sont aptes à faire des cultivateurs, des éleveurs, des dresseurs de chevaux, des charretiers, des domestiques, des matelots, des pêcheurs, des gardiens, des policemen, des courriers, des mineurs, des bûcherons excellents, des bergers, des fabricants d'huile de coco, des maraîchers, etc. etc. Nous avons vu quel est le salaire que les Européens leur donnent. On n'arrivera jamais qu'à un résultat médiocre pour l'emploi des Canaques tant que leurs villages seront disséminés et sans lien constant entre eux, sans uniformité ou assimilation de langage, sans production au delà de leur consommation et souvent sans relations avec les centres européens. Mais cette transformation dans leur état social demandera un temps assez long.

Émigration libre. — En France, le paysan laborieux et sobre vit parfaitement du travail des champs. Il n'y a pas de trop-plein de population, surtout dans les campagnes que les machines n'ont pas encore envahies. Il y a plus qu'ailleurs des liens de famille très solides et très étendus à la fois, un irrésistible amour du clocher. Qui trouver dès lors pour émigrer? Des gens inutiles ou incapables ou dépravés, ou même dangereux? Grâce à Dieu, nous n'avons pas chez nous d'Irlande affamée. L'Alsace était une des mamelles de la France; les bras de la mère-patrie restent ouverts à tout Alsacien-Lorrain, partout où notre drapeau étend ses plis.

Les émigrants français libres ont cette supériorité incontestable sur tous les autres, c'est qu'ils sont les seuls qui conservent des rapports constants d'intérêt et d'affection avec la métropole.

De 1865 à 1870 inclusivement, l'émigration française n'a atteint qu'une seule fois le chiffre de 5,000 personnes.

En 1871, elle a été de 7,100 personnes ;
En 1872, — de 9,581 —
En 1873, — de 7,561 —
En 1874, — de 7,088 —

Elle s'est surtout dirigée vers les États du Sud de l'Amérique pour 1/3, et vers les États-Unis pour 1/6. On compte un peu plus de 40 agences d'émigration dont 8 à Paris et 11 à Bordeaux, dont l'intervention serait bien plus utile si elles envoyaient nos nationaux en Nouvelle-Calédonie.

Parmi les émigrants français, la proportion des hommes est de 71 0/0 et celle des femmes de 29 0/0. L'élément agricole y figure pour 37 0/0.

De 1865 à 1874, les ports du Havre, de Marseille, de Bordeaux et de Bayonne ont fourni un total de 342,471 émigrants embarqués sous le contrôle du Commissariat et ainsi répartis : 71,761 Français et 269,710 étrangers. On voit que ces chiffres sont loin de ceux des émigrants pour l'Australie. Néanmoins, il est utile, à plusieurs points de vue, de connaître cette base d'évaluation pour la colonisation d'un pays.

Ainsi, en 1876, il est arrivé environ 32,500 immigrants dans la Nouvelle-Galles du Sud, 35,800 en Victoria et 21,831 en Queensland.

L'émigration française, en pays étranger, va se noyer dans les masses anglaises et germaniques. Dans nos colonies, au contraire, elle conserve tous ses moyens d'action ; c'est là surtout qu'elle est profitable à la nation, qui voit accroître son influence, son territoire productif, ses richesses, et même le nombre de ses enfants.

M. de Blosseville demande que l'émigration libre ne soit pas donnée comme auxiliaire à la colonisation, parce que les bras manquent en France à l'agriculture, et parce qu'il ne faut pas envoyer dans nos colonies le rebut des villes.

Les hommes réellement nécessaires à la culture ne déserteront pas leurs champs. Ceux qui sont disponibles émigreront aussi bien vers les villes que vers les colonies. D'autre part, au début d'une colonie, l'élément libre est indispensable. Quand le pays a une vitalité propre, cet élément se trouve précéder l'élément pénal. Au lieu d'en être l'auxiliaire, il en dirige et utilise le travail, comme celui d'un aide, comme un renfort. Quant au rebut des villes, c'est dans ce milieu que s'est recrutée le plus souvent l'émigration, sans qu'on ait pu éviter un mal dont le remède même est dans l'expatriation, qu'on peut appeler au moral comme au physique « la naissance à une vie nouvelle ». Ce qu'il faut s'attacher à repousser, ce sont les bras inutiles, les consommateurs improductifs, les parasites à la charge de la communauté.

Pour les condamnés, le travail forcé; pour les hommes libres, le travail volontaire. A celui qui ne s'aide pas, pas d'aide de l'État, pas de ration gratuite, pas de secours. Les éléments vrais et sûrs d'une bonne colonisation sont les paysans, les laboureurs, les garçons de ferme, les bergers, les éleveurs, les manœuvres, les terrassiers, les domestiques, les ouvriers en bâtiment, en métaux, en bois, les architectes, les manufacturiers, les artisans de l'industrie, les entrepreneurs de travaux, les géomètres, les instituteurs, les médecins, les vétérinaires, etc. etc., tous ceux qui ont une profession ou un métier utile. Mais pas de superfétation, pas de non-valeurs, de fonctions ambiguës, variant au jour le jour, pas d'existences déclassées ou dévoyées; c'est une charge, au lieu d'un soutien pour la colonie.

Résumé. — En voyant l'Australie actuelle, il faut s'écrier avec Vauban: Que peut-on entreprendre de plus grand que la fondation d'une colonie?

L'Australie a vécu de 1788 jusqu'en 1840 dans des conditions pires que celle de la Nouvelle-Calédonie actuellement. Depuis lors, l'Australie a cessé d'être ce qu'elle avait été jusque là: un pénitencier, un pays de convicts. La colonie de Victoria fut fondée par des citoyens libres. « La condition impure des premiers colons, écrivait en 1866 le comte de Beauvoir, a été noyée dans le flot régulier et envahisseur d'une immigration pure, laborieuse et honnête, comme l'est une immigration anglaise, emportant avec elle ses institutions, sa religion, ses mœurs, sa patrie morale tout entière. » Si l'histoire a enregistré les premières années de la déportation et si nous avons dû rappeler ces temps difficiles, c'est pour nous instruire à l'école de notre émule et de notre modèle. »

Il ne faut donc voir dans ces notes ni parti pris, ni partialité jalouse, ni esprit de dénigrement. Bien loin de nous cette pensée. Nous sommes au contraire, comme tous nos compatriotes qui ont écrit sur l'Australie et qui l'ont visitée, un admirateur convaincu des progrès accomplis et de l'état actuel de prospérité grandiose de ce pays. Nous éprouvons pour ses habitants la plus cordiale sympathie, et nous rendons hommage à l'esprit d'entreprise, à l'honnêteté, à l'instruction de ces populations fécondes, tout en leur reprochant de vouloir accaparer toute l'Océanie à notre détriment.

« Des officiers des plus distingués, des cadets des plus grandes familles, des lords, des magistrats, des savants, des ministres du culte, des hommes marquants, des grands propriétaires, ont aimé cette terre, y ont établi leur *home*, s'y sont fait une haute position sociale ou politique et portent haut un nom aussi pur que le veut l'honneur britannique. Ils ont apporté en Australie leur fortune ou l'énergie qui l'a créée. » La plupart y ont amené leurs familles. L'Australie est le pays natal, la mère-patrie de la jeune génération actuelle. L'ordre social qui s'y est régulièrement implanté, est donc à l'abri de toute prévention et ne peut qu'exciter en nous le désir de parvenir, dans une sphère plus restreinte, à un résultat semblable. C'est le résultat d'un avenir encore lointain.

Nous croyons avoir montré suffisamment l'état actuel de la Calédonie au point de vue matériel et au point de vue social. Nous avons eu la témérité grande d'indiquer quelles améliorations restaient encore à introduire, quelles lacunes à combler, et, en même temps, nous nous sommes livré, pieds et poings liés, à la critique, pensant avec E. Legouvé que, « comme la lime, elle polit ce qu'elle mord. » Il ne suffit pas pour cela de l'amour du bien public ; il faut, comme on le disait de Turgot, « en avoir la rage. » Mais aussi l'on peut constater, non sans une légitime satisfaction, que l'Administration française songe à mettre à profit autant qu'il est en elle les exemples fournis par l'Australie en adoptant tout ce qu'il y a eu de bon dans les tentatives et en évitant les fautes qu'elle a commises.

Notre possession ne peut prétendre à la prospérité de sa voisine ; mais en ajoutant à son territoire trop restreint celui des Nouvelles-Hébrides, peuplées par les libérés ou les récidivistes, l'industrie et le commerce peuvent y créer, pour des Français libres ou transportés, une nouvelle et bienfaisante patrie. Il est certain que les enfants qui ont grandi dans ce pays, y sont profondément attachés : *Ubi bene, ibi patria.*

Le canal de Panama et les communications maritimes et électriques vont rapprocher de nous ce nouveau monde, où une suite de possessions admirables nous invitent à coloniser. Laisserons-nous les étrangers croquer les marrons que nous avons tirés du feu ? Le bailli de Suffren écrivait de la Martinique en 1779, à Mme de Saillans : « Le malheur est que le public ne peut point connaître ce qui est bien ou mal fait aux colonies. » J'ai essayé d'indiquer la situation actuelle de notre belle colonie, d'exposer les conditions de son avenir ; je serais heureux d'avoir réussi à intéresser à ces pays lointains tous ceux qui désirent voir s'accroître le domaine national et la prospérité de notre commerce d'échanges.

Pour nous résumer, nous devons insister sur ce fait, que si nous ne voulons voir annihiler notre influence commerciale extérieure par les Anglais et les Allemands dans les pays même où nous nous étions créé les premiers une situation importante, il faut songer pratiquement à la colonisation, à l'expansion de notre commerce et de notre race dans nos possessions d'outre-mer, surtout en Océanie.

Loin d'appliquer la maxime machiavélique : « Diviser pour régner », nous voulons l'union de toutes nos forces vitales. Dans ce même but nous voulons la communauté, la fraternité des sentiments et des intérêts français, au milieu de la liberté d'action de chacun et de tous.

Quant à nos plaies sociales, qui sont les plaies de toute humanité, nous voulons essayer de les guérir par la colonisation. Nous voulons donner aux récidivistes sur des terres vierges une nouvelle et belle patrie avec les moyens de commencer une vie nouvelle, de faire *peau neuve*.

Notre maxime sera donc : moraliser pour gouverner. Moraliser les peuplades *ignorantes* de la civilisation ; moraliser les hommes viciés par les *abus* de la civilisation. Il n'est pas de meilleur moyen d'obtenir ce résultat qu'en colonisant.

Coloniser n'est autre chose que civiliser. Élargissant donc cette devise, nous dirons : Coloniser, c'est moraliser ; c'est gouverner selon les principes démocratiques, selon les droits imprescriptibles de l'humanité. Si j'ai pu en montrer une application immédiate dans nos possessions océaniennes, j'aurai obtenu un résultat utile à l'état social de notre race et à la grandeur de notre patrie.

FIN

CARTE D'ENSEMBLE
DE LA
NOUVELLE-CALÉDONIE
avec ses dépendances
ET DES
NOUVELLES-HÉBRIDES
annexe à l'ouvrage de Ch. Lemire.

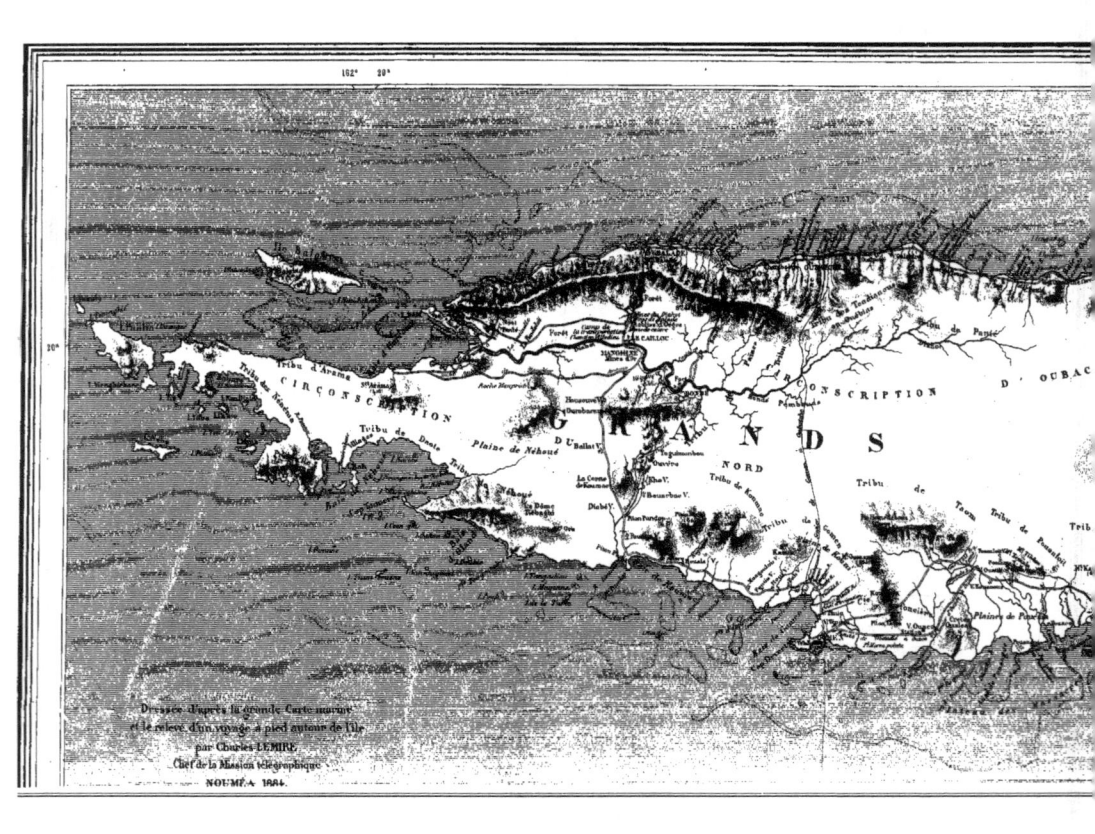

CARTE DE LA NOUVELLE CALÉDON

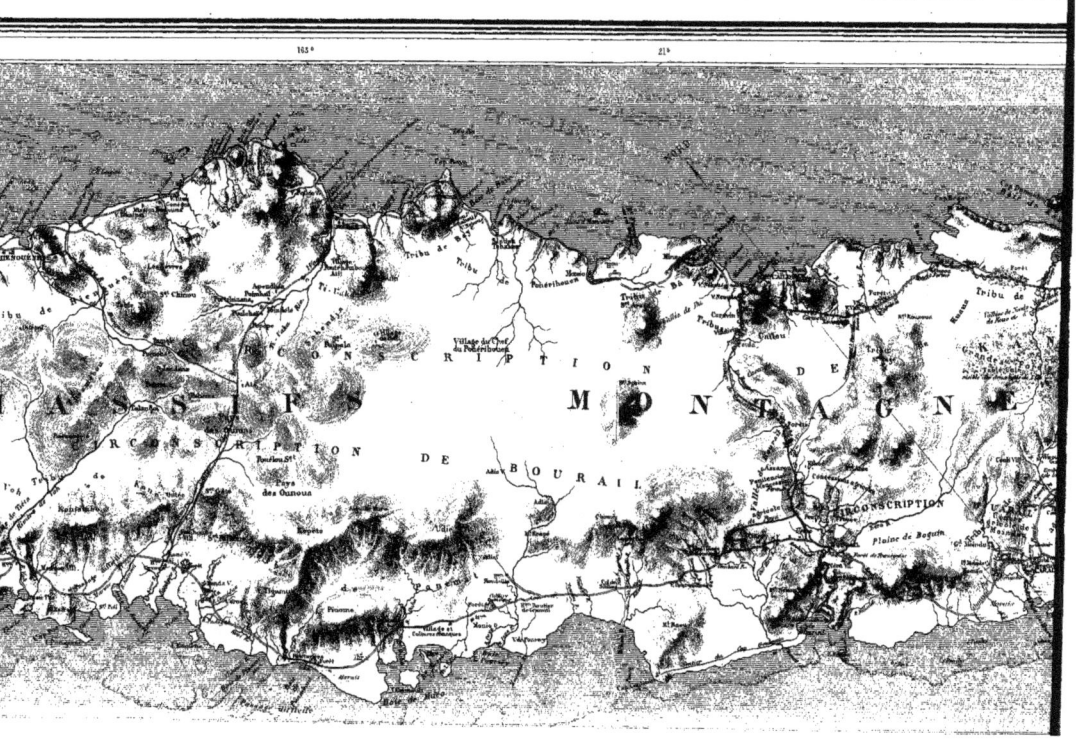

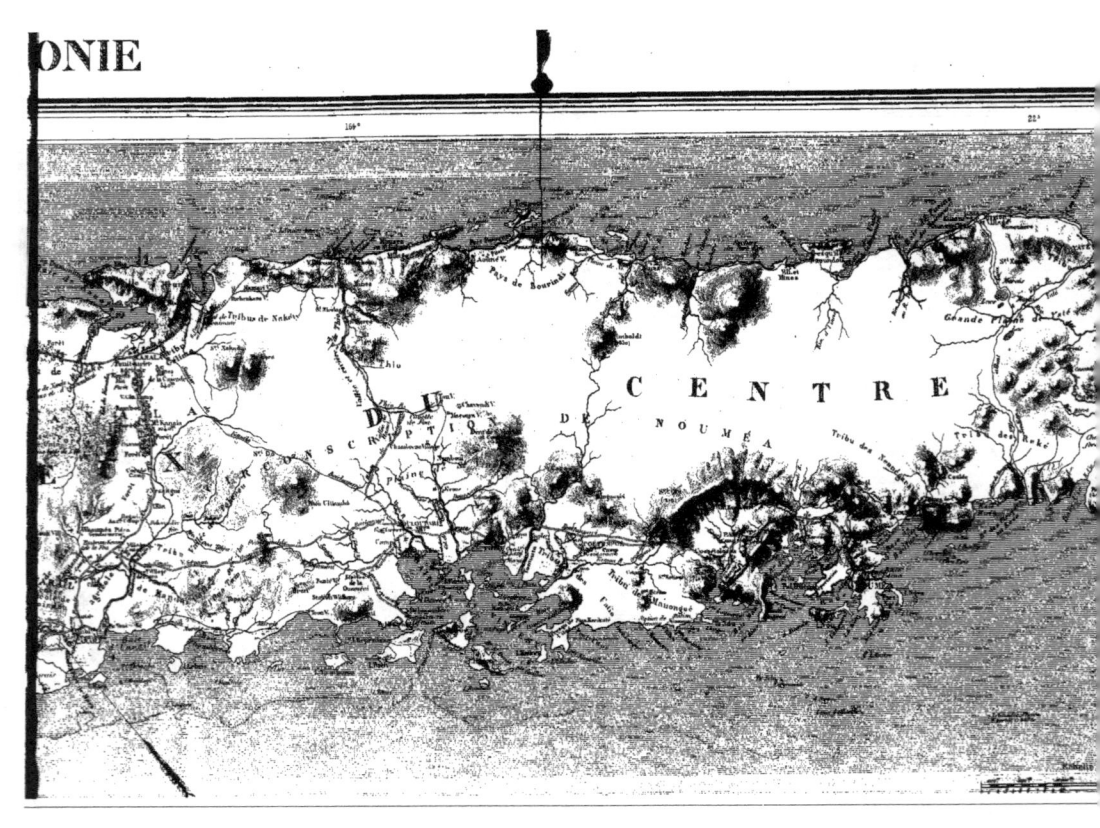

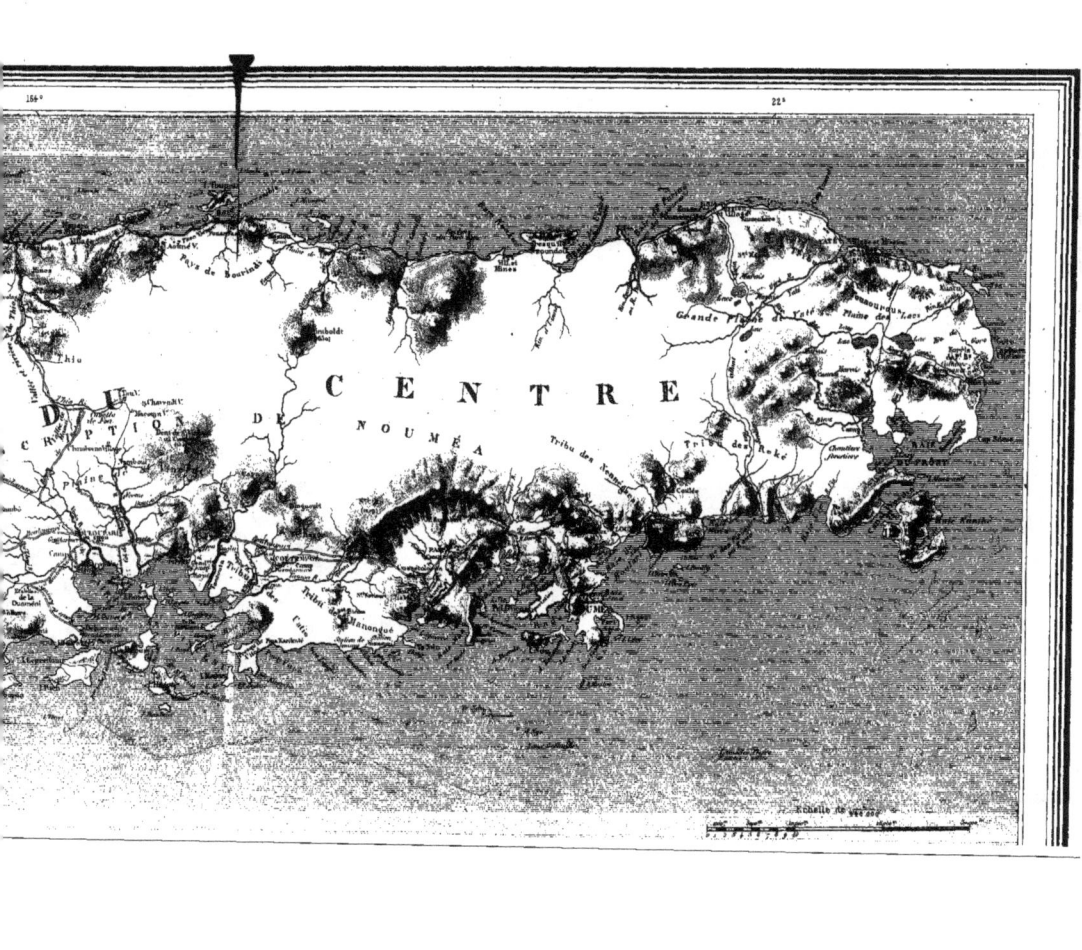

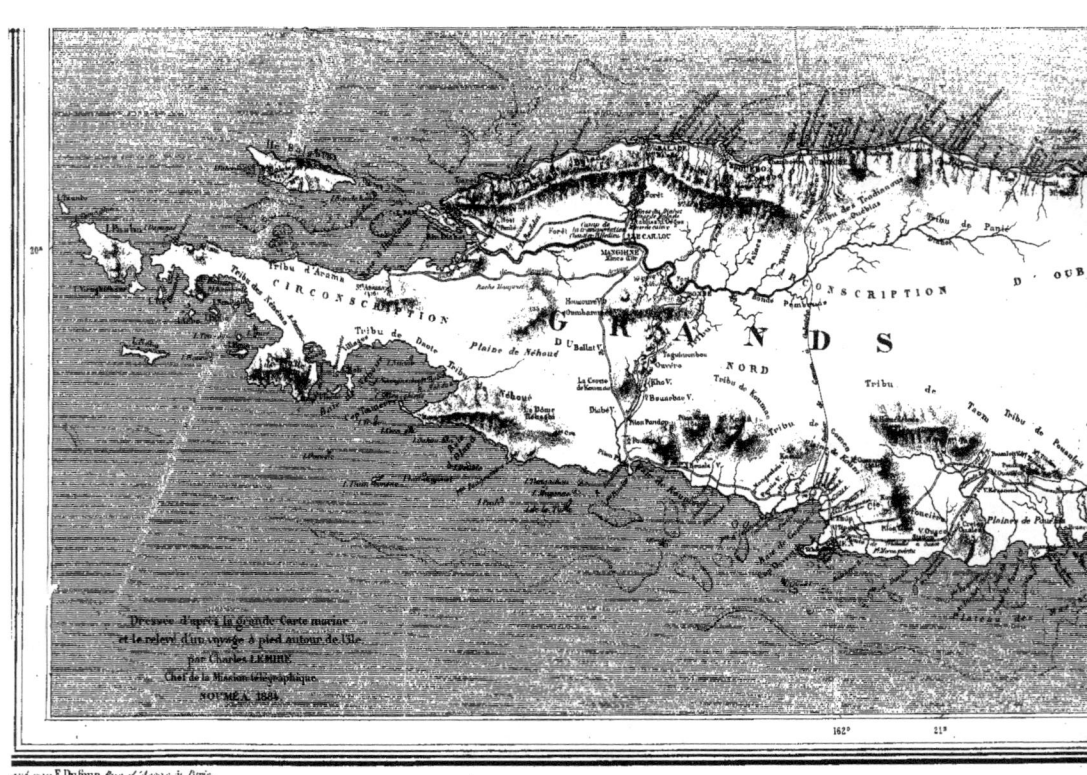

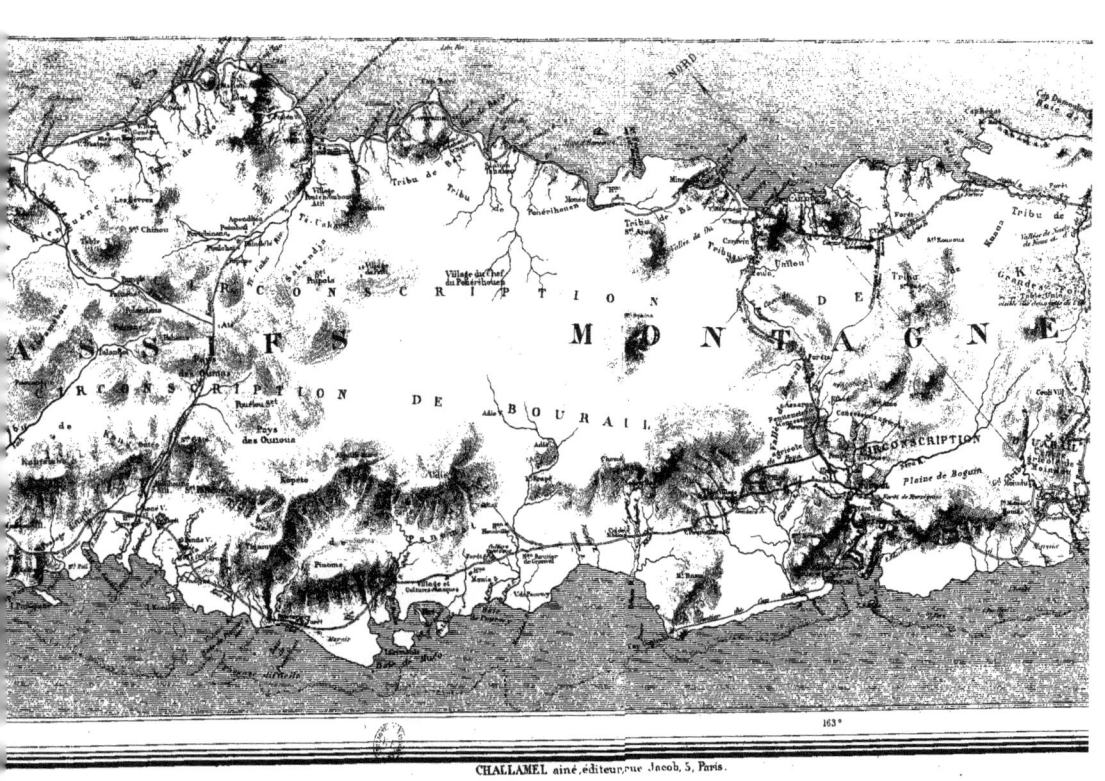

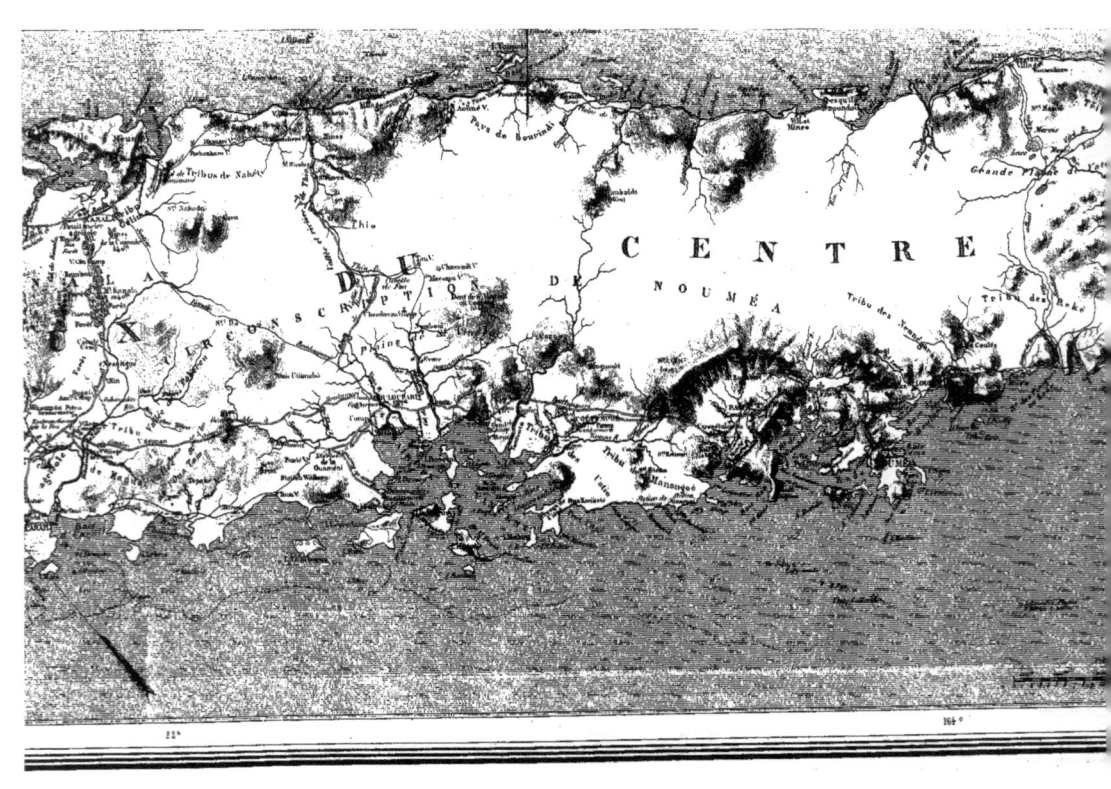

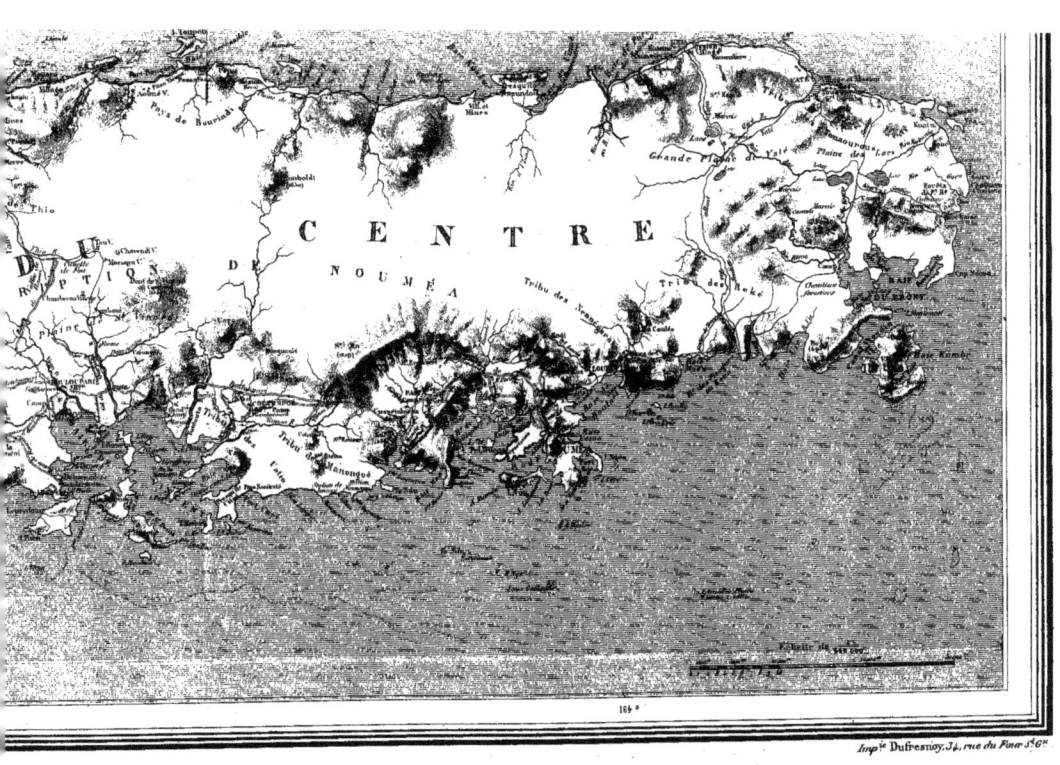

TABLE DES MATIÈRES

INTRODUCTION

Les transformations de l'Océanie. — Lignes françaises de navigation. — Le mouvement colonial en France et à l'étranger. — Action des sociétés de géographie. — Entreprises urgentes. — L'Australasie. — La Nouvelle-Calédonie. — Les récidivistes. — Les Nouvelles-Hébrides. — Nos possessions océaniennes et le canal de Panama. . . . . V.

CHAPITRE PREMIER

Situation de la Nouvelle-Calédonie. — Étendue. — Découverte. — Explorations. — Occupation. — Aspect du pays. — Les récifs et le cabotage. — Climat et saisons. — Influences physiques et morales de la vie coloniale. — La vie dans la brousse. 5

CHAPITRE II

Voyages dans l'intérieur. — Distances à parcourir. — Époque du voyage. — Préparatifs. — Routes et sentiers. — Bagages et vivres. — Guides et porteurs. — Obstacles à surmonter. 28

CHAPITRE III

Les environs de Nouméa. — L'anse Vata. — Le port Despointes. — Les Portes-de-Fer. — Montravel. — Le Cimetière. —

CHAPITRE IV

La Tamoa. — Coétempoé. — Saint-Vincent. — Le niaouli. — Premiers débuts d'un colon. — Travailleurs blancs, jaunes et noirs. — La Tontouta. — Tomo. 49

CHAPITRE V

Bouloupari. — Usine à sucre. — La Ouaméni. — La Foa. — Uaraï ou Teremba. — Gisements de houille. — École de mineurs. — Éclairage au gaz. 63

CHAPITRE VI

Insurrection des Canaques. — Massacres de la Foa. — Attaque de Teremba. — Massacres de Bouloupari. — Panique à Nouméa. — Mort du colonel Gally. — Mort d'Ataï. — Massacres de Poya. — Massacre d'un convoi. — Mort de Naïna. — Pacification. 67

CHAPITRE VII

Moindou. — Concessions de terres. — Nouveaux avantages aux colons. — Bébés propriétaires fonciers. — Cent mille hectares à 50 centimes. — Bourail. — Les forçats-colons. — Leur exposition agricole. — La Roche-Percée. 78

CHAPITRE VIII

L'inondation. — L'âne embourbé. — Rivière d'Ouha. — Un gué difficile. — Élevage et pâturages. — Bétail. — Chevaux et moutons. 87

CHAPITRE IX

Les grottes de Pindaï. — Les Canaques. — Costumes. — Pipe et rasoir. — Organisation indigène. —Cases. — Tribus. — Corvées. — Système d'irrigation. — Cultures. — Alimentation. —Cannibalisme. — Usages. — Organisation indigène.   92

CHAPITRE X

Kôné. — Montagnes et marais. — Commerce indigène. — Pilou. — Numération. — Monnaies. — Ustensiles. — Langage. — Bambous gravés. — Musique. — Religion. — Le Tabou. — Femmes portefaix. — Les popinées. — Route dans les nuages.   106

CHAPITRE XI

Gomen. — Compagnie franco-australienne. — Les croque-morts. — Dépérissement des Canaques. — Bondé. — Cultures. — Café. — Les sauterelles. — La flore. — Les forêts.   121

CHAPITRE XII

Le Diahot ou Grand-Fleuve. — Pêche à la dynamite. — Mines d'or. — Le Caillou. — Les pierres du Massacre. — Un cratère à explorer. — Cavernes de Tchalabel. — Région des mines. — Pam et Balaboum. — Oégoa. — Mines de cuivre. — Balade. — Historique de la localité.   139

CHAPITRE XIII

Pouébo. — Tchambouène. — Le Dugong. — Oubatche. — Cascades. — Le pic des Braves. — Galarino. — Un chemin de chèvres. — Les tours Notre-Dame à Yenguène. — Le grand chef Philippe. — La carabousse. — Abandonnés.   160

CHAPITRE XIV

Les requins de la Tiouaka. — Les ardoises de Wagap. — Les 47 gués de l'Amoa. — Le mont Arago. — La cascade de Bâ. — Une case de chef. 172

CHAPITRE XV

Vallée de Houaïlou. — Mines de nickel. — Le métal français. — Monnaie de nickel. — Cavernes de la Guerre et de la Mort. — Où l'on se jette à l'eau pour ne pas être mouillé. 180

CHAPITRE XVI

Canala. — Les caféeries. — Orangeries. — L'antimoine. — Les mines de Thio. — Les ruines d'un phalanstère. — La plaine des Lacs. — Les chantiers forestiers. — Les Monts-Dore. — Chrôme et cobalt. — Saint-Louis et les missions. — Orphelinat de Yahoué 195

CHAPITRE XVII

L'île Nou et ses établissements. — Presqu'île Ducos. — Pierres lithographiques. — Bélep. — Les îles Huon. — Les Chesterfield. — L'île des Pins. — Les Loyalty et les récidivistes . . 211

CHAPITRE XVIII

L'archipel des Nouvelles-Hébrides. — Explorations françaises. — Description. — Population. — Cultures. — Commerce. — Les récidivistes. 221

CHAPITRE XIX

La population blanche. — Population noire. — L'immigration. — La déportation. — La transportation. — La relégation. — Les libérés. — Les pénitenciers 247

CHAPITRE XX

Retour à Nouméa. — Édilité. — Conduite d'eau. — Institutions. — Justice. — Instruction publique 260

CHAPITRE XXI

Le commerce. — La marine marchande. — Les messageries françaises. — Les transports de Bordeaux. — Postes et Télégraphes. — Ressources financières 272

CHAPITRE XXII

La colonisation australienne et la colonisation française. — Canal de Panama. — Résumé et conclusion. 280

CLASSEMENT DES GRAVURES

Planches   Pages

I. — Panorama de Nouméa   I

II. — Plantation de Bananiers et de Manioc   32

III. — Notre Guide calédonien. — Canaques des Loyalty. .   67

IV. — Guerrier masqué. — Jeune femme canaque. — Masque de Pilou.   94

V. — Mines d'or. — Mines de Nickel.   141

VI. — Village de Saint-Louis.   195

VII. — Pirogue à balancier (Houaïlou). — Néo-Hébridais . .   236

VIII. — Hôtel du Gouvernement: Nouméa. — Place des Cocotiers et Sémaphore   259

www.ingramcontent.com/pod-product-compliance
Lightning Source LLC
Chambersburg PA
CBHW060406170426
43199CB00013B/2026